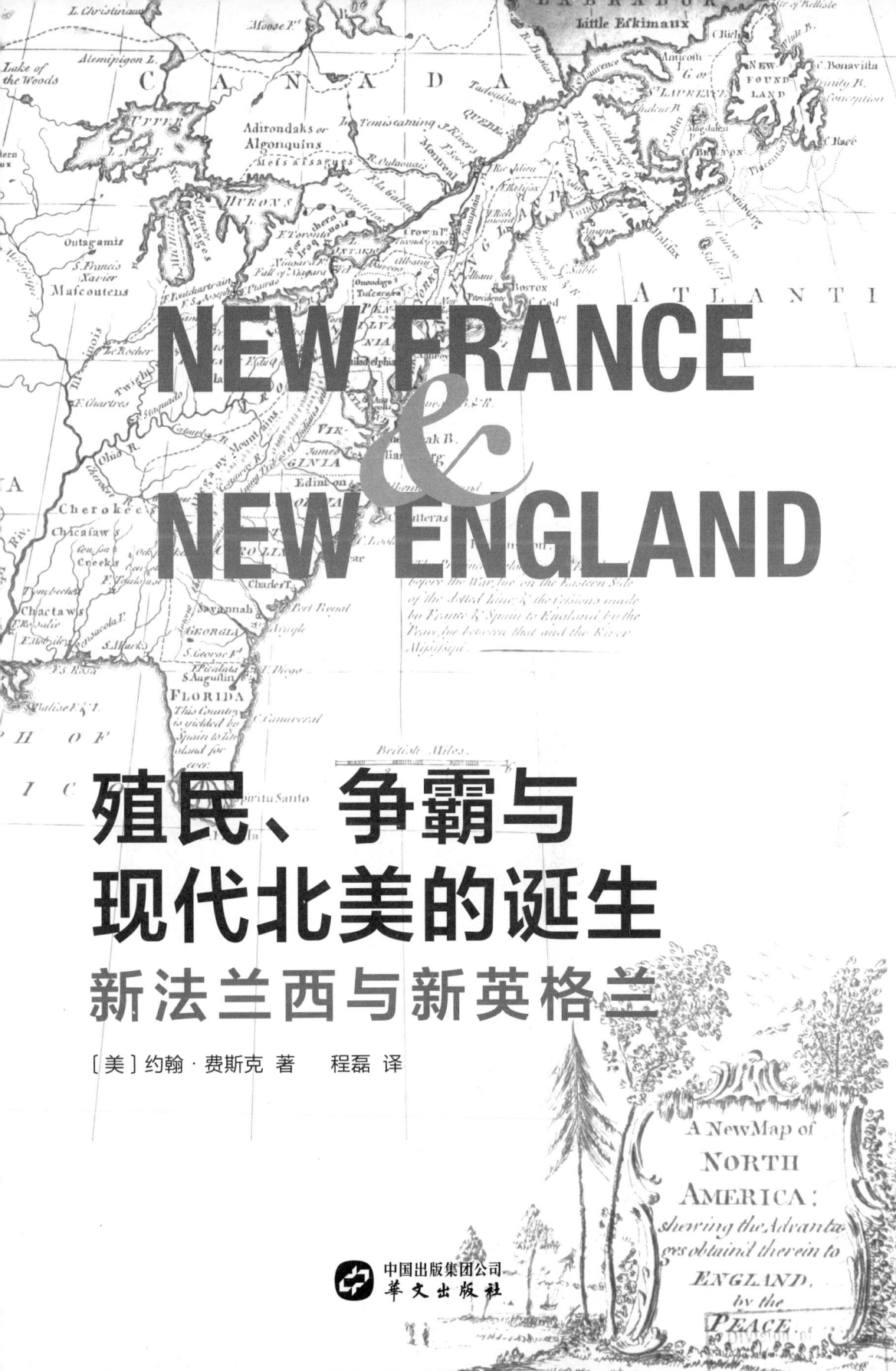

殖民、争霸与
现代北美的诞生

新法兰西与新英格兰

[美] 约翰·费斯克 著 程磊 译

图书在版编目（CIP）数据

殖民、争霸与现代北美的诞生：新法兰西与新英格兰 / 程磊编译. -- 北京：华文出版社，2019.10
（华文全球史）
ISBN 978-7-5075-5141-9

Ⅰ.①殖… Ⅱ.①程… Ⅲ.①北美洲—历史 Ⅳ.①K71

中国版本图书馆CIP数据核字(2019)第188467号

殖民、争霸与现代北美的诞生：新法兰西与新英格兰

作　　者：	[美] 约翰·费斯克
译　　者：	程　磊
选题策划：	华文全球
插图供应：	029—85504182
责任编辑：	陈红升
出版发行：	华文出版社
社　　址：	北京市西城区广外大街305号8区2号楼
邮政编码：	100055
网　　址：	http://www.hwcbs.com.cn
电　　话：	总编室010—58336239
	发行部010—58336212
经　　销：	新华书店
印　　刷：	三河市国英印务有限公司
开　　本：	710×1000　1/16
印　　张：	23.5
字　　数：	280千字
版　　次：	2019年10月第1版
印　　次：	2019年10月第1次印刷
标准书号：	ISBN 978-7-5075-5141-9
定　　价：	92.00元

版权所有　侵权必究

出版前言

随着中国开放的大门的越开越大,关注世界各国尤其是西方国家文明的源流、发展和未来已经成为当下世界史研究的一个热点,为了成系统地推出一套强调"史源性"且在现有世界史出版物中具有拾遗补缺价值的作品,我们经过认真论证,推出了"华文全球史"系列,首次出版约为一百个品种。

"华文全球史"系列从书目选择到人名地名的规范,从书稿中图片的采用到译者的确定,都有比较严格的遴选规定、编审要求和成稿检查,目的就是要奉献给读者一套具有学术性、权威性的高质量的世界史系列图书。

书目的选择。本系列图书重视世界史学科建设,视角宽阔,层级明晰,数量均衡,有所突出。计划出版的华文全球史中,既有通史,也有专题史,还有回忆录,基本上是世界历史著作中的上乘之作,同时也是填补国内同类作品出版的空白。

人名地名规范。本系列图书中人名地名,译名规范,重视专业性。同时,在人名翻译方面,我们坚持"姓名皆全"的原则,加大考据力度,从而实现了有姓必有名,有名必有姓,方便了读者的使用。另外,在注释方面,书中既有原书注,即完整地保留了原著中的注释;也有译者注,又体现了译者的研究性成果。书中的插图。本系列图书的一个重要特征是书中都有功能性插图，这些插图全方位、多层次、宽视角反映当时重大历史事件、或与事件的场景密切相关，涉及政治、军事、经济、社会、外交、人物、地理、民俗、生活等方面的绘画作品与摄影作品。全景插图与文字结合，赋予文字视觉的艺术，增加了文字的内涵。

译者的确定。本系列图书的翻译主要凭借的是一个以大学教师为主的翻译团队，团队中不乏有知名教授和相关领域的资深人士。他们治学严谨，译笔优美，为确保质量奉献良多。

"华文全球史"系列作为一套具有较高学术价值的优秀的世界历史丛书，对增加读者的知识，开阔读者的视野，具有积极的意义。但也要看到，很多西方历史学家虽然也包含着一些正确的即符合事实的观点，但很多都存在错误的历史观，甚至还有较多的史实的歪曲，对于这些，我们希望读者不要不加分析地对它们全盘接受或全盘否定，而是要批判地吸收外国文化中有益的东西。

华文出版社
2019 年 8 月

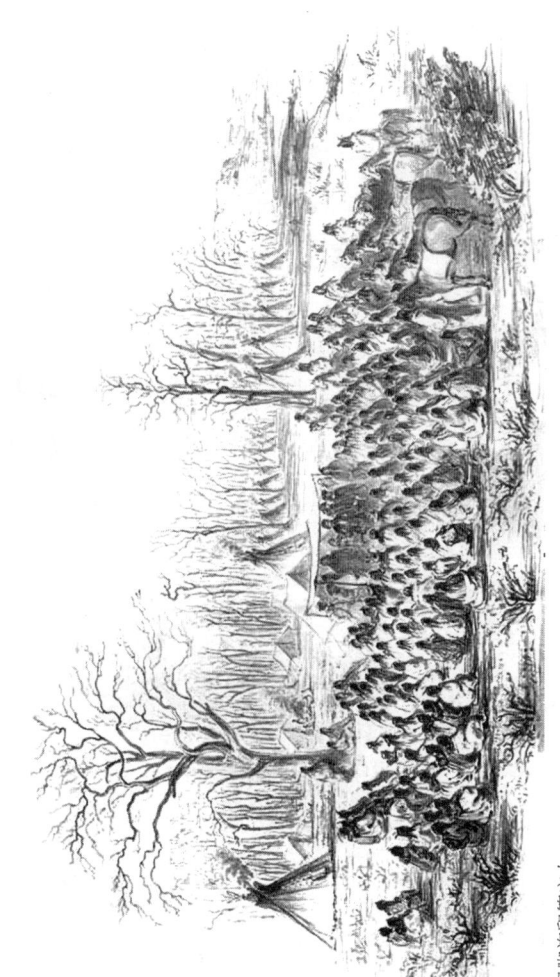

黑脚族印第安人

波瓦坦人

约翰·艾略特向印第安人布道

约翰·艾略特向印第安人布道

萧尼人

德拉瓦人与欧洲移民

休伦人

马克西米利安·德·贝蒂讷

圣方济·沙勿略

凯瑟琳·昂里埃特·德·巴尔扎克·恩泰奎斯

蒙莫朗西公爵亨利二世

让·德·布雷伯夫在印第安人中传教

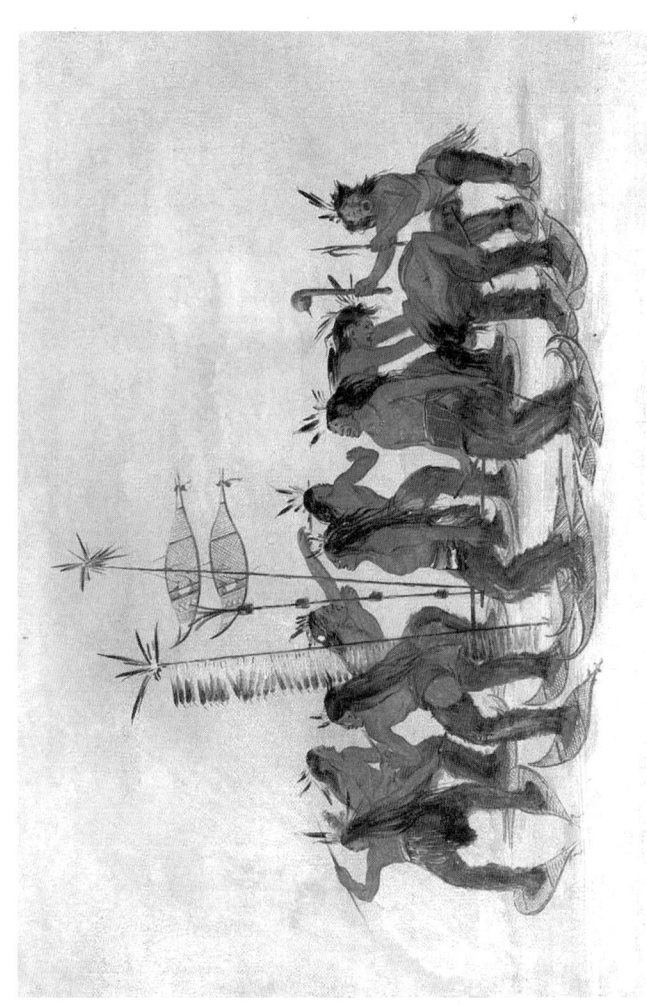

奥吉布韦人

路易·亨内平与印第安人

提图芭与玛丽·沃尔科特

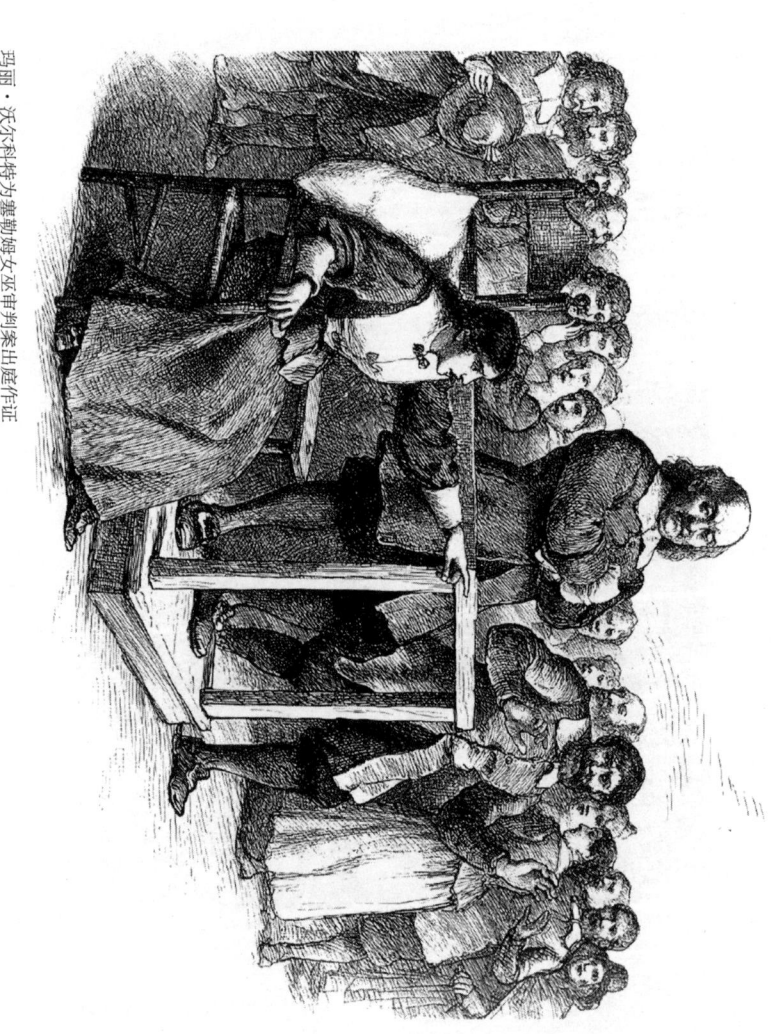
玛丽·沃尔科特为塞勒姆女巫审判案出庭作证

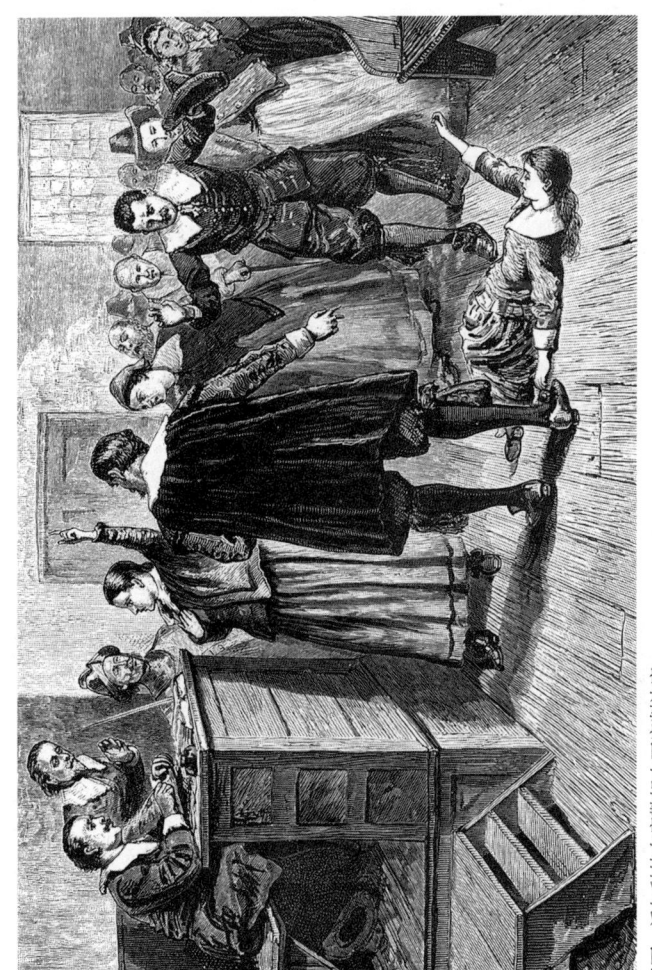
玛丽·沃尔科特在塞勒姆女巫审判法庭

乔治·伯罗斯牧师被执行死刑

塞勒姆女巫审判法庭

玛莎·利里受审

路易·约瑟夫胸膛中枪

路易·约瑟夫之死

目 录

001　第 1 章
　　　探索北美海岸

037　第 2 章
　　　魁北克的肇始

071　第 3 章
　　　阿卡迪亚殖民地

097　第 4 章
　　　寻找密西西比河

127　第 5 章
　　　塞勒姆审巫案

171　第 6 章
　　　大觉醒运动

201　第 7 章
　　　诺里奇沃克和路易斯堡

225	**第 8 章**	
	战前序曲	

255	**第 9 章**	
	克朗波因特战役、威廉·亨利堡战役和泰孔德罗加战役	

283	**第 10 章**	
	路易斯堡战役、迪凯纳堡战役和魁北克战役	

311	专有名词英汉对照	

第1章

探索北美海岸

法兰西诺曼底和布列塔尼地区的海岸附近分布着许多风景如画的小镇。与欧洲其他地方相比，居住在小镇上的航海人更能吃苦，更具开拓精神。他们与英吉利海峡对岸的英格兰人有血缘关系。譬如，法兰西阿莫里凯地区的威尔士人和英格兰康沃尔郡的威尔士人是手足同胞。早在罗马帝国皇帝尤利安统治时期，塞纳河河口附近就以"撒克逊"之名深入人心。迄今为止，人们还能在塞纳河河口附近发现典型的英格兰农场。农场里面有漂亮舒适的房舍。此外，从地图上看，塞纳河河口附近有许多盎格鲁-撒克逊语的地名。8世纪后，一群维京人从挪威峡湾南下，定居在高卢北部和不列颠群岛东部。相邻地区的人们传承着共同的传统。譬如，中世纪时期，英吉利海峡两岸的水手非常出名，曾经一起驾船进入冰岛海域搜寻鳕鱼，甚至捕鲸。15世纪初，法兰西探险家让·德贝当古占领了加那利群岛，建立了殖民地。为了效忠卡斯提尔王国，同时获得援助，他拱手让出了加那利群岛。追随让·德贝当古的水手主要是布列塔尼人和诺曼底人，他们的后代至今还住在加那利群岛上。1364年，在塞拉利昂和帕尔马斯角之间的谷物海岸①附近，来自法兰西迪耶普的商人做起了买卖。1383年，勇敢的法兰西商人逐渐在塞拉利昂和帕尔马斯角之间的谷物海岸附近定居，直到1410年才离

---

① 非洲西部的一段海岸，位于利比里亚帕尔马斯角至塞拉利昂之间。16世纪，西方殖民者开始在这一带大肆掠夺经济价值很高的香料植物。起初，这种植物被认为是一种特殊谷物，所以这段海岸在历史上被称为"谷物海岸"。（本书中除原注外，均为译者注，不再另行说明）

英王亨利五世

开。因此,法兰西人的航海先于葡萄牙航海家亨利王子带领的冒险家。当时,对法兰西人来说,几内亚海岸似乎唾手可得。然而,法兰西国内风云突变,阿马尼亚克人和勃艮第人之间爆发了战争。此外,法兰西王国还遭到了英王亨利五世的入侵。于是,法兰西王国失去了对非洲海岸的控制。葡萄牙乘虚而入,占领了几内亚海岸。在加纳,埃尔米纳镇的防御工事印证了早期法兰西人的足迹。后来,英格兰王国统治加纳时期,一条路从埃尔米纳镇径直通向非洲内陆城市库马西。14世纪,迪耶普的法兰西商人建立了埃尔米纳镇,并且开始了象牙贸易及衍生出来的象牙加工业。现在,埃尔米纳镇的象牙加工业依然繁荣兴盛。

在这一历史背景下，高卢北部的水手们本来应该加入哥伦布或卡伯特家族的航海冒险中，但诺曼底和布列塔尼地区的人们一直效忠法兰西王室，不需要等待约翰·卡伯特的航海发现也能知道纽芬兰渔场的位置。事实上，早在哥伦布横穿黑暗之海前，诺曼底和布列塔尼地区的人已经在纽芬兰渔场附近活动了。1492年前，纽芬兰岛沿岸可能已经出现捕鱼活动，但缺乏充分的证据证明。在纽芬兰岛和拉布拉多岛沿海，约翰·卡伯特曾感叹当地数量庞大的鳕鱼。由此可见，英吉利海峡附近的渔民对大西洋西部海域知之甚少。关于布列塔尼地区的船出现在纽芬兰海域的情况，第一次可靠记录是在1504年。此后，相关记载越

约翰·卡伯特

来越多。人们从未忽视神奇的纽芬兰海域。然而，1504年前，关于纽芬兰海域的记载都不足为信。

不久，人们除了在纽芬兰渔场捕鱼，还登上了纽芬兰附近的海岸。很快，布雷顿角出现在历史记载中，并且成为北美大西洋沿岸现存最古老的欧洲地名。迪耶普的历史学家们坚持认为，1506年，翁弗勒尔镇的让·德尼斯绘制了一幅圣劳伦斯湾的航海图，1508年，托马斯·奥伯特沿着圣劳伦斯湾航行了八十里格，带回了七个黄褐色皮肤的印第安人，并且于1509年将这七个印第安人带到了鲁昂和其他地方展出。此外，可以肯定的是，在此次航海中，跟随托马斯·奥伯特的水手中有一名来自佛罗伦萨的水手。这名水手是后来名声大噪的乔瓦尼·达·韦拉扎诺。与托马斯·奥伯特有关的记载并不像我们期望的那么权威，

乔瓦尼·达·韦拉扎诺

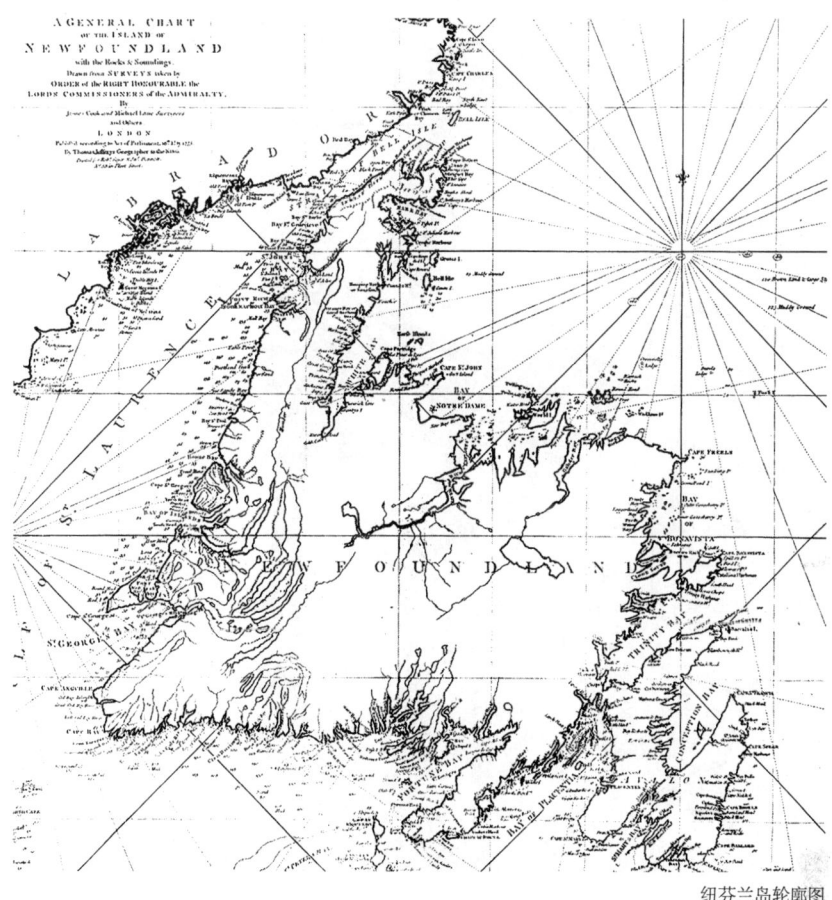

纽芬兰岛轮廓图

原因之一是文献来源参差不齐，并且编者德马克茨不加辨别，只知道鼓吹有关迪耶普人的丰功伟绩。然而，当时有关圣劳伦斯湾的航海活动还有其他有力旁证。有证据表明，1512年，托马斯·奥伯特展出了俘获的印第安人。1511年，威尼斯绘图师伯纳都斯·塞万努斯出版的托勒密版地图上绘有一个大岛，毫无疑问是纽芬兰岛。纽芬兰岛西侧有一个正方形海湾，海湾的轮廓好像经过了实地勘察，不是凭空想象出来的。渥太华的政府档案馆里存有一张地图，据称是让·德尼斯绘制的地图的复制品。由于一些地名是很久以后才出现的，因此，我们推断渥太华政府档案馆里的地图上的一些地名是后来加上的。如果渥太华政府档案馆里的地图上的地理轮廓确实和让·德尼斯绘制的地图一样，那么伯纳都

法王路易十二

斯·塞万努斯出版的奇怪地图就可以解释了。此外，一个颇具价值的事实是，意大利地理学家乔瓦尼·巴蒂斯塔·赖麦锡提到了1506年和1508年让·德尼斯和托马斯·奥伯特的航海。毋庸置疑，在法王路易十二统治时期，纽芬兰海域已经倍受法兰西人的关注。

法王路易十二驾崩后，继任者是雄心勃勃的弗朗茨一世。法王弗朗茨一世统治时期，人们对纽芬兰海域的关注有增无减。1612年，韦尔万镇幽默的作家马克·莱斯卡波特在文章中记载道，1518年，德·莱里男爵①想在塞布尔岛建立殖

---

① 德·莱里男爵的船从纽芬兰岛东南方的大西洋浅滩行驶至此，但塞布尔岛为圆形沙岛，杂草丛生，中间还有一个沼泽湖，无法建立殖民地。

民地，但没有成功，只留下了一大群牛和猪。这些家畜迅速繁殖，最后成了后期冒险者的美味佳肴。

在大西洋海域，法兰西人面临强大的对手。当时，葡萄牙的海洋扩张正处在鼎盛时期，约翰·卡伯特的航海激起了葡萄牙人的兴趣。1500年，葡萄牙航海家佩德罗·阿尔瓦雷斯·卡布拉尔证实了大部分巴西海岸位于教皇子午线以东，应该归葡萄牙所有，而不是西班牙王国。与此同时，加斯帕·科特莱尔航行在北大西洋海域，企图证实纽芬兰岛属于葡萄牙。因此，葡萄牙人的船经常驶向纽芬兰岛。葡萄牙人、诺曼底人、布列塔尼人和比斯开人的渔船经常出现在纽芬兰海

佩德罗·阿尔瓦雷斯·卡布拉尔

域。有时,葡萄牙人会精心策划一场登岸探险。1520年,阿尔瓦雷斯·法贡德斯进行了一次探险航行。按照传统,航行途中,如果葡萄牙航海者发现新陆地,葡萄牙国王就会将新陆地赐给航海者。1521年3月,阿尔瓦雷斯·法贡德斯回到葡萄牙,向葡萄牙国王做了汇报,并且如愿以偿获得了新陆地。从赐地内容来看,同时结合拉扎罗·路易四十年后绘制的地图,我们能够得出阿尔瓦雷斯·法贡德斯取得的成就。虽然其中还有一些存疑的地方,但可以肯定的是,阿尔瓦雷斯·法贡德斯考察了圣劳伦斯湾的所有海岸。

然而,当时,葡萄牙人正忙着处理印度洋海域的事情,无暇顾及北美海岸。1517年到1521年,墨西哥的发现和埃尔南·科尔特斯的惊人战绩使法兰西人的

埃尔南·科尔特斯

西班牙国王查理五世

另一个对手——西班牙人一直围在北美海岸附近。与此同时,法兰西人对北美海岸的兴趣再次高涨。攻陷墨西哥后,阿朗索·德·阿维拉将大量金银财宝装上了船,准备运往西班牙,但在返回途中落入了乔瓦尼·达·韦拉扎诺手中,被运到了法兰西的迪耶普。迪耶普可能有乔瓦尼·达·韦拉扎诺驻守多年的大本营。在相同航线上,乔瓦尼·达·韦拉扎诺截获了另一艘从圣多明戈驶来的西班牙船,船上满载黄金和珍珠。因此,乔瓦尼·达·韦拉扎诺向法王弗朗茨一世和法兰西海军上将献上了厚礼。这些事情都是编年史学家贝纳尔·迪亚斯·德尔·卡斯蒂略描述的。贝纳尔·迪亚斯·德尔·卡斯蒂略还谈到,西班牙人对中美洲的财富感到震惊,中美洲的金银财宝源源不断流入西班牙国王查理五世的国库中。当西班牙国王查理五世和法王弗朗茨一世第一次交战时,法王弗朗茨一世知道,西

法王弗朗茨一世

班牙人将从墨西哥缴来的金银财宝用在了战争上。在伦巴第地区,西班牙军队让法兰西军队吃尽了苦头。于是,法王弗朗茨一世写信给西班牙国王查理五世,嘲弄地问道:"你是不是和葡萄牙国王瓜分了世界,没有我的份儿了?难道亚当的继承人只有你们?如果是这样,我希望你们能让我看看亚当最终的遗嘱和誓约。"除非西班牙国王和葡萄牙国王能拿出亚当的遗嘱和誓约,否则法王弗朗茨一世有权派法兰西船抢劫海上的西班牙船和葡萄牙船。随后,法王弗朗茨一世和乔瓦尼·达·韦拉扎诺商量了新的抢劫计划,切断了西班牙人的战争经费。

1524年,法王弗朗茨一世和乔瓦尼·达·韦拉扎诺经过深思熟虑,促成了一次伟大的海上航行,使北美洲东海岸第一次出现在了地图上,起点从北卡罗来纳一直延伸到培诺伯斯科特河河口。此次航行的目的有两个：第一，在哥伦布和约翰·卡伯特穿过的海域或附近寻找更多类似墨西哥或委内瑞拉的地方，因为墨西哥有很多金矿，委内瑞拉遍地珍珠；第二，在佛罗里达以北寻找一条从欧洲通往印度洋的海上航线。换句话说，乔瓦尼·达·韦拉扎诺的此次航行第一次提到了北美洲西北航道。哥伦布一直认为自己踏上了亚洲海岸，或是亚洲的岛屿。最后一次航行中，他在巴拿马地峡中苦苦寻找马六甲海峡。然而，随后的探险家发现了一条完整的海岸线，从佛罗里达一直延续到巴塔哥尼亚。1522年，斐迪南·麦哲伦率领的探险队的生还人员返航。他们已经筋疲力尽。因此，很多人认

哥伦布

斐迪南·麦哲伦

为,斐迪南·麦哲伦向南前往印度的航线既漫长又艰难,几乎无法通过。于是,美洲海岸被视为通往亚洲的障碍。乔瓦尼·达·韦拉扎诺此行的任务之一是寻找美洲海岸的北端,或是寻找一条前往北美洲的通道。

在这次航行中,不再对乔瓦尼·达·韦拉扎诺经过的地区做详细描述,因为此次航行只局限在北美洲海岸。当时,北美洲海岸不受法兰西王国的控制。在讨论荷兰及教友会教徒殖民地时,我已经详述过乔瓦尼·达·韦拉扎诺的此次航行,此处不再重复。除了准确描绘了从北卡罗来纳到缅因的海岸线,乔瓦尼·达·韦拉扎诺还提到自己驶入了哈得孙河和纳拉甘西特湾,从甲板上依稀看到了怀特山。他没有找到金矿,也没有找到珍珠,更没有发现通往印度洋的航道,但导致了一个有史以来最大的骗局。他登上了阿科马克半岛,步行穿过阿科马克半岛后,看见了切萨皮克湾广阔的水面。然后,他误以为自己看到了太平洋。乔瓦尼·达·韦拉扎诺回到欧洲后不久,两张地图面世。一张是乔瓦尼·达·韦拉扎诺的弟弟吉罗拉莫·韦拉扎诺绘制的,另一张是维斯康特·马乔洛绘制的。两张地图影响了欧洲整整三代人的地理观。地图上绘有两块陆地,一块连接着佛罗里达和墨西哥,另一块靠近美洲北面。两块陆地之间原本是北美洲中部地区,但被绘成了与太平洋相通的广袤海洋。与此同时,弗吉尼亚的海岸被绘成了一条狭窄的地峡,旁边是绘图者的标注,标明海峡宽不足六英里。在接下来的一个世纪中,人们脑海中一直有一片韦拉扎诺海。如果不考虑这一事实,我们就无法理解航海家们一次次驶进哈得孙河或圣劳伦斯河,其实他们是在寻找通往美洲西部海域的通道。

1525年7月,乔瓦尼·达·韦拉扎诺回到迪耶普,但发现法王弗朗茨一世在1525年2月的帕维亚战役中被俘,关押在马德里。法王弗朗茨一世不仅没有看

帕维亚战役

法王弗朗茨一世被俘

到亚当的遗嘱,还遭遇了牢狱之灾。1526年1月,他为了摆脱监禁,被迫签署了条约。但当越过比利牛斯山脉,跨上自己的战马后,他立即宣布条约失效,因为签署条约时,他受到了胁迫。对令人敬仰的乔瓦尼·达·韦拉扎诺来说,他的结局比法王弗朗茨一世悲惨。1526年,乔瓦尼·达·韦拉扎诺与让·安戈及迪耶普的其他重要人士商议，打算横渡印度洋运送香料。1527年，在航行途中，乔瓦尼·达·韦拉扎诺被西班牙人俘虏后当成海盗吊死了。

与乔瓦尼·达·韦拉扎诺相比，即将登场的这个人更著名。如果乔瓦尼·达·韦拉扎诺的成就给迪耶普带来了荣耀，那么雅克·卡蒂埃让布列塔尼的圣马洛闻名于世。雅克·卡蒂埃的肖像挂在圣马洛的市政厅内。遗憾的是，这幅肖像可能是假的，但依然具有价值。这幅肖像充分展现了雅克·卡蒂埃的气质。雅克·卡蒂埃是一位了不起的航海家，真诚勇敢，睿智优雅。多年来，他一直漂

雅克·卡蒂埃

菲利普·德·沙博

泊在海上。西班牙人称他"海盗"或"海贼"。雅克·卡蒂埃四十三岁时,法兰西海军上将菲利普·德·沙博选中了他,让他像让·德尼斯、托马斯·奥伯特和乔瓦尼·达·韦拉扎诺那样,继续探索伯纳都斯·塞万努斯地图中神秘的方形海湾。

1534年4月20日,雅克·卡蒂埃带了两艘各载有六十一人的船,驶离圣马洛港,径直前往拉布拉多岛。布列塔尼和诺曼底的渔民已经非常熟悉拉布拉多岛。拉布拉多岛在贝尔岛海峡北面。雅克·卡蒂埃穿过贝尔岛海峡,沿着纽芬兰岛的内侧海岸向南驶往光芒角,又从光芒角前往爱德华王子岛,最后调转船头向北航行,抵达一处海湾。雅克·卡蒂埃将新发现的海湾称作"沙勒尔湾"。在法语中,"沙勒尔"是"热"的意思。从名字中,我们知道沙勒尔湾的七月闷热难耐。再往前航行一点，雅克·卡蒂埃到了加斯佩。然后，他竖起了一个十字架，按照惯例举行了仪式，宣布加斯佩归法王弗朗茨一世所有。紧接着，雅克·卡蒂埃的船队抵达了安蒂科斯蒂岛东岸，继续沿安蒂科斯蒂岛的北岸航行。在临近安蒂科斯蒂岛西岸时，雅克·卡蒂埃率船队返航，再次穿过贝尔岛海峡回到了法兰西。他带回了两个年轻的印第安人。这两个印第安人来自圣劳伦斯河上游的偏远地区，原本是带着麻网去海边捕捉鲭鱼，但被雅克·卡蒂埃抓走了。

雅克·卡蒂埃在加斯佩竖起十字架

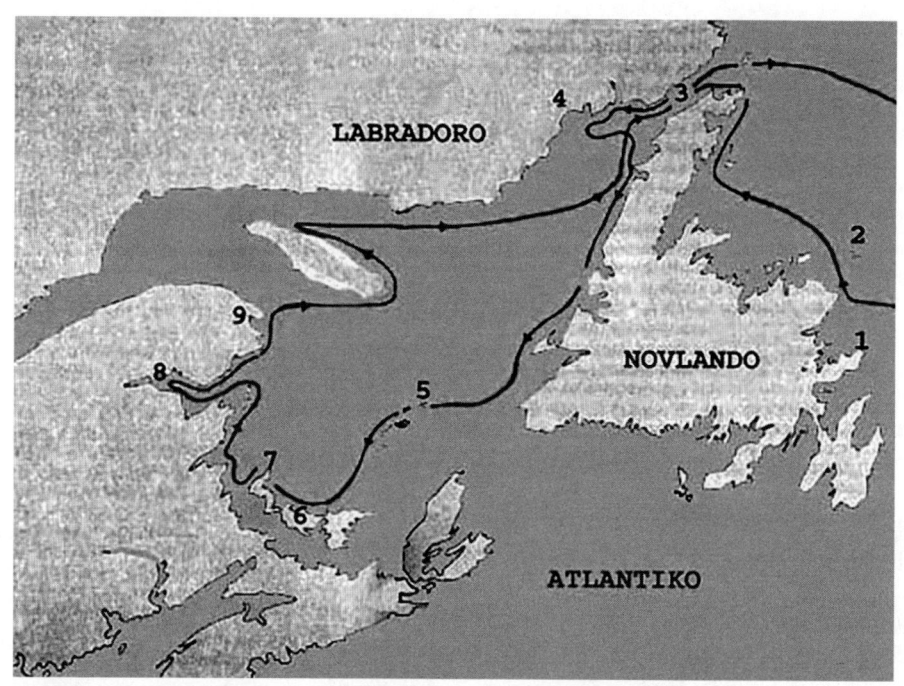

雅克·卡蒂埃探索方形海域示意图

　　经过此次航海考察，伯纳都斯·塞万努斯地图中模糊的方形海湾瞬间变得清晰起来。因此，法兰西国内热情高涨，人们呼吁再次派船前往方形海湾。1535年5月，勇敢的雅克·卡蒂埃带着一百一十人和三艘小船，再次起航。1535年7月下旬，他穿过贝尔岛海峡。1535年8月10日，他抵达安蒂科斯蒂岛北部的一处狭小海湾。这一天正逢圣·劳伦斯殉道的日子。为了纪念圣·劳伦斯，雅克·卡蒂埃将这片海湾命名为"圣劳伦斯湾"。在驶过安蒂科斯蒂岛西部时，雅克·卡蒂埃率领的船队四周出现了喷水畅游的鲸鱼。随后，船队进入一片辽阔海域。看着眼前无边无际的海水，雅克·卡蒂埃好像发现了一条通往印度洋的捷径。然而，日复一日，海水变得越来越浅。1535年9月的一个清晨，雅克·卡蒂埃抵达萨格奈河河口。雅克·卡蒂埃不愿相信自己不是在海峡中航行，而是驶入了一条壮阔的河流。对来自欧洲大陆的探险者来说，萨格奈河流域的景色壮丽又不失秀美。除了亚马逊河和奥里诺科河，没有一条河像圣劳伦斯河这样，带给人们强烈的视觉冲击。相比之下，密西西比河显得平缓无奇。

当法兰西人问起圣劳伦斯湾沿岸的村庄叫什么时，经常会从雅克·卡蒂埃抓来的那两个印第安人口中听到"加拿大"一词。原来，"加拿大"是莫霍克语中的一个词语，意为"村庄"。但雅克·卡蒂埃一直不明白"加拿大"的意思。因此，从一开始，他就将"加拿大"想象成了一条河，或者是一条河流经的地方。久而久之，"加拿大"一词逐渐囊括了整个北美大陆的一半地区。不久，雅克·卡蒂埃到了魁北克，并且发现了一个叫"斯塔达科纳"的村庄。斯塔达科纳村中有一位酋长，叫"唐纳科纳"。脸上画有纹饰的印第安人和身着艳丽服饰的印第安妇女成群走到水边，一些印第安人划着独木舟靠过来。他们惊愕地望着眼前带有白色翅膀的"城堡"①，以及"城堡"上脸色苍白、留有胡须的人。很快，斯塔达科纳的村民认出了两个被俘的同胞。他们向法兰西人赠送了珠串，然后不停地跳舞。喊叫声回荡在森林中。斯塔达科纳是当地最大的村庄吗？显然不是。最大的村庄在数英里外的上游河岸，叫"奥雪来嘉"。现在，长着胡须的法兰西人想要去奥雪来嘉，但斯塔达科纳的村民认为这样做非常冒险，因为法兰西人很可能会被困在冰天雪地里，船也会被困在浮冰中动弹不得。虽然不认识来访的法兰西人，但印第安人非常担心法兰西人的安危。这听上去有些夸张，却真实反映了印第安

雅克·卡蒂埃与唐纳科纳

---

① 此处指雅克·卡蒂埃船队的帆船。

人的特点。斯塔达科纳村民的真实意图是要"保护自己的手工业"。当他们还没有足够的珠子和红丝带时,为什么要将一部分珠子和红丝带分给奥雪来嘉的人呢?斯塔达科纳的村民想了一个办法,即用神或鬼的力量吓唬法兰西人。1535年秋天一个晴朗的早晨,河面上划来一叶独木舟,上面载有三个身披狗皮的印第安人。他们面目狰狞,脸部漆黑,头上还有长长的鹿角。他们划舟经过了法兰西人的船,然后向岸边划去,嘴里不停发出单调痛苦的诅咒。独木舟靠岸后,三个印第安人一头栽倒在地上。突然,丛林中窜出一群身插羽毛的印第安人。他们一边疯狂地尖叫、呻吟,一边抓起倒在地上的印第安人,将他们拖进了密林。随后,法兰西人听到嘶哑刺耳的吵闹声,声音约持续了几个小时。最终,雅克·卡蒂埃之前俘虏的那两个年轻的印第安人从灌木丛中爬了出来,在岸边左摇右晃,不停地痛苦尖叫,一副吓坏了的样子。雅克·卡蒂埃听到后,从后甲板上走出来,询问发生了什么。两个年轻的印第安人说,天神降旨了,不让法兰西人去奥雪来嘉,因为那里太危险了。如果法兰西人非要去奥雪来嘉,黑暗的毁灭力量就会降临到他们头上。但法兰西人听后用亵渎神灵的话回应了这两个年轻的印第安人,因为他们主张自由交换,不赞成斯塔达科纳的村民独享珠子和红丝带。

率领一艘排水量为四十吨的船和两艘载有五十人的船,雅克·卡蒂埃继续沿河北上。他之前带来的船队停靠在一个河口的避风港。这条河就是现在的圣夏尔河。1535年10月的一个清晨,空气干冷。经过两个星期愉快的航行后,雅克·卡蒂埃等人终于来到了奥雪来嘉。在河岸边,奥雪来嘉的"一位领主"出来迎接法兰西人,后面跟着一大群"侍从"。引号中的称谓听起来有点夸张,却是当时亲历者的记述,因为当时的探险家是用欧洲人的视角看待印第安人。很快,迎接客人的篝火噼里啪啦地燃了起来,温暖的火焰打开了印第安人的话匣子,他们滔滔不绝地说着。不一会儿,所有人浩浩荡荡地走进了奥雪来嘉村。奥雪来嘉村很原始。在1556年出版的乔瓦尼·巴蒂斯塔·赖麦锡的《航海和旅行记》中,有一张关于奥雪来嘉村庄的草图。绘制草图的人已经不得而知,但草图似乎是根据跟随雅克·卡蒂埃的水手的记忆画的。虽然草图中的一些细节并不符合雅克·卡蒂埃的描述,但看上去依然是典型的莫霍克风格,证明这幅草图画的就

雅克·卡蒂埃在奥雪来嘉受到印第安人的迎接

是奥雪来嘉村。奥雪来嘉村的形状呈圆形，中间约有五十座长形棚屋。屋子长约一百五十英尺，宽约五十英尺，框架是由小树枝干搭建的，外面紧紧裹着一层树皮。每座棚屋中间贯穿一条通道，旁边有一个石头炉子，炉子上方的树皮屋顶处有一个排烟的洞。炉火上面大都挂着一口黏土烤制的锅，锅里热气腾腾，有时候炖的是玉米、豆子和鸡肉，过节的时候也会炖狗肉。除了饭香味，空气中还弥漫着烟草味。棚屋两侧要么摆着一排排架子，要么放着铺有毛皮的长凳子。墙上到处挂着石箭和石斧，还悬有燧石刀、陶制的烟斗和风干的人类头皮。宽敞的棚屋围建在一大片方形空地上。棚屋外面留有许多间隔或道路。整个村庄也许可以容纳两千五百人到三千人，但实际人数远远比村庄的容量少。村庄的围墙设计巧妙，三列粗壮的小树干以同一轴心搭建而成。中间一列树干笔直地立在地上，高十二到十五英尺。外侧两列树干距离中间一列树干五到六英尺，向内倾斜。整个结构呈双面的帐篷形状，三列树干在顶部结合，然后紧紧捆绑在一个水平横梁上。同时，三列树干的底部和中部分别用两根对角线交叉的木头连接。这种交叉缝式的结构使墙体坚固而稳定。墙内靠上的位置有一个走廊，可以通过短梯子爬上去。法兰西人在走廊上看到了成堆的石头。石头是为抵御随时来犯的侵略者准备的。墙外是一片坑坑洼洼的田地。田地里残留着上一年夏天种的褐色玉米秆,以及堆得到处都是的黄色南瓜。

　　法兰西人到来后,奥雪来嘉的树皮屋内和露天广场上变得格外热闹。奥雪来嘉的村民态度友好,不失礼节,不再害怕法兰西人,反而对法兰西人充满好奇。他们围在法兰西人身边,有的摸摸法兰西人的钢枪,有的轻抚法兰西人的胡须。生病的印第安人被法兰西人按了几下竟然康复了。奥雪来嘉的村民得到了一些小饰品,还和法兰西人寒暄问候。最后,他们吹响号角准备欢送法兰西人。在法兰西人起身出发前,奥雪来嘉的村民陪同法兰西人登上了附近的山顶。雅克·卡蒂埃将这座山称为"王室山"。现在,这座山及山脚下的城市沿用了以前的名字,音译过来是"蒙特利尔"。

　　天气变冷,寒冷的气候已经不允许法兰西人前往荒无人烟的地方。法兰西人回到斯塔达科纳后,已经是冬季。他们住进了棚屋。在斯塔达科纳,法兰西人遇到了英吉利海峡从未有过的极寒天气。不久,坏血病在法兰西人中暴发。最

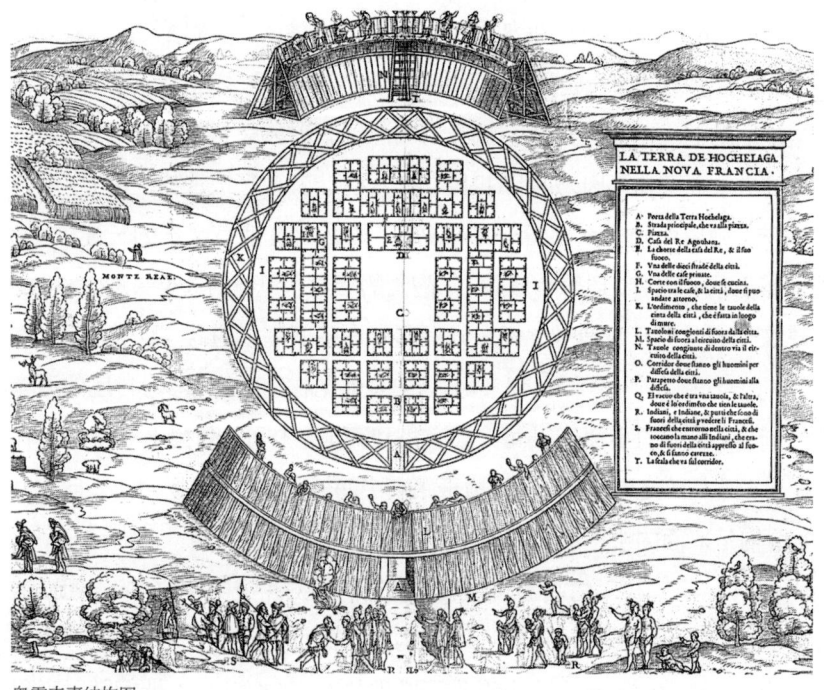

奥雪来嘉结构图

法兰西人治好生病的印第安人

后,没有生病的人只有十几个,并且还得照顾其他生病的人。祈祷、连祷①,甚至在雪地里跪拜都无济于事。上帝变得麻木不仁,就像阿里巴巴故事中强盗的洞门,任由凯辛怎么念咒语都无动于衷。但很快,雅克·卡蒂埃从印第安人中听说了一种药剂,是用一种常青树的叶子熬制而成的,可以治疗坏血病。法兰西人试着喝了药剂,结果出人意料。在写著名的关于焦油水功效的论文时,乔治·贝克莱主教如果知道这种神奇的药剂,一定会高兴得晕过头。印第安人口中的常青树是云杉、松树,还是香脂冷杉,一直都无人知道。但据说,雅克·卡蒂埃手下的人非常贪婪,不到一个星期就煮完了一棵像成年橡树那么高的常青树上所有的叶子。法兰西人大口喝下了浓香的药剂,不久就痊愈了。

由于人员损失惨重,雅克·卡蒂埃不得不放弃一条船,同时被迫搁置很多探险活动。他的做法是航海家的普遍做法。在北美洲大陆上,雅克·卡蒂埃等人待了三个多月,现在必须返回欧洲。1536年盛夏,雅克·卡蒂埃再次平安回到圣马

---

① 连祷是基督教堂中公共祈祷的一种形式,通常牧师先做祷告,然后会众进行应答。

洛，并且坚信下一次航行一定会有更多收获，至少会发现一些他听说过的宝藏和没有见过的事物，如黄金、钻石、独角兽等。当早期的欧洲航海家一次次做着绚丽多彩的美梦时，我们知道，做梦不用先思考。面孔古板的印第安人其实是我们当中最滑稽的一类人。在印第安人的观念中，最可笑的事是类似于美食家内心的奇思怪想，用英语俚语形容就是无知的脑子里"塞满"五花八门的谬论。在第二次探险中，雅克·卡蒂埃相信了一些谬论，将唐纳科纳和其他一些印第安酋长带回了法兰西王国，希望印第安酋长向法王弗朗茨一世讲述一些惊险故事。

　　1541年，雅克·卡蒂埃再次准备前往加拿大。与西班牙国王和葡萄牙国王一样，法王弗朗茨一世也打算重赏发现新大陆的航海家。哥伦布和瓦斯科·达迦马曾是海军上将和殖民地总督。现在，法王弗朗茨一世也要为新大陆任命一

瓦斯科·达迦马

位法兰西总督。他选中了让-弗朗索瓦·罗贝瓦勒。让-弗朗索瓦·罗贝瓦勒出生在一个贵族家庭，在皮卡第地区拥有大量地产。法王弗朗茨一世封让-弗朗索瓦·罗贝瓦勒为诺伦贝加总督，掌管加拿大、奥雪来嘉、萨格奈、纽芬兰等地。与此同时，他任命雅克·卡蒂埃为海军将领。在委任状中，法王弗朗茨一世将加拿大和奥雪来嘉称为"亚洲靠近西方的地方"。事情很快传到了西班牙国王查理五世耳中。西班牙人坚信圣劳伦斯湾只有鳕鱼，没有任何财宝。西班牙王国驻巴黎大使告诉西班牙国王查理五世，最好的做法是不干涉，任由法王弗朗茨一世将钱浪费在一片不毛之地上。

西班牙人的讥讽似乎很快得到了印证。在此次航行中，雅克·卡蒂埃率领的船队人心不齐，令人沮丧。起初，由于缺少利益诱惑，没有人愿意出海。因此，雅克·卡蒂埃只能从监狱里招募船员。后来，由于准备时间太长，雅克·卡蒂埃决定先带领一部分人出海。于是，1541年5月，雅克·卡蒂埃带领三艘船起航。让-弗朗索瓦·罗贝瓦勒预计不久就会追上雅克·卡蒂埃。因此，雅克·卡蒂埃在纽芬兰岛沿岸逗留了六个星期，但等到1541年8月还不见让-弗朗索瓦·罗贝瓦勒的踪影。于是，他决定继续航行，穿过圣劳伦斯湾沿河而上。关于此次航行的记载没有前两次那么翔实。雅克·卡蒂埃率领的探险队似乎没有任何新发现。从奥雪来嘉传来印第安人正在策划一场阴谋的谣言。在魁北克附近，雅克·卡蒂埃率领的探险队遭遇了一场严寒，最后扫兴而归，回到了法兰西。在纽芬兰岛沿岸的一个海港，雅克·卡蒂埃率领的探险队遇到了让-弗朗索瓦·罗贝瓦勒。让-弗朗索瓦·罗贝瓦勒一年后才到达纽芬兰岛的原因不得而知，权威文献也语焉不详，无法从中得到完整的细节。但可以确定的是，雅克·卡蒂埃和让-弗朗索瓦·罗贝瓦勒见面后不欢而散。随后，雅克·卡蒂埃继续返航，让-弗朗索瓦·罗贝瓦勒留下来单独行动。

然而，雅克·卡蒂埃离开后，让-弗朗索瓦·罗贝瓦勒并不是孤立无援。他的船上有健壮的水手，并且个个熟悉海上的情况。在他率领的三艘船中，其中一艘由经验丰富的让·阿方斯担任舵手。让·阿方斯来自圣东日。在法兰西境内，几乎没有水手能超过让·阿方斯。圣东日靠近比斯开湾，咸咸的海风吹拂着比斯开湾的海岸。在海上漂泊了四十多年，让·阿方斯可能不止一次到达过大西洋北部海域。比斯开湾的渔民经常光顾大西洋北部海域。现在，一项重要的任务落到了让·阿方斯肩上。让-弗朗索瓦·罗贝瓦勒率领的船队在圣劳伦斯湾分成两路，让-弗朗索瓦·罗贝瓦勒继续沿圣劳伦斯湾海岸航行，让·阿方斯前去寻找前往韦拉扎诺海的通道。这件事表面上看很清楚，但提到让·阿方斯的航行时，人们总用"难以理解"形容。譬如，1689年，改革派修士西施德·勒·塔克[①]写道，让-弗朗索瓦·罗贝瓦勒派让·阿方斯向北前往拉布拉多岛沿岸，前去寻找通往韦拉扎诺海的通道。但让·阿方斯被浮冰困住，在北纬52°处发现了纽芬兰岛和大陆之间的海峡，即贝尔岛海峡后返航。现在看来，这一记载显得很荒谬，因为让·阿方斯非常熟悉贝尔岛海峡，并且进入圣劳伦斯湾时，欧洲人都会经过贝尔岛海峡。在最近出版的《雅克·卡蒂埃到弗兰特纳克》一书中，已故历史学家贾斯廷·温莎写道："让·阿方斯沿拉布拉多岛海岸向北航行。如果可能，他会找到一条通往北美洲西海岸的通道。途中，浮冰密密匝匝，迫使他最终放弃了寻找。"然而，当大多数作者重复这些话时，我们注意到，在1589年的著述中，严谨的英格兰历史学家理查德·哈克路特竟然不知道让·阿方斯有过这样一次航行。事实上，航行结束后，在朋友保兰·德·塞卡拉特的协助下，让·阿方斯记录了此次海上探险。保兰·德·塞卡拉特是翁弗勒尔的一名地理学家。现在，让·阿方斯1545年写下的记录以手稿形式保存在巴黎国家图书馆，对开本，共一百九十四页。1559年，让·阿方斯去世后不久，人们对他的经历越来越感兴趣。一些著名人物去世后，这种现象经常出现。因此，很多关于让·阿方斯生平的书问世。普瓦捷有一本叫《让·阿方斯的冒险航行》的书，至少发行了七种版本。这本书由翁弗勒尔一个叫"玛吉斯·范梅诺"的商人编写，书中的内容完全没有考证，并且省略了关于让·阿方斯的大量撰述，大部分内容是编者随手找的逸闻趣事，难以让人信服，实属16世纪作家们写历史的幼稚之举。

参考一下让·阿方斯本人的叙述，我们发现，1542年夏天，他寻找前往韦拉

[①] 西施德·勒·塔克是法兰西天主教方济各会的修士，1676年到1689年，在新法兰西魁北克、三河等地进行传教。

赫拉尔杜斯·墨卡托

扎诺海通道的航行不是向北,而是沿着圣劳伦斯湾向南。虽然他提到的地方都很含糊,但他似乎到了马萨诸塞湾,可能穿过了长岛海峡和地狱门。不管怎样,让·阿方斯提到了诺伦贝加河,并且很详细。从荷兰地图学家赫拉尔杜斯·墨卡托1569年绘制的地图看,诺伦贝加河位于曼哈顿岛。让·阿方斯记录说,诺伦贝加河从河口向内陆延伸九十多英里都是咸的,而哈得孙河正是如此。人们试图寻找其他与诺伦贝加河匹配的河,但一直没有找到。让·阿方斯相信,如果沿着诺伦贝加河一直向北航行,一定会发现诺伦贝加河跟奥雪来嘉的另一条大河——圣劳伦斯河相连。这是当时人们的共识。贾科莫·加斯塔尔迪1553年绘制的地图和其他地图中都体现了这一点。

通过想象，我们也许可以解释让·阿方斯和让-弗朗索瓦·罗贝瓦勒的航行。毋庸置疑，1524年，乔瓦尼·达·韦拉扎诺的航行让欧洲人第一次知道了哈得孙河。哈得孙河的名字有很多，最常听到的名字可能是"大河"。在曼哈顿岛的印第安村落中，法兰西商船船主做着皮毛生意。1540年，为了确保莫霍克河流域的贸易畅通，在奥尔巴尼附近，法兰西人修筑了堡垒。在乔瓦尼·达·韦拉扎诺的航行记录中，第一次出现了诺伦贝加的地名。此后四十年中，诺伦贝加主要指哈得孙河附近的地方。法王弗朗茨一世授权让-弗朗索瓦·罗贝瓦勒管理的地方有诺伦贝加、奥雪来嘉、萨格奈和纽芬兰岛等。显然，法王弗朗茨一世很重视乔瓦尼·达·韦拉扎诺和雅克·卡蒂埃发现的新大陆。法兰西探险队登陆北美洲海岸后，让-弗朗索瓦·罗贝瓦勒派人前往诺伦贝加，他继续向奥雪来嘉进发。一些人可能认为，让-弗朗索瓦·罗贝瓦勒和让·阿方斯走的水路或许相通。不管怎样，前往韦拉扎诺海的通道很可能在北纬40°，而不是北纬52°。

遗憾的是，在讲述自己的经历时，很多航海家根本不考虑后人的求知欲望，留下的大多是只言片语。在诺伦贝加河上航行时，让·阿方斯航行到了哪里，为什么返航等问题，我们无法解答。可以确定的是，让·阿方斯没有找到韦拉扎诺海。1543年夏天，让·阿方斯和让-弗朗索瓦·罗贝瓦勒出现在了圣劳伦斯河上。与让·阿方斯分开后，让-弗朗索瓦·罗贝瓦勒一直航行在圣劳伦斯河上。随后十七个月中，关于让-弗朗索瓦·罗贝瓦勒经历的记载都很零散。理查德·哈克路特的叙述非常简短，很模糊。因此，我们只能参考法兰西作家安德烈·泰韦1556年的手稿。但安德烈·泰韦的手稿不够客观。安德烈·泰韦好像是让-弗朗索瓦·罗贝瓦勒的好朋友，与弗朗索瓦·拉伯雷关系不错。安德烈·泰韦描写让-弗朗索瓦·罗贝瓦勒航行的作品缺少史实依据，让人难以信服，但偶尔会有一些叙述详细的小故事。譬如，其中一则爱情故事很可能是真实的。

让-弗朗索瓦·罗贝瓦勒率领的船队不仅要去新大陆探险，还要在新大陆建立殖民地。为了在新大陆定居，很多船员与家人一起登上了船。让-弗朗索瓦·罗

弗朗索瓦·拉伯雷

贝瓦勒的侄女玛格丽特·罗贝瓦勒也在船上,同船的还有一个英勇的骑士。玛格丽特·罗贝瓦勒和骑士相爱了,但他们的爱情来得不是时候。让-弗朗索瓦·罗贝瓦勒非常冷酷,严厉惩罚了玛格丽特·罗贝瓦勒。他将玛格丽特·罗贝瓦勒和一个侍从抛弃在一座贫瘠的小岛上,留了一点吃的,以及一支用来防身和捕猎的枪。当船离开时,骑士纵身跳入海中,竭尽全力游到了小岛上。这座小岛非常阴森,被水手们称为"魔鬼岛",并且岛上还有熊和狼。1542年,玛格丽特·罗贝瓦勒和骑士的孩子出生,成为魔鬼岛上第一个欧洲人生的孩子,也是现在的英属北美殖民地的第一个欧洲孩子。但受恶劣环境的影响,玛格丽特·罗贝瓦勒的孩子、丈夫和侍从相继去世,只剩她一人孤独地生活在岛上。1544年,玛格

昂古莱姆的玛格丽特王后

丽特·罗贝瓦勒竟然活了下来。她曾三次击中了白熊,并且坚持用十字架驱除魔鬼。后来,一艘渔船发现了玛格丽特·罗贝瓦勒并将她带回了法兰西王国。安德烈·泰韦说,不久前,他曾在佩里戈尔的一个村子里见到了玛格丽特·罗贝瓦勒,听玛格丽特·罗贝瓦勒亲口讲述了这件事。法兰西人经常谈到玛格丽特·罗贝瓦勒。在昂古莱姆的玛格丽特王后①著名的《七日谈》中,有六十七篇故事是关于玛格丽特·罗贝瓦勒的。后来,水手们将魔鬼岛改称"少女岛"。

让-弗朗索瓦·罗贝瓦勒沿着圣劳伦斯河航行,抵达了魁北克附近的胭脂

---

① 昂古莱姆的玛格丽特王后是法王弗朗茨一世的姐姐,纳瓦尔国王亨利二世的王后。

岛。雅克·卡蒂埃曾在胭脂岛过冬。在胭脂岛，让-弗朗索瓦·罗贝瓦勒建立了大本营，但当时的具体情况我们无从知道。1543年夏天，与让·阿方斯见面后，让-弗朗索瓦·罗贝瓦勒和让·阿方斯一起去了萨格奈河。萨格奈河流域条件恶劣，很多船员死于非命。根据史料记载，也许是形势所逼，让-弗朗索瓦·罗贝瓦勒非常严酷，枪杀了很多违反规定的船员及其家人。此外，定居点到处可见用来实施鞭刑的木桩。安德烈·泰韦①说："由于让-弗朗索瓦·罗贝瓦勒的严酷，船员之间一直相安无事。"关于让-弗朗索瓦·罗贝瓦勒，我们知道的只有这么多。马克·莱

安德烈·泰韦

---

① 安德烈·泰韦是16世纪文艺复兴时期法兰西王国宫廷的宫廷作家、文人。

斯卡波特说，1543年，法兰西国王弗朗茨一世再次派雅克·卡蒂埃前去探险。结果，雅克·卡蒂埃带着幸存下来的船员历经千辛万苦回到了法兰西。随后，法兰西国王弗朗茨一世赐给雅克·卡蒂埃一块英吉利海峡附近的领地，离圣马洛不远。后来，雅克·卡蒂埃消失在了人们的视野中，直到1557年传来他去世的消息。据说，1544年，让·阿方斯死于一场海战。在巴黎街头，让-弗朗索瓦·罗贝瓦勒被人杀害。

雅克·卡蒂埃的第三次航行失败后，法兰西王国中止了部分探险计划。法王亨利二世统治期间，法兰西王国一直笼罩在与西班牙王国的战争阴影中。其间，

法王亨利二世

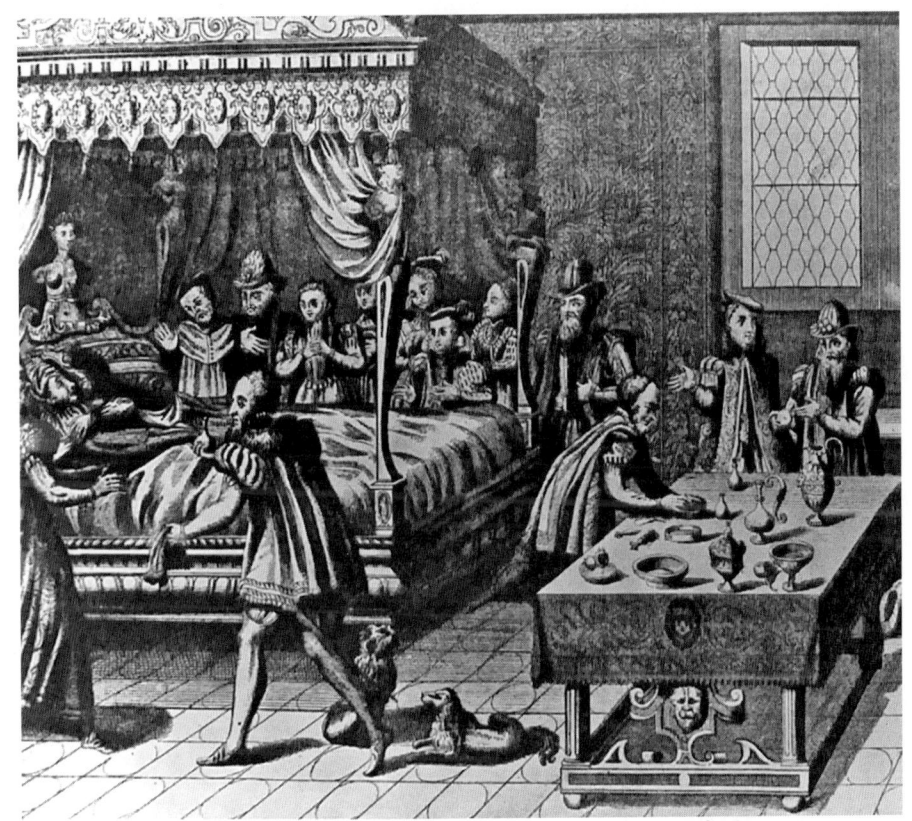

法王亨利二世驾崩

法兰西王国失去了梅茨、图勒和凡尔登三个主教辖区。此外,在圣昆廷和格拉弗林地区,法兰西军队遭遇惨败。1559年,法王亨利二世的驾崩预示着吉斯家族的崛起。后来,由于吉斯家族推行的政策,法兰西王国爆发了有史以来最惨重的一场内战。据历史学家统计,1562年到1598年,法兰西王国连续爆发了八场内战,或者更确切地说,爆发了一场持续三十六年的内战。如果将法兰西内战视为一场冲突的某一阶段,可能会对我们更有启发。这场冲突是西班牙王国和荷兰之间爆发的一场冲突。不久,英格兰女王伊丽莎白一世也卷入冲突中。当时,由于精力有限,法兰西王国没有在海外继续开拓疆土。16世纪后半叶,法兰西王国进行了两次小规模的殖民活动。1557年到1558年,在巴西,尼古拉·迪朗·德·维盖尼翁进行了一次殖民活动。1562年到1565年,在北美洲佛罗里达,让·里博进

加斯帕尔·德·科利尼

行了一次殖民活动。让·里博领导的殖民活动体现了加斯帕尔·德·科利尼"白人至上"的思想。受"白人至上"思想的影响,英格兰人沃尔特·雷利试图在北美洲建立英格兰殖民地。结果,英格兰殖民地惨遭西班牙人的破坏。西班牙人对北美英格兰殖民地的破坏是西班牙王国最后一次在海外彰显强大国力。17世纪开始,西班牙王国逐渐走向没落,在欧洲的强国争霸中元气大伤。

本质上来看,北美洲佛罗里达的殖民活动因军事目的而起,因军事占领而终。在圣劳伦斯河沿岸,建立以贸易为主的殖民地需要等待合适的时机,但法兰西渔船一直往返于大西洋两岸。从迪耶普和翁富勒尔等地的航海记录来看,每年约有二百多艘渔船整装离港,前往北美洲海域打鱼,返航时经常带回皮毛和海象牙。但我们很少听说有关探险的活动。迪耶普是当之无愧的航海之乡,孕育了很多航海技术,培养了众多天文学家、地理学家和地图绘制者。天文学家、地理学家和地图绘制者依靠迪耶普航海人的丰富经验取得了一定成就。在迪耶普,人们竞相探讨有关海洋探险的问题,崇尚科学的求知精神蔚然成风。当时,号称"法兰西水文学之父"的皮埃尔·德塞利耶在迪耶普设立了研究站。皮埃尔·德塞利耶绘制的地图至今依然具有重要历史价值。当时是一个求知欲盛行的时代,也是勇敢开拓贸易的时代。法兰西王国只有尽快摆脱长期混乱的局面,才能重新开拓殖民地,建立海洋帝国。16世纪末,世界格局发生了变化:强大的

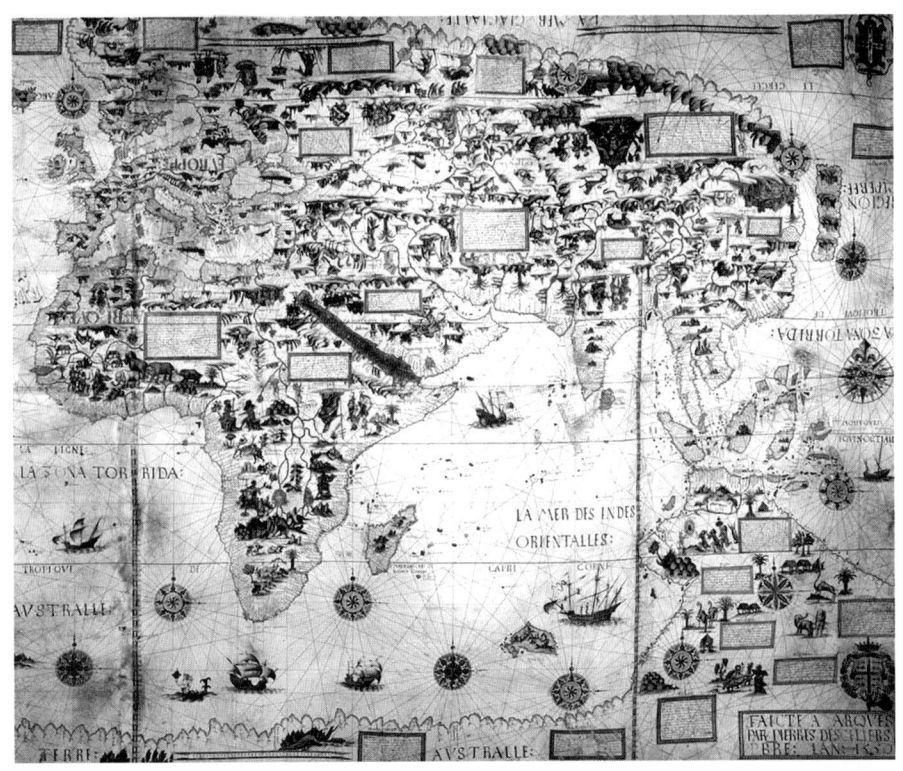

皮埃尔·德塞利耶在1550年左右绘制的地图

西班牙王国无可挽回地走向了衰落;法兰西王国历史上最伟大、最英明的统治者即将出现,新的改革政策逐渐发挥了作用;英格兰王国和荷兰的海上力量正在崛起。作为殖民试验地,北美洲东海岸摆在欧洲人面前,等待着文明的植入。随后,法兰西王国的殖民事业逐渐展开。

第 2 章

魁北克的肇始

1598年是法兰西王国历史上值得铭记的一年。当时，西班牙国王腓力二世驾崩，欧洲少了一位贪婪的阴谋家，吉斯家族也失去了靠山。与此同时，法兰西王国的宗教战争结束，法王亨利四世颁布了《南特敕令》。当时，局势的发展似

西班牙国王腓力二世

法王亨利四世

乎有利于开展贸易。一些胆大的商人再次将目光转向了圣劳伦斯河,其中一位商人是布列塔尼贵族拉罗什-梅斯古埃兹侯爵。像当年的让-弗朗索瓦·罗贝瓦勒一样,拉罗什-梅斯古埃兹侯爵获得了法王亨利四世的许可。但没有人对拉罗什-梅斯古埃兹侯爵的计划感兴趣,自愿随他出海探险的人寥寥无几。于是,拉罗什-梅斯古埃兹侯爵只能从监狱中招募船员。随后,一系列常见的悲惨事件发生了。在狂风暴雨中,拉罗什-梅斯古埃兹侯爵率领的船队搁浅在了布列塔尼半岛岸边。后来,拉罗什-梅斯古埃兹侯爵被法王亨利四世的对手梅尔克公爵菲利普·伊曼纽尔俘虏,并被扔进了大牢。拉罗什-梅斯古埃兹侯爵手下的船员被运

菲利普·伊曼纽尔

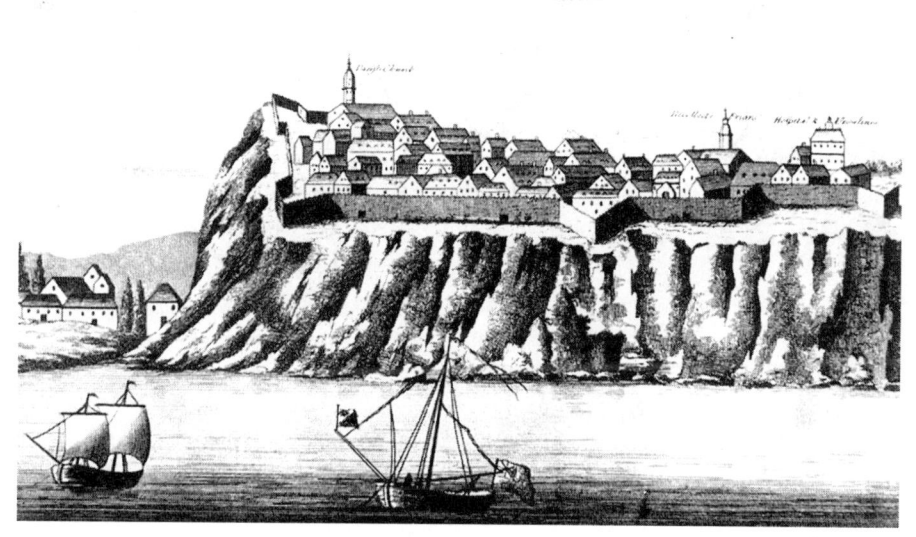

早期的三河城

到了塞布尔岛，靠吃野牛活了下来。塞布尔岛的野牛是德·莱里男爵当年留下的母牛繁殖出来的。

与此同时，圣马洛有一个家境殷实的商人，叫"弗朗索瓦·格拉维"。人们一般称他"庞格拉维"。弗朗索瓦·格拉维决定前往加拿大做皮毛生意。他曾乘船去过圣劳伦斯河，最远到达了三河城所在的位置，途中既看到了柔软闪亮的水貂皮、水獭皮、猞猁皮，还看到了狼獾皮。他打算垄断圣劳伦斯河流域的皮毛生意，于是将自己的计划告诉了法王亨利四世的朋友——翁富勒尔的富商皮埃尔·肖万。皮埃尔·肖万是一名虔诚的胡格诺派教徒。皮埃尔·杜加·德蒙斯也对弗朗索瓦·格拉维的生意很感兴趣。于是，三人联合起来。法王亨利四世将皮毛专营权给了他们，但提出了一个条件，即他们必须在北美洲建立一块殖民地。在圣马洛的商人中，皮毛专营权的消息引起了轰动，很多商人站出来反对，声称自己曾帮助法兰西王国占领并控制了圣劳伦斯河流域，这份功劳无人能比，但国王只赏赐了一位商人，确实很不公平。此外，法王亨利四世还赏赐了翁富勒尔和

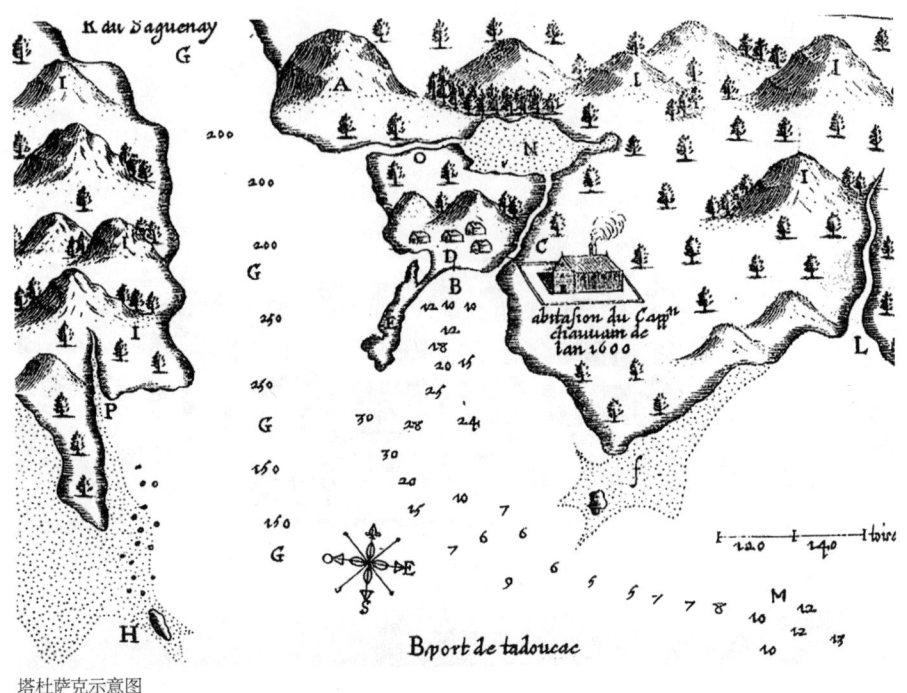

塔杜萨克示意图

其他地方的商人。因此，鲁昂、迪耶普和拉罗歇尔出现了同样的抱怨，诺曼底和布列塔尼法院就皮埃尔·肖万和皮埃尔·杜加·德蒙斯的新教身份提出了强烈抗议。但法王亨利四世根本没有理会商人们和地方政府的反对，依旧授予弗朗索瓦·格拉维、皮埃尔·肖万和皮埃尔·杜加·德蒙斯皮毛专营权。

在塔杜萨克，弗朗索瓦·格拉维和皮埃尔·肖万建立了定居点。塔杜萨克位于萨格奈河汇入圣劳伦斯河的河口边。弗朗索瓦·格拉维等人的皮毛生意进行得如火如荼，塔杜萨克定居点却停滞不前。在荒野中，塔杜萨克定居点的殖民者痛苦挣扎着，饿死的饿死，病死的病死。1599年到1603年，塔杜萨克定居点的情况一直没有好转。皮埃尔·肖万第三次前往加拿大时，在塔杜萨克定居点去世。弗朗索瓦·格拉维、皮埃尔·肖万和皮埃尔·杜加·德蒙斯的皮毛生意就此中断，没有人再提起皮毛专营权。

但这种情况只是暂时的。1589年后，艾马·沙斯特掌管了迪耶普地区。艾马·沙斯特是一名坚定的天主教徒，也是法王亨利四世的朋友。1589年，在阿尔科,法兰西历史上具有重要意义的一天开启。天主教联盟军叫嚣,马耶讷公爵查尔斯率军三万,将迅速铲除法王亨利四世的七千军队。与此同时,巴黎的贵族阶层竞相租借圣安托万郊区的临街窗台,想要目睹法兰西国王亨利四世手脚被绑押解回来的样子。但由于艾马·沙斯特的援助,法王亨利四世以少胜多,取得了胜利。因此,皮埃尔·肖万去世后,法王亨利四世一听说艾马·沙斯特想拥有皮毛专营权,就立即答应了。不久,艾马·沙斯特和弗朗索瓦·格拉维联手。但即使有大量皮毛做诱饵,他们也很难筹到足够的航海资金。此外,在市场上,皮毛生意贷款属于高风险贷款,利率一般在35%到40%之间。

马耶讷公爵查尔斯

塞缪尔·德·尚普兰

当艾马·沙斯特和弗朗索瓦·格拉维积极准备出海的时候,"新法兰西之父"塞缪尔·德·尚普兰登上历史舞台。当时,塞缪尔·德·尚普兰约三十六岁。1567年前后,塞缪尔·德·尚普兰出生在圣东日的海港小镇埠湖瓦日。埠湖瓦日距北面的拉罗歇尔数十英里,位于巴斯克地区和布列塔尼地区的交界处,因培养了许多强壮的水手出名。拉罗歇尔附近是胡格诺派的大本营。塞缪尔·德·尚普兰的父亲以航海为生,关于他的社会地位和宗教信仰没有明确记载。埠湖瓦日的一个自传作家说塞缪尔·德·尚普兰的父亲是一个谦和的渔夫,但塞缪尔·德·尚普兰的婚约中形容他"出身高贵"。当时,人们非常尊敬塞缪尔·德·尚普兰。从塞缪尔·德·尚普兰父母受洗的名字安托万和玛格丽特来看，塞缪尔·德·尚普兰的父母应该是天主教徒。然而，塞缪尔·德·尚普兰受洗的名字是塞缪尔。我们可以大胆推测，塞缪尔·德·尚普兰出生时，他的父母已经是胡格诺派教徒。晚年的塞缪尔·德·尚普兰表现出了强烈的宗教倾向，但对教派纷争不感兴趣。他和法王路易十三志同道合，认为世界上还有比天主教徒和新教徒之间的争斗更重要的事情。塞缪尔·德·尚普兰效忠法兰西王室，丝毫不同情偏执的宗教狂徒，因为宗教狂徒愿意看到法兰西王国步西班牙王国的后尘。

法王路易十三

年轻时，塞缪尔·德·尚普兰大部分时间都漂泊在海上。他骨子里是一个维京人，热爱汹涌的海浪和怒号的狂风。他身体强健，身手敏捷，危险时刻也能从容紧握舵柄。即使在暴风雨中，船员们也能听到他愉快地下达命令。塞缪尔·德·尚普兰严格遵循纪律办事，同时仁义兼施，赏罚分明，并且说话风趣，脸上总是挂着微笑。周围的人都喜欢他。在历史上，没有一位法兰西人的魅力能超过塞缪尔·德·尚普兰。

1598年以前，塞缪尔·德·尚普兰曾在法兰西军队中担任过几年军需长。战争结束后，由于他的一个叔叔在西班牙舰队中负责领航事务，因此，他跟着叔叔来到了西班牙的塞维利亚。在塞维利亚，海军上将弗朗西斯科·科伦坡指挥的一支舰队即将起航前往墨西哥。由于自己的叔叔，塞缪尔·德·尚普兰担任了弗朗西斯科·科伦坡舰队中一艘船的指挥官。此次航海包括陆地行程，持续了两年多。其间，塞缪尔·德·尚普兰写了很多日记。回到法兰西王国后，他将自己的日记整理成书。法王亨利四世看了塞缪尔·德·尚普兰的日记后大喜，随即赐给塞缪尔·德·尚普兰一笔钱。在日记中，塞缪尔·德·尚普兰像一位博物学家，将每件事物都描写得十分细致。海岸、海湾和山峦错落有致地映入眼帘。白雪覆盖的山峰耸立在翠绿的热带丛林中，令人惊叹不已。色彩斑斓的鸟儿落在树梢，叽喳歌唱。树林深处潜伏着传说中的格里芬怪兽，长着鹰头、蝙蝠翅膀和鳄鱼尾巴。相比怪兽，更让塞缪尔·德·尚普兰害怕的是眼睁睁看着印第安人无故遭到鞭打，或绑在木桩上被活活烧死。在巴拿马地峡停留时，塞缪尔·德·尚普兰突然想到，如果巴拿马地峡存在一条航道，那么从北美洲前往亚洲的航线将大大缩短，并且比西北航道更快捷。

塞缪尔·德·尚普兰回到法兰西王国后，艾马·沙斯特正准备派弗朗索瓦·格拉维前往加拿大。弗朗索瓦·格拉维经验丰富，勇敢睿智，能随机应变，正是塞缪尔·德·尚普兰喜欢结交的人。因此，塞缪尔·德·尚普兰登上了弗朗索瓦·格拉维的船，开始了新的探险。1603年3月15日，塞缪尔·德·尚普兰和弗朗索瓦·格拉维从翁富勒尔起航。1603年5月24日，他们的船静静驶过萨格奈河河口，随后抵达了圣夏尔河。斯塔达科纳的印第安村落已经消失不见。再往前走是奥雪来嘉。1535年，雅克·卡蒂埃曾是奥雪来嘉村的客人。现在，用树皮包裹的棚屋和坚固的三列树干搭成的栅栏已经荡然无存。没有人告诉我们到底发生了什么，圣劳伦斯河两岸再也没有易洛魁人了，也听不到易洛魁语了。以前，奥雪来嘉的印第安人会从灌木林中窜出来，向到访者打招呼。如果最先来到美洲北部的是塞缪尔·德·尚普兰一行人，那么加拿大就会叫另外一个名字。但无论叫什么，历史依然不会改变。可以肯定的是，1535年，易洛魁人的村落位于蒙特利尔

易洛魁人

和魁北克之间，或者说，圣劳伦斯河沿岸的印第安人说的是易洛魁语。1603年，圣劳伦斯河沿岸的村落、易洛魁人和方言都消失了，取而代之的是阿尔冈昆人的村落。阿尔冈昆人非常粗鲁，自称阿迪朗达克人，说着一种阿尔冈昆语系的方言，并且建造的房子很矮。在不同时期，勇敢的法兰西人造访了圣劳伦斯河沿岸。圣劳伦斯河沿岸以前的居民要么举家迁徙，要么四处游荡。在荒蛮时代，无论是旧大陆还是新大陆，都普遍存在人类迁徙和漂泊的现象。正如曾经的匈奴人东征西战，倾尽所有攻打中国的长城，但后来，在法兰西马恩河河谷，匈奴人被罗马人和西哥特人的利剑击败。就像我们既能在西班牙的科尔多瓦看到阿拉伯人的微笑，听到阿拉伯人的方言，也能在印度的勒克瑙看到阿拉伯人，新大陆也是如此。美洲的苏人最远游荡到了卡罗来纳地区，自称卡托巴人，以此掩盖自己的真实身份。我们发现，佐治亚地区勇敢的切罗基人其实是易洛魁人，与易洛魁人有血缘关系。

苏人

奥吉布瓦人

目前，从现有的历史资料来看，易洛魁人的数量并不多，其中，阿尔冈昆人的后代数量庞大。易洛魁人包括落基山脉地区的黑脚族人，哈得孙湾地区的克里人，以及弗吉尼亚地区的波瓦坦人。现在，明尼苏达州的奥吉布瓦人还能看懂大部分约翰·艾略特版的圣经。当时，约翰·艾略特为马萨诸塞湾的阿尔冈昆人翻译了《圣经》。显然，14世纪以来，阿尔冈昆人迅速繁衍，不断扩散，人口规模甚至超过了易洛魁人。尽管易洛魁人的文明更加开化，但他们在人数上不占优势。因此，在阿巴拉契亚地区，面对蜂拥而至的萧尼人，切罗基人不得不从俄亥俄河流域退居到佐治亚地区。由于阿尔冈昆族的波瓦坦人和德拉瓦人数量迅速增加，易洛魁人的另一支塔斯卡洛拉人被迫迁移到了卡罗来纳地区。

塞尼卡人

　　欧洲人开始关注纽约地区的易洛魁联盟以来，易洛魁人坚称自己的祖先曾经生活在圣劳伦斯河流域。蒙特利尔附近有易洛魁人的聚居地。后来，由于和阿尔冈昆族的阿迪朗达克人发生了冲突，易洛魁人被迫搬到了安大略湖以南的地区。一开始，易洛魁人沿着圣劳伦斯河上游前行，然后穿过安大略地区到达了奥斯威戈河河口。在奥斯威戈河河口，易洛魁人居住了一段时间，同时逐渐向东西方向扩散。定居在卡南代瓜湖湖口的易洛魁人通常称为"塞尼卡人"。这是阿尔冈昆人起的名字，但有好几种解释。一些易洛魁人在卡南代瓜湖东边停了下来，发现了一片沼泽。由于沼泽地泥泞不堪，易洛魁人将其形容为"卡尤加"。后来，卡南代瓜湖东边的易洛魁人被称为"卡尤加人"。另一些易洛魁人将部落之火带到了奥斯威戈河和莫霍克河之间的分水岭地区，以及斯卡尼阿特勒斯湖东面平缓起伏的山区。由于长期生活在群山中，这些易洛魁人被称为"奥内达加人"，意思是"山中的人"。生活在斯卡尼阿特勒斯湖腹地以东的易洛魁人叫"奥奈达人"，意思是"巨砾中的人"或"花岗岩中的人"，因为他们生活的地方散落着大量奇形怪状的巨石。生活在最东边的易洛魁人是易洛魁联盟中最有名的一

奥奈达人

支,自称"卡尼恩加人",意思是"带着燧石的人"。燧石是一种打火石。但在历史上,卡尼恩加人为人熟知的名字是莫霍克人,意思是"食人族",是阿尔冈昆人起的。实际上,大多数易洛魁人都有吃人的习惯。

圣劳伦斯河流域的易洛魁人遭到阿尔冈昆人的袭击后,不得不迁到纽约腹地。结果,他们因祸得福。纽约腹地处在北美洲靠近大西洋的斜坡地带,地理位置极佳,有利于开展军事活动和商业活动。易洛魁联盟呈线条状延伸,西面坐拥五大湖珍贵的河狸和水獭等物种,东面直达长岛沿岸的贝壳念珠河床。遇到袭击时,易洛魁人可以立即从内线作战,将入侵者包围起来一举歼灭。

除了独特的地理优势,易洛魁联盟很快意识到政治联盟的重要性。政治联盟不仅可以维持部落间的和平,还可以增强各部落的军事实力。血缘相近的印第安部落经常联盟,但很少有联盟像易洛魁联盟这样严密、团结和长久。1450年后的数年中,易洛魁联盟逐渐形成。约一个世纪前,大批易洛魁人从圣劳伦斯河流域迁往纽约中部的湖泊地区。易洛魁联盟形成前,原本有一个易洛魁部落。易洛魁部落的人迅速繁衍,不断地壮大,然后相继分裂。这个部落就是奥内达加人。由于人数迅速增加,一些激进的奥内达加人首先分裂了出去,后来成了塞尼卡人和莫霍克人。随后,奥内达加人分裂出了卡尤加人。莫霍克人中的一部分人另立门户,形成了奥奈达人。为了摆脱战争,维护和平,奥内达加部落的酋长海华沙认为,大家关心的所有事情应该交给一个代表委员会处理。这一想法遭到了很多人的强烈反对,但得到了莫霍克部落酋长德卡纳维达的认可。15世纪中叶刚过,部落酋长们的远见卓识就变成了现实。自此,从"上帝选中的定居点"卡南代瓜到"开阔的平原"斯克内克塔迪,团结起来的易洛魁人自豪地称自己是"易洛魁联盟",或是"居住在长屋的人"。后来,易洛魁联盟的力量超过了阿尔冈昆人的力量,并且能随时向阿尔冈昆人发动攻击。

然而,易洛魁联盟周边还分布着其他易洛魁族人。圣劳伦斯河及安大略湖北面,以及更西面的休伦湖的乔治亚湾,散布着很多的休伦人部落。从血缘和语言方面看,休伦人和莫霍克人的区别很像法兰克人和弗里斯人的区别,或者类似威尔士和康沃尔两地的威尔士人之间的区别。大量易洛魁人离开故土时,

休伦人

休伦人留了下来,成了阿尔冈昆人攻击的对象。休伦人可能是最晚离开圣劳伦斯河流域的人。奥雪来嘉和斯塔达科纳的印第安人很可能是休伦人。1535年,雅克·卡蒂埃造访奥雪来嘉和斯塔达科纳。随后半个世纪中,休伦人被最后一批阿尔冈昆人赶了出去。到了塞缪尔·德·尚普兰时期,休伦人迁徙到了尼亚加拉河西面,主要集中在闪高湖和乔治亚湾之间,人口多达两万。在休伦湖与伊利湖之间,尼亚加拉河西面,居住着另外一支易洛魁部落,称"阿迪文达朗克人"。伊利湖南岸居住着一些伊利人。萨斯奎汉纳河流域分布着许多强大的部落。各部落有不同的名字,如萨斯奎汉诺克人、安达斯特人、康尼斯多加人等。这些人属于易洛魁人,但遭到了易洛魁联盟的排斥,因为他们不接受海华沙带来的"和平之礼",拒绝加入易洛魁联盟。易洛魁联盟称他们是卑鄙无耻之徒,刚愎自用,一意孤行,将唯一能阻止无休止杀戮的政治联盟拒之门外。要知道,在部落集会的篝火前,奥内达加人曾多次义正词严地讲过为什么联盟。即使杀光美洲其他所有印第安人,易洛魁联盟也要成为和平的缔造者。易洛魁联盟所谓的发号施令就是"强制其他部落加入"联盟。17世纪,易洛魁联盟先后击败了休伦人、阿迪文达朗克人、伊利人和康尼斯多加人。随后,其他易洛魁人纷纷加入易洛魁联盟。塞缪尔·德·尚普兰初到北美洲时,易洛魁联盟和休伦人之间的关系不断恶化,对易洛魁人的仇恨让休伦人忘记了圣劳伦斯河畔阿尔冈昆人当年犯下的滔天罪行,转而和阿尔冈昆人结盟,共同对抗易洛魁联盟。现在,塞缪尔·德·尚普兰出现了。机会摆在塞缪尔·德·尚普兰和法兰西王国面前,但塞缪尔·德·尚普兰对此一无所知。

直到1608年,塞缪尔·德·尚普兰才真正明白奥雪来嘉的消失意味着什么,并且第一次尝到了甜头。1603年秋天,塞缪尔·德·尚普兰返航到达阿弗尔时,获悉艾马·沙斯特已经去世。现在,皮毛生意由皮埃尔·杜加·德蒙斯负责。皮

塞缪尔·德·尚普兰与印第安人交换物品

埃尔·杜加·德蒙斯想把生意范围往南移,可能考虑南面的冬天更暖和一些。于是,皮埃尔·杜加·德蒙斯获得了法王亨利四世的许可,生意范围从蒙特利尔附近向南延伸到了费城一带。在印第安语中,有一个词叫"阿卡迪尔"或"阿阔迪",意思是"地方"或"地区",如地名帕萨马阔迪中就出现了这个词。在法语中,"阿卡迪尔"带有浪漫色彩。在英语中,"阿卡迪亚"的浪漫色彩更浓厚一些。1604年春天,皮埃尔·杜加·德蒙斯率领一队人踏上北美洲,从此将登陆地称为"阿卡迪亚"。皮埃尔·杜加·德蒙斯是一名胡格诺派教徒。前往北美洲前,他遭到了天主教徒的愤然抵制,但法王亨利四世对此嗤之以鼻。为了安抚天主教徒,法王亨利四世要求皮埃尔·杜加·德蒙斯的船队配一名天主教牧师,以便宣讲福音,感化异教徒。与此同时,法王亨利四世允许皮埃尔·杜加·德蒙斯带一名胡格诺派牧师。可以想象,当法兰西海岸消失在天边时,皮埃尔·杜加·德蒙斯乘坐的船的后甲板上传来了天主教牧师和胡格诺派牧师的争吵。船上的气氛变得像索邦神学院一样,允斥着祷告声和尖酸的讽刺。天主教牧师和胡格诺派牧师争吵时,不时会拳脚相加。塞缪尔·德·尚普兰说:"我不记得谁打得最厉害,但你能想象当时的场面。两名牧师左一拳,右一拳,相互躲闪。周围的水手围拢来,根据自己信仰的教派站队。"一些人喊着:"绞死胡格诺教徒!"另一些人叫嚣道:"打倒天主教徒!"抵达北美洲后,天主教徒和胡格诺派教徒之间的矛盾依然没有化解。印第安人围在天主教徒和胡格诺派教徒左右,虽然不知道支持谁,但对他们来说,只要能观战就足够了。印第安人或许与争执不下的天主教徒和胡格诺派教徒一样,并不了解眼前的事物。不久,皮埃尔·杜加·德蒙斯率领的法兰西人遭遇天灾,天主教牧师和胡格诺派牧师相继去世。编年史作家写道,幸存下来的法兰西船员将天主教牧师和胡格诺派牧师合葬在一起,希望他们化干戈为玉帛,永远安息。

简单说一下皮埃尔·杜加·德蒙斯等人初到阿卡迪亚的情况,具体细节不再详述。皮埃尔·杜加·德蒙斯等人的冒险活动持续了三年。其间,皮埃尔·杜加·德蒙斯在海上往返了几次,主要是为了增加人手,弥补疾病带来的人员损失。在皮埃尔·杜加·德蒙斯率领的法兰西人中,有两个人非常突出,一个是

马克·莱斯卡博

让·德·比恩古,另一个是法兰西律师兼作家马克·莱斯卡博。刚到北美洲,马克·莱斯卡博就喜欢上了北美洲的野生动植物。马克·莱斯卡博才华横溢,善于用冗长的亚历山大格式作诗。更可贵的是,他的文章精炼独到,充满智慧。关于新法兰西的肇始,除了塞缪尔·德·尚普兰的叙述,还有马克·莱斯卡博的三卷本著作。没有哪本书像马克·莱斯卡博的书一样,让读者爱不释手。

最初，法兰西人企图将定居点建在圣克罗伊河河口附近，但让·德·比恩古更喜欢隔海相望的美丽海湾。后来，英格兰人将那片海湾称为"安纳波利斯"。得到皮埃尔·杜加·德蒙斯的同意后，让·德·比恩古获得了安纳波利斯的定居点及其周围的土地。他将安纳波利斯称为"皇家港"。不久，法兰西人将精力投到了皇家港上面。与此同时，塞缪尔·德·尚普兰花了大量时间考察皇家港附近的海岸，勾勒出了皇家港海岸线的形状。他非常喜欢绘制地图，认为沿着蜿蜒的海岸线航行可以得到无限乐趣。他最先发现的是一座风景秀丽的岛屿。由于岛上荒山林立，塞缪尔·德·尚普兰将这座岛称为"荒山岛"。现在，只要听到荒山岛名字最后一个音节的发音，人们就知道荒山岛是法兰西人发现的。沿着荒山岛向西走一点，塞缪尔·德·尚普兰驶进了培诺伯斯科特河。培诺伯斯科特河就是渔民口中的诺伦贝加河。塞缪尔·德·尚普兰向北航行了一段距离，但没有找到诺伦贝加的村落。人们将诺伦贝加想象成一座规模宏大的城市。事实上，诺伦贝加是让·阿方斯当初在曼哈顿岛上遇到的一个印第安村落。继续向前，塞缪尔·德·尚普兰驶入了肯纳贝克河。塞缪尔·德·尚普兰从印第安人口中得知，通

肖迪耶河谷

过肖迪耶河谷可以前往圣劳伦斯河。1775年,本尼迪克特·阿诺德带领一队人历经艰险走完了这条路线。穿过卡斯科湾,塞缪尔·德·尚普兰注意到了岸上的印第安人。卡斯科湾地区的印第安人的整洁程度远远超过阿卡迪亚的密克马克人和埃特埃奇曼人。棚屋盖得非常整齐。在7月的烈日下,田地里的玉米、豆子、南瓜长得枝繁叶茂。塞缪尔·德·尚普兰乘船驶入查尔斯河,误以为查尔斯河是一条宽阔的溪流。不久,亨利·哈得孙来到查尔斯河探险。塞缪尔·德·尚普兰的船从查尔斯河河口绕着拥有三座山的半岛航行。当地土著人感到非常惊讶。随后,塞缪尔·德·尚普兰的船继续沿海岸航行,抵达了普利茅斯,然后绕着科德角航

本尼迪克特·阿诺德

亨利·哈得孙

行，最终到达了瑙塞特港。在瑙塞特港，由于物资储备即将耗尽，塞缪尔·德·尚普兰径直回到了芬迪湾。

塞缪尔·德·尚普兰此次航行的目的是看一下除了已经涉足的地方，北美洲还有没有更适合定居的地方。查尔斯河立即吸引了塞缪尔·德·尚普兰。但塞缪尔·德·尚普兰决定继续向前。从他的叙述来看，查尔斯河两岸的印第安人数量庞大，远远超过了十五年后"五月花"号上的殖民者看到的人数。其间，一场瘟疫横扫了马萨诸塞湾海岸，导致印第安人数量锐减。通过塞缪尔·德·尚普兰的描述，我们对那场瘟疫的规模有了一定了解。1605年，塞缪尔·德·尚普兰认为，北美洲最好的定居点都有印第安人的村落。1606年夏天，塞缪尔·德·尚普兰从皇家港出发，进行了第二次勘察航行，随行的还有让·德·比恩古。他们很快到达了科德角。绕着马拉巴尔角航行时，他们遇到了一件非常奇特的事。在距海岸边一点五里格①的地方,他们发现海水迅速变浅,深度不足一海寻②,周围的海浪跳跃翻腾。他们驾船穿过了危险的浅滩,途中损失了一条船桨。没有人想到,1602年,浅滩附近曾矗立着一座岛礁。英格兰绘图师巴塞洛缪·戈斯诺德曾将这座岛礁描述成瑙塞特岛。现在,岛礁已经被怒吼的海水淹没。约三个世纪后,水下的岛体彻底消失。现在,那里的海水深度约六英寻③。

离开危险的浅滩后,让·德·比恩古将船停靠在查塔姆港进行检修。在查塔姆港,塞缪尔·德·尚普兰和让·德·比恩古等人待了两个星期,但遭到了印第安人的严密监视。印第安人躲在灌木丛后面,伺机发动了袭击。终于,一天清晨,一群印第安人将熟睡的塞缪尔·德·尚普兰等人团团围住,杀死了其中几个人。随后,塞缪尔·德·尚普兰率众继续航行,到达了海恩尼斯。从海恩尼斯附近向南眺望,一条海岸线若隐若现。可以断定,海岸线附近要么是马萨葡萄园岛,要么是楠塔基特岛。此时,让·德·比恩古坚信最适合建立殖民地的地方是皇家港。于是,塞缪尔·德·尚普兰和让·德·比恩古等人掉转船头朝皇家港驶去。

返航途中,塞缪尔·德·尚普兰等人一直航行得很顺利。但在荒山岛附近,他们遇到了恶劣天气,船桨被风浪打断,最后一百五十英里的航行像噩梦一般。当他们驶入皇家港时,等待他们的是非常奇特、壮观的一幕。岸上有一座巨大的要塞,呈方形木质结构,中间围有庭院。要塞一角临水,一扇拱形大门赫然而立,两侧建有简易堡垒,堡垒上方架着几门大炮。方形要塞的一边建有餐厅和指挥官宿舍,旁边是士兵营房,第三边是带炉子的厨房,最后一边是储藏室。当时已经是11月的傍晚,塞缪尔·德·尚普兰和让·德·比恩古等人驶进了港湾。岸上的方形要塞灯火通明,拱门上挂着皇家纹章,拱门两边也装饰了纹章。正当疲惫的船员们称赞方形要塞时,拱门内大步走出一个像海神涅普顿的人,后面跟着一队声势浩大的人鱼扮相的随从。他们迈着整齐的步伐走到塞缪尔·德·尚普兰的船边,声情并茂地朗诵起亚历山大格式的押韵诗,欢迎和赞美航海归来的人。结果,荒野的枯燥沉闷变成了一片欢歌笑语。这一切都是马克·莱斯卡博

---

① 1里格相当于3海里,约5.5千米。
② 海寻是一种计量海水深度的单位,1海寻等于1.852米。
③ 英寻是一种英美长度单位,1英寻为6英尺,约合1.8288米。

方形要塞

精心设计的。马克·莱斯卡博的脑子一直没有闲着,排练欢迎仪式的间隙充满他滑稽、幽默的言谈。1606年夏天,在马克·莱斯卡博的安排下,定居点的法兰西人一直没有闲着,不仅在田里种了玉米,还首次引种了其他农作物,如大麦、小麦和黑麦等。马克·莱斯卡博等待着航海归来的人。经过一段时间的漂泊后,塞缪尔·德·尚普兰等人终于踏进了定居点。他们归来的场面就像罗马神话中埃涅阿斯和尤利西斯漂泊归来时的场面。但马克·莱斯卡博并不这样想,他不喜欢用神话传说亵渎神圣的传教活动。马克·莱斯卡博的奇思怪想总能引起来自圣东日的水手们的共鸣。塞缪尔·德·尚普兰称赞马克·莱斯卡博勤俭持家,还想了一个主意确保餐桌上每天都有丰盛的食物。在皇家港,能坐在餐桌旁吃饭的共有十五人。塞缪尔·德·尚普兰将这十五人组成一个骑士团,称为"好时光骑士团"。每名骑士轮流担任一天首领,既要负责当天的厨房供应,还要负责做饭上菜。厨房里每天都有鹿肉、熊肉、松鸡、鸭子、肥鹅、鸽鸟,以及数不清的鲜鱼,再配上面包和干豆,骑士们顿顿都能吃到美味佳肴。马克·莱斯卡博称赞道:

好时光骑士团

"巴黎最好的餐厅也比不上我们的食物!"此外,法兰西人带来了很多葡萄酒,每人每天可以喝三品脱。在这种生活条件下,没有人患败血症,一个冬天只死了四个人。在一个无法预见未来的年代,北美洲定居点的法兰西人过得很舒服,并且很少有人生病,这确实很难得。

  北美洲定居点的法兰西人满心欢喜地迎来了春天,原以为春天会有无限希望,却等来了一个坏消息。他们意识到,支撑希望的现实根基其实非常脆弱。诺曼底和布列塔尼地区的商人与渔民一直反对将皮毛专营权交给皮埃尔·杜加·德蒙斯,甚至利用金钱和私人关系阻挠法王亨利四世的决定。现在,他们终于达到了目的,法王亨利四世废除了皮埃尔·杜加·德蒙斯的皮毛专营权。当时,皮埃尔·杜加·德蒙斯已经在北美洲殖民地投入了很多钱,用现在的货币衡量,已经超过十万美金。他得到了六千美金的赔偿,但他必须从皮毛商人手中收取赔偿款。这一打击是致命的。在拥有皮毛专营权的有利条件下,建立殖民地已经非常困难,一旦失去皮毛专营权,继续开拓殖民地的意义在哪里呢?因此,让·德·比恩古放弃了皇家港。1609年，他再次回到皇家港重建殖民地。与此同时，塞缪尔·德·尚普兰和皮埃尔·杜加·德蒙斯回到了法兰西王国。

1607年，塞缪尔·德·尚普兰和皮埃尔·杜加·德蒙斯前往巴黎，和法王亨利四世进行了商议。塞缪尔·德·尚普兰叙述道，当时，他在巴黎街头闲逛，就像梦游一般。年轻时，他爱上了海洋，喜欢在波涛汹涌的海上冒险。一旦失去了冒险的乐趣，他就会感到窒息。现在，他心系大洋彼岸的荒野。北美洲的一切悄然走近了他的心。他渴望在森林中追踪奇景，了解森林中的动植物，如四只脚的野兽，长着翅膀的怪鸟，以及印第安人。一想到自己曾在一条大河上逆流行驶了数英里，他的好奇心就愈发强烈。在奥雪来嘉，或在印第安人的原始村落曾经坐落的岸边，他听说西边有海。印第安人说的海无疑是五大湖。他还听说有一条一里格宽的大瀑布，瀑布下面河水翻腾。这听起来似乎是尼亚加拉大瀑布。塞缪尔·德·尚普兰希望亲眼看到这些景象，并且相信圣劳伦斯河流域的皮毛生意一定能让人发财。当然，他身上丝毫不缺宗教热情。他不止一次地说过，拯救一个灵魂要比摧毁一个帝国更有价值。他感到法兰西人必须担负起拯救人类灵魂的重要使命。他和朋友皮埃尔·杜加·德蒙斯、弗朗索瓦·格拉维商量后，制定了一项计划。法王亨利四世非常赞同他们的计划，但叙利公爵马克西米利安·德·贝蒂讷持反对意见。法王亨利四世和叙利公爵马克西米利安·德·贝蒂讷对欧洲影响深远。叙利公爵马克西米利安·德·贝蒂讷认为，法兰西应该将所有强壮的人聚集在国内，不能将人力浪费在北美洲。此外，反对皮毛专营权的呼声越来越高。然而，法王亨利四世依然授予了皮埃尔·杜加·德蒙斯皮毛专营权，但规定期限只有一年。这次妥协没有体现出法王亨利四世既有的英明，因为一年时间太短，什么也干不了。与此同时，获得皮毛专营权的皮埃尔·杜加·德蒙斯及其朋友们期待着新发现。事实也的确如此。

1608年4月，弗朗索瓦·格拉维率领的船队从翁富勒尔起航。一个星期后，塞缪尔·德·尚普兰也出发了。到达塔都萨克后，弗朗索瓦·格拉维遇到了类似亚当遗嘱的划界问题。弗朗索瓦·格拉维发现一群巴斯克人正在和印第安人做生意，于是上前抗议。巴斯克人根本不将弗朗索瓦·格拉维放在眼里，结果双方

塞缪尔·德·尚普兰抵达魁北克

扭打起来。巴斯克人跳上弗朗索瓦·格拉维的船,抢走了船上所有的枪炮。塞缪尔·德·尚普兰抵达塔都萨克时,巴斯克人已经冷静下来。双方达成协议,决定将此事交给法兰西法庭处理。

随后,塞缪尔·德·尚普兰继续航行,穿过奥尔良岛后到达了一处海岬。高耸的海岬俯瞰着对岸的利维角。塞缪尔·德·尚普兰沿用了海岬的阿尔冈昆语名字——魁北克,意为"河流变窄的地方"。塞缪尔·德·尚普兰找了一块地方,即

现在的南魁北克地区，迅速盖起了房子，围筑了木墙，架设了几门大炮，木墙上还留有步枪孔。魁北克定居点的建设活动如火如荼地进行着。与此同时，一场背叛正在法兰西人中酝酿。一个叫"杜瓦尔"的锁匠突然冒出了一个想法，企图趁巴斯克人还没有离开塔都萨克时投靠巴斯克人。杜瓦尔认为，投靠巴斯克人比效忠法兰西王国强。但他的动机我们不得而知。杜瓦尔策划暗杀塞缪尔·德·尚普兰，然后将新建的定居点和所有土地献给巴斯克人。他的秘密行动牵扯的人

营建魁北克定居点

很多，最后传到了塞缪尔·德·尚普兰耳中。塞缪尔·德·尚普兰得到消息后，恰巧遇到了一艘船。这艘船是弗朗索瓦·格拉维从塔都萨克派来的，船上有一名忠实的水手。于是，塞缪尔·德·尚普兰命这名水手前去邀请杜瓦尔及其三个同伙，请他们晚上来船舱喝一杯，因为巴斯克人送来了美酒。杜瓦尔及其同伙信以为真。结果，他们前脚刚踏上船板，后脚就被俘虏了。我们不知道这场阴谋涉及多少人。当时，在狭小的定居点，许多人从睡梦中惊醒，听到塞缪尔·德·尚普兰命人彻查事实，捉拿头目，一个个吓得瑟瑟发抖。第二天清晨，杜瓦尔的头悬挂在定居点的木墙上，在晨光中清晰可见。杜瓦尔的三个同伙被押回法兰西王国，成了厨师。后来，塞缪尔·德·尚普兰决定从宽处理涉案人员，不再追查此事。其他人都松了口气。此后，没有人再背叛塞缪尔·德·尚普兰。

1608年冬天，严寒袭来，魁北克只剩塞缪尔·德·尚普兰和另外二十八个人。早在1608年9月，弗朗索瓦·格拉维就装了一箱皮毛坐船回国了。1609年5月月底，魁北克只剩九个法兰西人。最终，良心尚存的弗朗索瓦·格拉维带着补给出现在魁北克，继续做皮毛生意。与此同时，塞缪尔·德·尚普兰继续开疆拓土，而开疆拓土的意义只有通过残酷的现实才能明白。起初，摆在塞缪尔·德·尚普兰面前的只有穿越丛林，长途跋涉，在荒蛮之地寻找定居点。途中艰辛可想而知。埃尔南多·德·索托和弗朗西斯科·德·科罗纳多等天赋过人的探险家即使

埃尔南多·德·索托

拥有西印度群岛的财富做后盾,带领一队人进行像塞缪尔·德·尚普兰这样的探险,也不一定能成功。塞缪尔·德·尚普兰没有雄厚的财力做支撑,只能采取不同的策略。他带了几名随从前往荒野探险,一路上节衣缩食。然而,要想解决长途跋涉中的所有困难,塞缪尔·德·尚普兰只能与沿途的印第安部落结盟。如果他的探险活动变成了友好的结盟之旅,那么风险会降低不少,建立的定居点也会更加稳固。

正是基于上述考虑,法兰西人的北美殖民政策逐渐形成。然而,与印第安部落结盟导致了灾难性的后果,但由此怪罪塞缪尔·德·尚普兰显然不公平。在错综复杂的部落纷争中,除非像上帝一样知晓所有事,否则没有人能预测结果。现在来看,法兰西人与印第安部落的结盟导致的后果非常清晰。塞缪尔·德·尚普兰从自身利益出发,做出了理智的判断,但不知道应该和谁结盟。命运已经为塞缪尔·德·尚普兰选好盟友。首先,圣劳伦斯河流域是法兰西人贸易往来的必经地带。因此,塞缪尔·德·尚普兰必须和圣劳伦斯河沿岸的印第安部落搞好关系。其次,通往五大湖途中的印第安部落也十分重要。圣劳伦斯河沿岸的印第安部落都是阿尔冈昆人,法兰西人称他们"蒙塔格奈人"。后来,纽约地区的英格兰人认为,圣劳伦斯河沿岸的印第安人是阿迪朗达克人,并且没有易洛魁人聪明,但比易洛魁人野蛮。蒙塔格奈人的农业文明发展缓慢,大多数蒙塔格奈人依靠捕鱼和打猎为生,并且不会在冬天储备食物。结果,蒙塔格奈人因饥荒和疾病数量骤减。沿着圣劳伦斯河前往更远的地方,控制圣劳伦斯河西北流域的是渥太华人。渥太华人属于阿尔冈昆族,文明程度远超蒙塔格奈人。在渥太华人的南面,毗邻乔治亚湾的地方生活着休伦人。休伦人是一群宁可保持独立,也不愿加入易洛魁联盟的印第安人。此外,休伦人与附近的阿尔冈昆人结盟,从而遭到了易洛魁联盟的强烈谴责,被称为"卑鄙的叛徒"。

因此,在魁北克,塞缪尔·德·尚普兰选好了盟友,决定与附近的阿尔冈昆人和休伦人结盟。法兰西人应该与印第安部落保持友好关系。1608年秋天,塞缪尔·德·尚普兰得知,印第安人急需自己的帮助。一位年轻的渥太华酋长突然造访魁北克。魁北克宏伟的木制建筑令渥太华酋长惊叹不已,大炮的巨响及威力也让他震惊不已。渥太华酋长说:"如果用大炮轰炸自己的对手,一定会很痛快!你们愿意帮助我们吗?"渥太华酋长的想法正合塞缪尔·德·尚普兰的心意。帮助渥太华人既能让塞缪尔·德·尚普兰继续向西开拓,也能实现他的结盟计划,甚至可以进入渥太华人的领地。1609年6月下旬,魁北克周围的树林里响起阵阵叫喊声,三百名渥太华人聚集在一起,迫不及待地想要出征。以前,北美洲丛林里从未出现过类似的征战。遗憾的是,我们找不到关于渥太华人此次征战的描述。但塞缪尔·德·尚普兰记录了这件事。

1609年6月28日,渥太华人按照惯例摆起盛宴,跳起战舞。宴席结束后,三四百名渥太华人从魁北克出发,乘独木舟向前驶去。塞缪尔·德·尚普兰和另外十一名法兰西人穿上紧身衣,外披盔甲,佩带了火绳钩枪,乘一艘轻型帆船出发了。渥太华人向塞缪尔·德·尚普兰保证,他们的船一定能一路畅通无阻。渥太华人的武器有石箭、长矛和战斧,以及许多锋利的法兰西式短柄斧头。这些武器都是用海狸皮换来的。渥太华人穿过圣劳伦斯河一处宽阔的水域——圣皮埃尔湖,来到了另一条河上。几十年后,这条河有了自己的名字,即"黎塞留河"。在黎塞留河沿岸,渥太华人停下来捕了一些鱼,饱餐了一顿。随后,每个时代的野蛮战争中都能看到的一幕出现了。渥太华人激烈地争吵起来,最后,四分之三渥太华人打道回府。塞缪尔·德·尚普兰等人只能重新调整,再次出发。不久,他们经过了尚布利河。尚布利河水流湍急,大船根本无法通过。塞缪尔·德·尚普兰的轻型帆船不能继续行驶,因为轻型帆船经不住湍流,并且非常笨重。渥太华人为什么要愚弄法兰西人?可能渥太华人天生喜欢欺骗吧!即使是严肃的军事行动,渥太华人也扼制不住自己的本性。或者,渥太华人误以为法兰西人具有超能力。不管怎样,塞缪尔·德·尚普兰的轻型帆船必须返回魁北克。然而,塞缪尔·德·尚普兰决定乘独木舟继续前行。于是,他和两个同伴一起渡过了湍流,清点了队伍,发现总兵力只有二十四叶独木舟、六十个渥太华人的和三个法兰西人。

塞缪尔·德·尚普兰等人抵达一片湖泊后,开始谨慎起来。当时,这片湖泊被称为"易洛魁湖",现在改称"尚普兰湖"。渥太华人派哨兵前去侦察,偶尔祈求部落神灵的保佑。印第安人的神灵一般是已故的阿尔冈昆族或休伦族的英雄。对虔诚的塞缪尔·德·尚普兰来说，渥太华人的祈求方式看起来很怪异，似乎会招来鬼怪。他仔细观察后，习惯性地将渥太华人的祈求方式记录了下来。渥太华人先用树枝支起一个圆形小帐篷，帐篷上方盖着鹿皮。然后，一个一边呻吟一边颤抖的巫师爬进了帐篷，将一块鹿皮拉紧，防止其他人看到他的祈祷。紧接着，帐篷里传来神灵的声音，短促而尖厉，好像英格兰木偶剧中潘趣和朱迪的叫声。如果神灵显灵，帐篷就会东倒西歪，剧烈摇晃。围观者看到晃动的帐篷时惊讶不已，以为神灵显灵了。但塞缪尔·德·尚普兰暗自偷笑，因为他看见帐篷里的巫师在摇动杆子。这似乎就是印第安神灵降临的方式，从古至今一直如此。

距目的地越来越近时，渥太华人越发警觉。最后，渥太华人只在夜间行进。清晨天边刚泛红，所有人迅速上岸，将独木舟拖到了灌木丛里。渥太华人睡在地上，直到日落。然后，他们悄悄出发，迅速划动舟楫，直到天亮。离开魁北克后，整整一个月过去了。1609年7月29日，渥太华人抵达一处高地。此后，人们知道了这处高地的易洛魁名字——泰孔德罗加，意思是"湖水交汇之地"。在泰孔德罗加，乔治湖和尚普兰湖彼此相连。深夜，渥太华人靠近泰孔德罗加时，发现了许多独木舟。这些独木舟都是笨重的榆树皮外壳，一看就是易洛魁人的。由于不擅长水战，易洛魁人立刻登岸，开始筑防。渥太华人在独木舟中跳起了吉格舞，嘲讽易洛魁人的怯懦，呐喊声响彻夜空。一整晚，双方争执不下，互相嘲讽，用上了所有能想到的脏话。清晨，渥太华人上岸，只剩塞缪尔·德·尚普兰等人躺在独木舟上。塞缪尔·德·尚普兰等人身上还盖着兽皮。虽然易洛魁人的人数是渥太华人的三倍，但易洛魁人不会打仗，没能阻止渥太华人登岸。易洛魁人约有二百人，都是莫霍克人，个个高大威猛，长相英俊。一般情况下，渥太华人会因鲁莽付出沉重代价。然而，渥太华人一上岸就害怕了，高喊塞缪尔·德·尚普兰。塞缪尔·德·尚普兰听到喊声后淡定地起身上岸。莫霍克人见状大吃一惊。与此同时，另外两个法兰西人走到树林两侧，挺身站直。莫霍克人非常惊恐，立即举起了弓。塞缪尔·德·尚普兰举起火绳枪，连发四颗子弹。瞬间，两个易洛魁首领倒地身亡，还有一个身负

塞缪尔·德·尚普兰与莫霍克人交战

重伤。然后,另外两个法兰西人发射了致命一枪,结束了战斗。莫霍克人惊恐万分,四散逃窜,许多跑得慢的莫霍克人落入了渥太华人手中,大多被带回了渥太华人的领地,然后被活活烧死,以供渥太华部落中的妇女儿童娱乐。渥太华人获胜的第二天晚上,一些莫霍克俘虏被烧死。塞缪尔·德·尚普兰无法直视莫霍克人受到这样的折磨,听到火焰下的惨叫后,他立即建议渥太华人射杀莫霍克俘虏,严禁火刑。他非常愤怒,语气坚决。结果,渥太华人不得不妥协。战斗结束后,渥太华人回到了自己的部落。毋庸置疑,在石器时代,这是印第安人之间的一场典型战斗。混乱的长途奔袭,任性的丛林作战,死在战场上的人寥寥无几,大多数俘虏被烧死,最终,战斗双方什么也没有得到。

然而,我们不能简单地概括塞缪尔·德·尚普兰的丛林首战。在其他方面,这场战斗堪称石器时代的战争样本,但有一点不同,即三个法兰西人参与了印第安人之间的战斗,不仅帮助渥太华人报仇雪恨,还划定了一个新时代。泰孔德罗加发生过许多有趣的战斗,但这场战斗意义非凡。1758年7月,泰孔德罗加发生了一场战斗,参战双方共两万人,死伤两千多人。在战斗中,英格兰士兵和英属殖民地民兵被法兰西圣维兰侯爵路易-约瑟夫·德·蒙特卡姆打败。现在,人们只记得当时是一场"蛮勇战役",暴露了英军将领的愚笨,并且战斗结果对未来没有产生任何影响。1609年发生在泰孔德罗加的战斗虽然只死了十几个人,但参战双方结下了深仇,一方是法兰西人,另一方是强悍的易洛魁人。法兰西人和易洛魁人之间的关系迟早会破裂,并且无法避免。实际上,塞缪尔·德·尚普兰与莫霍克人交战后,法兰西人和易洛魁人之间的关系开始出现裂痕。

1609年7月,当塞缪尔·德·尚普兰用火绳枪打跑莫霍克人时,一艘名为"半月"号的荷兰小船载着一位英格兰船长在培诺伯斯科特湾抛锚。"半月"号上的木匠正在裁剪、组装新的前桅。几个星期后,"半月"号在特洛伊抛锚。特洛伊附近是易洛魁人的领地。易洛魁人正在密切监视着"半月"号上的一举一动。英格兰船长亨利·哈得孙怎么也想不到,戏剧性的一幕正在北美洲的丛林中上演。1609年7月的一个清晨,火绳枪里的几发子弹让法兰西人从此摊上了最危险的对手,同时让荷兰人和英格兰人结交了北美神秘丛林中最得力的盟友。

第 3 章

阿卡迪亚殖民地

现在，我们暂时将目光从魁北克转向芬迪湾。法王亨利四世撤销皮埃尔·杜加·德蒙斯的皮毛专营权后，芬迪湾的发展陷入停滞。当皮埃尔·杜加·德蒙斯和塞缪尔·德·尚普兰再次回到圣劳伦斯河流域的时候，让·德·比恩古一直心系皇家港的定居点。1610年，让·德·比恩古带着一位神父回到了皇家港定居点。皇家港附近的密克马克人行为粗鲁。神父劝密克马克人信仰基督，接受洗礼，但依然没能阻止密克马克人拿起斧头冲向最近的其他部落。密克马克人只想验证一下欧洲宗教的力量。神父起草了一份受洗名单。1611年，让·德·比恩古的儿子查尔斯·德·比恩古带着受洗名单回到法兰西王国邀功。抵达巴黎后，查尔斯·德·比恩古发现法兰西王国已经陷入混乱。法王亨利四世被弗朗索瓦·拉瓦亚克杀害。英格兰作家詹姆斯·豪厄尔在一封信中写道："没有哪位国王的驾崩像法王亨利四世那样令人痛惜。"法王亨利四世的死不仅深刻影响了欧洲，还影响到了北美洲的新法兰西，使新法兰西的局势发生了转折。

1534年，只有七位会士的耶稣会成立。1610年，法王亨利四世被害时，耶稣会的人数已经达到七千人。无论在哪里，耶稣会都被视为欧洲宗教改革的强大阻力之一。耶稣会虽然产生了一些好的影响，但为法兰西王国带来了很多灾难。弗朗索瓦·拉瓦亚克的匕首改变了历史走向，三级会议①中止，胡格诺派教徒惨

---

① 三级会议是中世纪时期，法兰西国王召开的等级代表会议，其中第一级为教士，第二级为贵族，第三级为市民。三级会议通常不定期召开，其间中断过一百七十五年，即1614年到1789年中断。

弗朗索瓦·拉瓦亚克刺杀法王亨利四世

遭驱逐，法兰西国王路易十四到处征战。法兰西王国不断加强了专制统治，直到断头台降下无情的斩刀。耶稣会造成的影响逐渐显现，但法兰西王国走向衰落的根源是放弃了法王亨利四世在1598年颁布的《南特敕令》。法王亨利四世驾

崩时，没有人预料到法兰西王国即将面临的灾难。当时，法兰西人只看到耶稣会迅速壮大，许多人开始担心耶稣会的"教皇至上论"和亲西班牙倾向。

当时，耶稣会会士十分热衷传教，企图通过传教改变世界。在传教过程中，耶稣会会士表现出了罕见的热情、才华和专注。1549年，圣方济·沙勿略一路

克劳迪奥·阿夸维瓦

走到了东方，在日本建立了信徒众多的教堂。1615年，克劳迪奥·阿夸维瓦去世前，已经有耶稣会会士到访中国。在巴西，耶稣会会士建立了基督教社区，并且开始在巴拉圭的印第安人中建立国家。耶稣会会士的功绩不可磨灭。当然，耶稣会会士并没有忽视新法兰西。法王亨利四世执政后，耶稣会并没有得到法兰西人的关注，只是勉强得到了法兰西人的认可。然而，法王亨利四世驾崩后，法兰西王国的大权落到耶稣会手中。与此同时，耶稣会得到了欧洲三位重要女性的帮助。但谈到这三位女性与法兰西国王的关系时，人们总是格外好奇。一位是法兰西王太后玛丽·德·美第奇，她因企图夺权下场悲惨。另一位是法王亨利四世的情妇凯瑟琳·昂里埃特·德·巴尔扎克·恩泰奎斯，她非常恶毒。最后一位是令人钦佩的居尔切维尔侯爵夫人安托瓦内特，她曾受到法王亨利四世的追求，但无果而终。狂热的天主教神父们想让天使和魔鬼同时站在他们一边。年轻的查

玛丽·德·美第奇

尔斯·德·比恩古很快明白，抵抗耶稣会无济于事。虽然正在装船前往北美洲的迪耶普商人极力反对耶稣会会士或西班牙王室的代理人上船，但事与愿违。居尔切维尔侯爵夫人安托瓦内特立即筹钱买断了皮毛生意。最终，耶稣会会士来到了皇家港。让·德·比恩古本来掌管着皇家港，并且拥有皮毛专营权。但现在，耶稣会会士经常与让·德·比恩古争执不下。一天，皇家港附近的一位印第安酋长为了帮助让·德·比恩古，想了一个一劳永逸的办法。他表示，只要让·德·比恩古同意，他愿意亲手杀了耶稣会会士。但让·德·比恩古拒绝了印第安酋长的好意，因为他不想与耶稣会会士带来的钱过不去。当时，让·德·比恩古急需用钱，自然不会拒绝一笔笔送上门的贷款。因此，让·德·比恩古的债务越积越多。1613年，他再次回国时，因债务缠身被关进了监狱。

1612年，耶稣会会士装好了一艘船，船上满载钱财和水手。这艘船有个不详的名字——"乔纳斯"。当时，居尔切维尔侯爵夫人安托瓦内特买下了皮埃尔·杜加·德蒙斯在阿卡迪亚的皮毛经营权及领地，还从年幼的法王路易十三手中获得了更多北美洲的土地，范围从圣劳伦斯河流域一直到佛罗里达地区。然而，居尔切维尔侯爵夫人安托瓦内特因这些土地惹上了麻烦。1606年，英王詹姆斯一世将圣劳伦斯河流域到佛罗里达地区的土地赠给了弗吉尼亚公司。如果按照法兰西王国的特许状，詹姆斯敦的英格兰定居者违反了法律，侵占了居尔切维尔侯爵夫人安托瓦内特的土地。但居尔切维尔侯爵夫人安托瓦内特不敢要求詹姆斯敦的英格兰定居者效忠自己。

然而，"乔纳斯"号抵达北美洲海岸时，船上插了一面印有居尔切维尔侯爵夫人安托瓦内特纹章的旗。"乔纳斯"号的船长叫"拉索赛埃"。在皇家港，拉索赛埃带上几名耶稣会会士，乘船朝培诺伯斯科特湾驶去。途中，他们在法兰西人发现的荒山岛海湾靠岸。荒山岛海湾风景迷人。很快，拉索赛埃发现了一处更美丽的地方。于是，他决定将这里作为一个定居点。这个地方位于萨姆斯峡湾西岸，在弗纳尔德湾和飞山之间。然而，定居点还没有开始修建，一艘单桅战船就驶入了萨姆斯峡湾。单桅战船上有十四杆枪，桅杆顶部悬挂着英格兰的红色旗帜，船长是英格兰人塞缪尔·阿盖尔。塞缪尔·阿盖尔从詹姆斯河一路北上捕捞

詹姆斯敦的英格兰定居点

鳕鱼。此外,他还有一项任务,即搜寻法兰西人。在英王詹姆斯一世赐给弗吉尼亚公司的领土内,法兰西人不得非法居住。弗吉尼亚地区的代理总督托马斯·戴尔派塞缪尔·阿盖尔前去搜寻法兰西人。在培诺伯斯科特湾,塞缪尔·阿盖尔发现了一些印第安人,并从印第安人口中得知,荒山岛有一些白人。通过印第安人的描述,塞缪尔·阿盖尔随即知道荒山岛的白人就是法兰西人,因为只有法兰西人才那样耸肩、点头。当英格兰王国的旗子出现在萨姆斯峡湾时,"乔纳斯"号的船长拉索赛埃和几个胆小的法兰西人选择了逃跑。"乔纳斯"号上只剩几名顽强抵抗的法兰西水手。两三轮扫射后,英格兰人登上了"乔纳斯"号。在拉索赛埃的行李中,塞缪尔·阿盖尔翻出了法兰西王室授予拉索赛埃的特许状。塞缪尔·阿盖尔偷偷将特许状装进了口袋。不久,拉索赛埃忍受不了饥饿,从藏身处走了出来,并且受到了塞缪尔·阿盖尔恭敬的接待。塞缪尔·阿盖尔对自己因

英王詹姆斯一世

奉命行事造成的不快深表遗憾。他说:"这件事惊扰到了您,我非常愧疚,但这块领土确实属于英王詹姆斯一世,而不是法王路易十三。当然,话说回来,任何高尚的骑士都必须服从国王的命令。如果您有特许状,那么整件事就是法王路易十三做得不对,你们只是奉命行事,因此不予追责。"狡猾的塞缪尔·阿盖尔冷笑着,不动声色地继续说:"按照规定,您能否展示一下特许状。"接下来,不明真相的拉索赛埃到处翻找。与此同时,塞缪尔·阿盖尔变得冷酷起来。最后,看到拉索赛埃拿不出特许状，塞缪尔·阿盖尔大发雷霆，骂法兰西人是海盗，并且没收了拉索赛埃等人的所有物品。最后，拉索赛埃等人只剩身上穿的衣服。随后，由于扣押的法兰西人太多，"乔纳斯"号空间不足，塞缪尔·阿盖尔找来了一艘没有甲板的船，让拉索赛埃和一名耶稣会会士及十三名水手坐上船，然后随波逐流，生死全由命运安排。几天后，拉索赛埃等人遇到了一艘法兰西商船，回到了欧洲。

与此同时，另一名耶稣会会士和其他十三名法兰西水手被塞缪尔·阿盖尔带到了詹姆斯敦。在詹姆斯敦，托马斯·戴尔决定将被俘的法兰西人全部绞死。但塞缪尔·阿盖尔认为这样做不合适，可能会使英格兰王国和法兰西王国交恶，自己的行为也会败露。于是，他私下向托马斯·戴尔说了实情，从口袋里掏出了特许状。因此，法兰西俘虏免于一死，局面暂时得到了控制。不久，塞缪尔·阿盖尔率领三艘船向北出发，途中烧掉了皇家港，毁坏了皇家港田里的庄稼，抢走了法兰西人的牛马。劫难发生时，查尔斯·德·比恩古和大多数武装人员都不在皇家港。当他们回来时，由于寡不敌众，并没有展开战斗。双方进行了谈判，但谈判无果而终。后来，塞缪尔·阿盖尔乘船而去。1615年，在法兰西的一场战斗中，让·德·比恩古被杀。查尔斯·德·比恩古继承了让·德·比恩古的领地和头衔，继续建设让·德·比恩古钟爱的皇家港。为此，他招募了一些新人。在皇家港，经过查尔斯·德·比恩古的努力，一个规模不大的木制定居点诞生。在法兰西宫廷，塞缪尔·阿盖尔的行为遭到了指责。有人向英王詹姆斯一世提出控诉，但事情最终不了了之。

1615年，让·德·比恩古去世。现在，我们暂时回到1609年，继续讲述塞缪尔·德·尚普兰的故事。经历了泰孔德罗加的难忘战斗后，1610年6月，塞缪尔·德·尚普兰再次出手帮助了渥太华人。当时，约一百个莫霍克人抵达圣劳伦斯河和黎塞留河冲积形成的半岛上的孔特勒克，距黎塞留河河口只有几英里。在孔特勒克，莫霍克人遭到了大批渥太华人及十二个法兰西人的袭击。陷入绝境的莫霍克人殊死反抗，最后只有十五人幸存下来，但全部被俘。其中一个莫霍克人向塞缪尔·德·尚普兰投降，另一个莫霍克人被渥太华人吃掉了，其余的

塞缪尔·德·尚普兰再次帮助渥太华人攻打莫霍克人

莫霍克人被渥太华妇女烧死了。塞缪尔·德·尚普兰认为，印第安妇女比印第安男性更残忍。他记录道："她们自作聪明，用更残忍的方式处死了莫霍克俘虏，并且觉得非常有趣。"

与莫霍克人短暂交手后，塞缪尔·德·尚普兰回到了法兰西王国。1610年12月，他迎娶了已故法王亨利四世的私人助理的女儿海伦·布尔。海伦·布尔是加尔文教的虔诚信徒。1611年春天，塞缪尔·德·尚普兰让海伦·布尔在乌尔苏拉修道院待了一段时间。在乌尔苏拉修道院，海伦·布尔或许能学到更有益的教义。显然，当时，塞缪尔·德·尚普兰已经不是胡格诺派教徒。后来，海伦·布尔跟着塞缪尔·德·尚普兰去了北美洲。但塞缪尔·德·尚普兰似乎还没有做好准备带海伦·布尔前往北美洲。1611年，塞缪尔·德·尚普兰再次来到北美洲，在奥雪来嘉旧址上建了一座基督教城镇。奥雪来嘉位于河流上游，位置极佳，既是皮毛生意的中转站，也是西部探险的枢纽。塞缪尔·德·尚普兰将筹建城镇的地方称为"皇家广场"。后来，皇家广场附近还建起了灰色修女会的医院。但定居点只砌了几堵墙后,塞缪尔·德·尚普兰就再次跨洋回到了法兰西王国。他的老朋友皮埃尔·杜加·德蒙斯因受命掌管拉罗切尔附近的重要定居点庞斯,无暇顾及新法兰西的事务。因此,皮埃尔·杜加·德蒙斯将新法兰西的所有事务交给塞缪尔·德·尚普兰管理,还同意物色一个有权势的人支持塞缪尔·德·尚普兰的事业,以防塞缪尔·德·尚普兰受人欺负。皮埃尔·杜加·德蒙斯物色的人是苏瓦松伯爵查尔斯·德·波旁。苏瓦松伯爵查尔斯·德·波旁是一位拥有王室血统的贵族,后来出任了加拿大总督,并且让塞缪尔·德·尚普兰协助他。塞缪尔·德·尚

查尔斯·德·波旁

孔代亲王亨利二世·德·波旁

普兰全权负责加拿大的皮毛生意。但刚刚得到任命，苏瓦松伯爵查尔斯·德·波旁就去世了。苏瓦松伯爵查尔斯·德·波旁的继任者是孔代亲王亨利二世·德·波旁。正如伏尔泰所说，孔代亲王亨利二世·德·波旁只因自己的儿子出名，但他除了狭隘贪婪一无是处。当时，塞缪尔·德·尚普兰已经开始质疑过于排外的皮毛专营权，并且试图在北美洲的法兰西商人中间组建一个联合会。塞缪尔·德·尚普兰为此辛苦忙碌，但当他需要法兰西宫廷的帮助时，却遭到了孔代亲王亨利二世·德·波旁的敲诈。

1612年，事务缠身的塞缪尔·德·尚普兰一直无法离开法兰西王国。此时，一个叫尼古拉·德·维古诺的年轻人来到巴黎，带来了自己在北美洲的所见所闻。巴黎上流社会对尼古拉·德·维古诺表现出了少有的热情。1610年，尼古拉·德·维古诺受塞缪尔·德·尚普兰的嘱托，跟着一群渥太华人来到渥太华人的部落，目的是了解当地的民情，尽可能向渥太华人灌输一些文明观念。现在，尼古拉·德·维古诺骄傲地走在巴黎的大街小巷，逢人就说自己目睹了北美洲西面的海洋。不管怎样，他沿着渥太华河找到了渥太华河的源头湖泊，并且沿着一条向北流的河道到达了海岸边。在海岸边，他看到一艘英格兰船的残骸和八十个被当地土著人杀害的英格兰人的头颅。这个故事不可能是虚构的，因为渥太华河的源头就是一片小湖泊，并且湖泊分流出了多条河流，河流向北注入詹姆斯湾，如穆斯河、阿伯蒂比河等。此外，詹姆斯湾位于广阔的哈得孙湾的东南部。1611年6月，亨利·哈得孙死在了詹姆斯湾。有传言称，亨利·哈得孙因船上的水手叛变惨遭杀害。尼古拉·德·维古诺可能听说过通往詹姆斯湾的水路，以及有关亨利·哈得孙之死的传闻。于是，他将二者结合起来编了一个故事，并且故事合情合理，使所有人都相信了。塞缪尔·德·尚普兰听完尼古拉·德·维古诺的故事后，决定亲自前往詹姆斯湾。1613年夏天，为了寻找詹姆斯湾，塞缪尔·德·尚普兰再次回到北美洲。

1613年5月下旬，塞缪尔·德·尚普兰从蒙特利尔对面的一个小岛出发。他给这座小岛起名"海伦岛"，以表达对妻子的思念。当时，除了塞缪尔·德·尚普兰和尼古拉·德·维古诺，还有另外三个法兰西人和一个印第安人。他们划着两叶独木舟向渥太华河上游驶去，一路上饱受蚊子的叮咬。在写这段经历时，塞缪尔·德·尚普兰感到非常难受。然而，除了蚊子，塞缪尔·德·尚普兰等人没有遇到其他令人生厌的事物。在火柴岛，他们来到一个渥太华人的部落。许多渥太华人从来没有见过白人。按照习俗，渥太华人用美味佳肴和烟草款待来客。随后，塞缪尔·德·尚普兰凭借经验说了一些渥太华人爱听的话，然后提了一个要求，即借渥太华人的独木舟一用，并让一名渥太华人带路前往更远的地方，譬如尼皮辛人的领地。然而，塞缪尔·德·尚普兰逐渐发现渥太华人的表情发生了变化。原

尼皮辛人

来，渥太华人和尼皮辛人有瓜葛。年老的渥太华酋长泰索特虽然语气平缓，但听得出来他对塞缪尔·德·尚普兰很不满，因为1612年夏天，塞缪尔·德·尚普兰不在蒙特利尔，没能再次帮助他们与莫霍克人交战。渥太华酋长泰索特说："至于独木舟，只要你想借，当然没问题。但尼皮辛人，呸！你怎么会想到要去他们那里？他们一定会杀了你！真正的渥太华人都明白，那将是多么悲痛的一天！"塞缪尔·德·尚普兰向渥太华酋长泰索特作了解释。于是，渥太华酋长泰索特答应了独木舟和向导的事。随后，满屋的烟味呛得塞缪尔·德·尚普兰想出门透气。但还没等他转身，聚在一起商议的渥太华人就反悔了，再次开始控诉尼皮辛人的恶行。听完渥太华人的控诉后，塞缪尔·德·尚普兰指着身边的尼古拉·德·维古诺说，这个人曾经去过那里，并且发现尼皮辛人没有你们说的那么坏。渥太华酋长泰索特一听，转身冲着尼古拉·德·维古诺喊道："啊！你去过尼皮辛人那里？"他怒视着尼古拉·德·维古诺，周围所有长着蛇形眼睛的人都恶狠狠地朝尼古拉·德·维古诺看去。尼古拉·德·维古诺非常尴尬，沉默了一会儿后，坚定地承认自己去过尼皮辛人那里。渥太华人叫喊道："大骗子！"的确，尼古拉·德·维古诺曾在渥太华人的部落待了一整个冬天，在场的人都知道这件事。尼古拉·德·维古诺没有办法抵赖。渥太华人的挖苦和质疑让尼古拉·德·维古诺哑口无言，不知所措。过了一会儿，塞缪尔·德·尚普兰说："看着我，尼古拉·德·维古诺。如果你之前告诉我的是假的，我既往不咎。但现在你必须说真话，否则我就当场绞死你。"尼古拉·德·维古诺犹豫了一会儿，突然跪倒在地，承认自己撒了谎。与此同时，渥太华人要求亲手杀了尼古拉·德·维古诺，但塞缪尔·德·尚普兰遵守诺言，饶恕了尼古拉·德·维古诺。随后，尼古拉·德·维古诺灰头土脸地回到了蒙特利尔。

1613年夏季即将结束，塞缪尔·德·尚普兰乘船返回了法兰西王国，并且争取到了方济各会修士的支持。方济各会修士愿意在印第安人中建立布道所。得到法兰西王室的特许和教皇的授权后，1615年春天，塞缪尔·德·尚普兰带着四名方济各会修士来到北美洲。起初，方济各会修士们奇特的装束吓坏了印第安人。

在来到北美洲的方济各会的修士中，有一个叫"约瑟夫·勒卡伦"的修士。约瑟夫·勒卡伦离开其他教友，从魁北克一路来到了蒙特利尔。在蒙特利尔，他遇见了印第安人一年一度的皮毛交易会。几天后，塞缪尔·德·尚普兰出现在蒙特利尔。一群休伦人将塞缪尔·德·尚普兰团团围住，乞求塞缪尔·德·尚普兰帮助他们抵抗易洛魁人的袭击。最终，塞缪尔·德·尚普兰答应了休伦人的请求。塞缪尔·德·尚普兰返回魁北克取枪炮时，约瑟夫·勒卡伦继续留在休伦人当中。他和一群休伦人向西北方向行进，直到望见了一大片休伦人称为海的淡水湖，即休伦湖。约瑟夫·勒卡伦是第一个看到休伦湖的白人。几天后，塞缪尔·德·尚普兰到达休伦人的部落，与约瑟夫·勒卡伦会合。1615年8月12日，约瑟夫·勒卡伦进行了第一次布道。

面对一片荒蛮之地，约瑟夫·勒卡伦严肃地举行了布道仪式。但布道一开始，休伦人的注意力就转移了，一心想着打仗。1615年8月17日，塞缪尔·德·尚普兰来到休伦人的部落所在地卡亚格。在等待其他人的间隙，已经到来的休伦人大吃大喝，还跳起了战舞。所有休伦人集结完毕后，塞缪尔·德·尚普兰和几个法兰西人率领休伦人出发了。他们渡过闪高湖，然后迅速渡过了诸多湖泊，沿着特伦特河抵达了安大略湖。

塞缪尔·德·尚普兰一行人乘着轻舟，毫不畏惧地划行在内海上，最后顺利到达了内海对岸。经过几天的奔走，他们来到了易洛魁人的部落，鲁莽地发动了第一次进攻，结果被易洛魁人成功击退。但追上来的易洛魁人一听到法兰西人的枪声，吓得赶紧撤退，躲进了部落外的木栅栏里。

为了尽快攻破易洛魁人的防御，塞缪尔·德·尚普兰建了一个移动木塔，射箭手可以从木塔上方瞄准隐藏在栅栏后的易洛魁人。木塔上还有手拿盾牌的休伦人，可以保护其他休伦人免受弓箭和石头的袭击。塞缪尔·德·尚普兰试图烧毁易洛魁人的木栅栏。然而，毫无纪律的休伦人只顾打得高兴，竟然扔掉了手中的盾牌，震天的厮杀声淹没了塞缪尔·德·尚普兰的号令。休伦人匆匆放火，但着火的地方在木栅栏的背风处。易洛魁人连忙取来水，很快扑灭了火。经过三个小时的战斗，休伦人败下阵来。塞缪尔·德·尚普兰再次策划进攻，但休伦人已经丧失斗志，不愿意继续作战，除非塞缪尔·德·尚普兰找到援军。于是，休伦人放弃了战斗，用篮子背起伤员偷偷撤退了。休伦人乘独木舟安全回到了自己的部落。接下来，令塞缪尔·德·尚普兰感到恼火的是，休伦人酋长不愿意依照承诺带他回魁北克。最后，塞缪尔·德·尚普兰不得不住在休伦人酋长的帐篷里，每天打猎、探险，观察休伦人的生活起居。几个月后，塞缪尔·德·尚普兰回到魁北克，但魁北克的所有法兰西人都以为他死了。

路易·赫伯特

塞缪尔·德·尚普兰计划新建一个定居点,但触及了一些商人的利益。这些商人控制着新法兰西的财富,非常关心皮毛生意,而增加定居点会减少他们的利润。魁北克是一处位置极佳的贸易枢纽,但从建立伊始,八年过去了,法兰西人只开垦出了两处农田,一处是方济各会修士开垦的,另一处是1617年来到魁北克的路易·赫伯特开垦的。路易·赫伯特还盖了加拿大第一所基督教居所。1620

海伦·布尔教授印第安儿童知识

年,塞缪尔·德·尚普兰年轻的妻子海伦·布尔来到魁北克,为天主教事业献出了自己的青春,希望造福印第安妇女和儿童。经过四年传教和学习,海伦·布尔心中燃起了一股虔诚的火焰,认为只有归隐才能得到解脱。后来,塞缪尔·德·尚普兰去世后,海伦·布尔做了修女。

1621年,法兰西宫廷勒令怨声不断的圣马洛商人和鲁昂商人停止皮毛生意,将新法兰西的皮毛生意交给了两个来自卡昂的胡格诺派商人。但法兰西宫廷的命令遭到商人们的拒绝,导致两方商人吵得不可开交。蒙莫朗西公爵亨利二世疲惫不堪,只好将新法兰西的总督之位让给自己的侄子旺塔杜尔公爵亨利·德·莱维。旺塔杜尔公爵亨利·德·莱维对加拿大的兴趣完全在宗教方面。正是因为旺塔杜尔公爵亨利·德·莱维,新法兰西受到全世界耶稣会会士的青睐。1625年,查尔斯·拉勒芒、埃蒙德·马赛和让·德·布雷伯夫来到加拿大传教。在加拿大历史上,他们享有很高的声望。与此同时,黎塞留公爵阿尔芒·让·迪普莱西出任法兰西首相,将目光投向了北美洲,并且重新规划了法兰西王国的扩张之路。过去十八年中,由于贸易纠纷、教派冲突,法兰西王国白白浪费了很多机会。目前,魁北克只有一两户自给自足的家庭,杂居人口最多一百人。黎塞留公爵阿尔芒·让·迪普莱西意识到,必须扭转北美洲殖民地的现状。他取消了皮毛专营权,成立了以他为首、成员一百人的新公司,即众所周知的百

黎塞留公爵阿尔芒·让·迪普莱西

人合股公司。在政治上,黎塞留公爵阿尔芒·让·迪普莱西控制了新法兰西全境,拥有皮毛贸易的永久专营权,以及除鲸鱼和鳕鱼外的其他贸易专营权,期限是十五年。其间,在北美洲殖民地,这类贸易一律免税。但作为交换条件,十五年内,百人合股公司必须在北美洲安置四千多人。殖民者在北美洲定居三年后可以获得耕地。当时,英格兰王国对北美洲殖民地的人口管理非常松散,大多数地方都是形形色色的人混杂居住,如德意志新教徒和英格兰天主教徒,或英格兰清教徒和爱尔兰天主教徒等居住在一个地方。然而,在新法兰西,只有天主教徒能和法兰西人一起居住。为了追求宗教统一,新法兰西放弃了优势,导致活跃的进步移民无法迁入新法兰西。有趣的是,胡格诺派控制的新法兰西和清教徒控制的新英格兰并肩发展的可能性就此中断。

新法兰西刚开始拓殖,英格兰王国和法兰西王国就爆发了战争。新法兰西的拓殖计划全被打乱,甚至连现有殖民地都岌岌可危。1628年4月,百人合股公司派四艘全副武装的船前去支援受困的殖民地居民。克劳德·罗奎蒙特·德·布里松担任支援船队的指挥。与此同时,英格兰国王查理一世授权一支私人劫掠队驱赶阿卡迪亚和加拿大的法兰西人。伦敦商人出资赞助了这支劫掠队。英格兰劫掠队由伦敦商人的生意伙伴杰维斯·喀尔克的三个儿子指挥。英格兰劫掠队首先到达魁北克,但遭到了塞缪尔·德·尚普兰的顽强抵抗。由于法兰西人的防御力量强大,英格兰劫掠队败兴而归。杰维斯·喀尔克的三个儿子虽然没有正面攻下魁北克,但劫掠了克劳德·罗奎蒙特·德·布里松带领的支援船队,对魁北克造成了巨大打击。缺少补给的法兰西人熬过了一年,塞缪尔·德·尚普兰甚至想过放弃魁北克,然后占领一个易洛魁人的部落,吃光易洛魁人储存在地下的玉米。但还没等到他采取行动,杰维斯·喀尔克的三个儿子又出现了。魁北克不幸失陷,原因不是对方进攻猛烈,而是法兰西人弹尽粮绝。然而,英格兰人占据魁北克的时间并不长。1632年,由于《圣日耳曼昂莱条约》的签订,法兰西王国重获加拿大和阿卡迪亚地区。这件事不仅使法兰西王国挽回了尊严,还使百人合股公司留住了颜面,同时满足了塞缪尔·德·尚普兰教化印第安人的愿望。1633年,百人合股公司委派塞缪尔·德·尚普兰回到魁北克出任总督。接下来的

约翰·温斯罗普

两年中,新法兰西的命运掌握在塞缪尔·德·尚普兰手中。塞缪尔·德·尚普兰结束了探险生涯,越来越关注传教事业。1635年圣诞节,塞缪尔·德·尚普兰去世。在开创新时代的潮流中,塞缪尔·德·尚普兰和同时代的威廉·布莱德福和约翰·温斯罗普一样,不仅是一位坚毅、睿智的领袖,还是一位如实记录时代发展的历史学家。此外,今天的人们依然记得一位勇敢、不知疲倦的探险家和一名对印第安人生活起居充满好奇的观察者。

现在,我们将目光转向英格兰王国和法兰西王国对阿卡迪亚的争夺。1621年,英王詹姆斯一世将阿卡迪亚划给了斯特灵伯爵威廉·亚历山大。斯特灵伯爵威廉·亚历山大是刚成立的新英格兰议会的成员。英格兰人称阿卡迪亚为"新苏格兰",音译过来就是"新斯科舍"。斯特灵伯爵威廉·亚历山大发现,管理新斯科舍的主要障碍是查尔斯·德·比恩古带领下的法兰西殖民者。1623年,查尔斯·德·比恩古去世。去世前,他将自己的财产和权力都交给了朋友查尔斯·德拉图尔。1627年,查尔斯·德拉图尔向法王路易十三请愿,要求担任阿卡迪亚的总督。替查尔斯·德拉图尔送信的是他的父亲克劳德·德拉图尔。在与克劳德·罗奎蒙特·德·布里松的支援船队返回魁北克的途中,克劳德·德拉图尔被杰维斯·喀尔克的三个儿子抓走并被带回了英格兰。在英格兰,克劳德·德拉图尔摇身一变成了新教徒,放弃效忠法兰西王国。1629年,斯特灵伯爵威廉·亚历山大封克劳德·德拉图尔为新斯科舍的准男爵,并且让他为自己效劳。

克劳德·德拉图尔本来是前往法兰西王国替自己的儿子请愿的,现在却带来了英格兰王国的委任状。这一幕经常出现在诗人、历史学家及小说家的笔下。书中一般这样描绘:父亲劝儿子效忠英格兰王国,儿子坚决反对。但事实并非如此,在变幻莫测的政治风云中,查尔斯·德拉图尔就像一个布雷的牧师,随时会见风使舵。

1632年,加拿大和阿卡迪亚回到法兰西人手中。查尔斯·德拉图尔和父亲被迫再次调整了"船帆"。查尔斯·德拉图尔成功从法王路易十三手中获得了委任状。不久,精明能干的德奥内·沙尔尼塞出现在德拉图尔父子面前。法王路易十三派德奥内·沙尔尼塞前去收复被英格兰王国占领的阿卡迪亚,同时接替阿卡迪亚总督克劳德·德拉希利。德奥内·沙尔尼塞和查尔斯·德拉图尔展开竞争,阿卡迪亚重现了封建时代的小规模厮杀。德奥内·沙尔尼塞和查尔斯·德拉图尔躲藏在各自的防御工事内,起初在阿卡迪亚半岛两侧,德奥内·沙尔尼塞在皇家港,查尔斯·德拉图尔在塞布尔岛。后来,两人移到芬迪湾两侧,查尔斯·德拉图尔在一侧建了圣让堡。双方互相争夺财产,劫掠随从,有时会联手对抗英格兰人,有时也会向波士顿求助。总之,他们断断续续打了好多年。

德奥内·沙尔尼塞和查尔斯·德拉图尔都曾寄希望于法王路易十三,但随着事态的复杂化,阿卡迪亚的地理范围一直模糊不清。1641年,在法兰西宫廷,德奥内·沙尔尼塞占据了绝对优势。法王路易十三撤销了查尔斯·德拉图尔的委任状，勒令其回国向自己汇报。与此同时，德奥内·沙尔尼塞有权占领查尔斯·德拉图尔的堡垒。但查尔斯·德拉图尔拒绝服从法王路易十三的命令。于是，德奥内·沙尔尼塞奉命逮捕查尔斯·德拉图尔。眼看自己即将变成叛乱者，查尔斯·德拉图尔只能向波士顿求救，并且告诉清教徒殖民地的统治者，他是正义的，德奥内·沙尔尼塞是入侵者。然而，清教徒并没有为查尔斯·德拉图尔提供持久保护。1645年，德奥内·沙尔尼塞占领了圣让堡，绞杀了大部分俘虏。1650年，德奥内·沙尔尼塞溺水身亡，留下了妻子和八个孩子。形势随即发生逆转。查尔斯·德拉图尔的世界重获光明，并且得到了法王路易十四的任命，再次

法王路易十四

奥利弗·克伦威尔

回到了阿卡迪亚。此时，德奥内·沙尔尼塞的妻子境遇悲惨，继承的领地与查尔斯·德拉图尔管辖的领地存在冲突。最终，考虑到孩子们，她接受了查尔斯·德拉图尔的求婚，合并了彼此的土地。不久，查尔斯敦的罗伯特·塞奇威克率领一支新英格兰军队攻陷了阿卡迪亚。事发突然，罗伯特·塞奇威克接到了奥利弗·克伦威尔的密报，奉命前来夺取阿卡迪亚。这一次，查尔斯·德拉图尔再次表现出了见风使舵的特点。1656年,查尔斯·德拉图尔和托马斯·坦普尔及威廉·克劳一起得到了阿卡迪亚的全部领土。但当时的查尔斯·德拉图尔显然已经受够建立殖民地的艰辛和磨难。因此,不到两个月,他就将自己的领地让给了托马斯·坦普尔。托马斯·坦普尔投入了很多精力建设阿卡迪亚殖民地。英格兰国内政局动荡时期,托马斯·坦普尔成功经受住了政府更迭带来的影响。他总是告诉英王查理二世自己对已故国王的忠心,还说:"在绞首架前,已故国王小声

英王查理二世

下达了最后一条指令,让你留用诚实可靠的托马斯·坦普尔。"因此,托马斯·坦普尔获得了阿卡迪亚,但仅此而已。1667年,当阿卡迪亚再次落入法兰西王国手中时,托马斯·坦普尔没有得到任何补偿。

　　作为阿卡迪亚的总督,从斯特灵伯爵威廉·亚历山大到托马斯·坦普尔,尤其是争斗不断的德奥内·沙尔尼塞和查尔斯·德拉图尔,他们都吃尽苦头后才明白,开拓殖民地需要付出很多。

第 4 章

寻找密西西比河

说到法兰西王国对北美洲中部的控制，我们必须回到塞缪尔·德·尚普兰生前。1618年，塞缪尔·德·尚普兰派一个叫"让·尼科莱"的年轻人前往印第安人的部落，教印第安人说法语。这样的年轻人不止让·尼科莱一个。让·尼科莱主要前往渥太华人和尼皮辛人的部落。十六年过去了，让·尼科莱和印第安人一起在丛林中冒险，经历了各种艰辛。1634年，塞缪尔·德·尚普兰多次听说加拿大西部有辽阔的水域和居民，但那里的居民要么不长头发，要么不长胡须，经常划着巨大的塔形独木舟出行。于是，塞缪尔·德·尚普兰派让·尼科莱前往加拿大西部一探究竟。让·尼科莱猜想加拿大西部的人一定是东方人，"一旦到了他们中间，我的样子会不会显得很古怪？"想到这儿，让·尼科莱带了一件中国式的花鸟锦缎长袍。

让·尼科莱一行人从渥太华河出发，渡过了尼皮辛湖，然后抵达了乔治亚湾。随后，他们乘独木舟渡过了宽阔的湖面，来到了苏圣玛丽。苏圣玛丽附近居住着奥吉布韦人。让·尼科莱似乎不知道苏必利尔湖的确切位置，但他进入了密歇根湖，并且沿着密歇根湖西岸最远到达了格林湾。在格林湾，他遇到了操着奇怪口音的印第安人。这些印第安人是温尼贝戈人，属于凶悍的达科塔族，从来没有见过白人。让·尼科莱穿着锦缎长袍，走到温尼贝戈人中间，但结果出乎意料。温尼贝戈人被眼前的景象吓坏了，听到枪声看到明火后，坚信让·尼科莱是神。离开格林湾后，让·尼科莱一行人沿福克斯河继续前行，途中遇到了另一支以勇猛著称的阿尔冈昆族部落——玛斯库廷人。从玛斯库廷人口中，让·尼科莱得知附近有一条大河。因为玛斯库廷人说的是阿尔冈昆语，所以他们口中的河很可能是密西西比河。至于让·尼科莱是否到过威斯康星河，这一点并不清楚，但他可能去过比格林湾更靠南的地方，接触过伊利诺伊地区的阿尔冈昆人，还同阿尔冈昆族的波塔瓦塔米人建立了友好关系。1635年7月，让·尼科莱沿着原路返回三河。此次探险之旅耗时整整一年。

当然，让·尼科莱听说的大河就是密西西比河，但密西西比河很容易被误认为加拿大西边的海。一直以来，很多人想找到密西西比河。多年后，关于密西西比河的误解及相关疑惑得以消除。塞缪尔·德·尚普兰去世后，耶稣会变得至高无上，长期影响着加拿大殖民地。耶稣会会士极力反对前往加拿大西部的探险，因为他们没有像塞缪尔·德·尚普兰那样的探险热情，不喜欢纯粹的地理探

耶稣会会徽

皮埃尔-埃斯普里·拉迪森与梅达尔·德斯·格罗塞利耶来到印第安部落

究。但他们有传教的热情,即便长途跋涉也在所不辞。1641年,在靠近苏必利尔湖湖口的地方,艾萨克·饶格给一群印第安人讲解福音。那里似乎很早以前就有印第安人活动。这些印第安人可能是为了躲避易洛魁人的劫掠。毕竟,1649年,休伦人就是被迫逃亡的。1651年,两个法兰西人的探险值得一提。其中一个法兰西人叫"皮埃尔-埃斯普里·拉迪森",另一个叫"梅达尔·德斯·格罗塞利耶"。探险途中,两人遇到了一条河。他们称这条河为"分岔河","因为分岔河有两条支流,一条朝西流去,另一条向南流去。他们认定向南流去的河是流向墨西哥的"。当然,这两条河可能是密西西比河和密苏里河。接下来的三四年中,勒内·梅纳尔和克劳德-让·阿卢埃弄清了苏必利尔湖的部分湖岸,也听到了一些有关密西西比河的趣闻。

　　与此同时,法兰西王国的一个显著变化影响到了加拿大。1661年,年轻的法王路易十四开始亲政。有人说,从那时起,法王路易十四完全忽视了加拿大。

从接下来的叙述中，我们发现这一点是站不住脚的。如果问法王路易十四对加拿大产生了什么影响，那么一定是他过度插手加拿大的事务，而不是对加拿大不管不问。1664年到1665年，法王路易十四先后派三位得力干将前往北美洲。第一位是新法兰西的军事总指挥特雷西侯爵亚历山大·德·普鲁维尔，第二位是新法兰西总督达尼埃尔·德勒米·德·库尔塞勒，最后一位是新法兰西监察官让·塔隆。监察官主要负责具体的行政工作，同时监督总督。这一监察体系是法兰西王国旧制度的显著特点。跟随这三人来到新法兰西的还有两千个法兰西人，一千两百名有作战经验的步兵，并且部队装备与欧洲本土的法兰西军队

让·塔隆

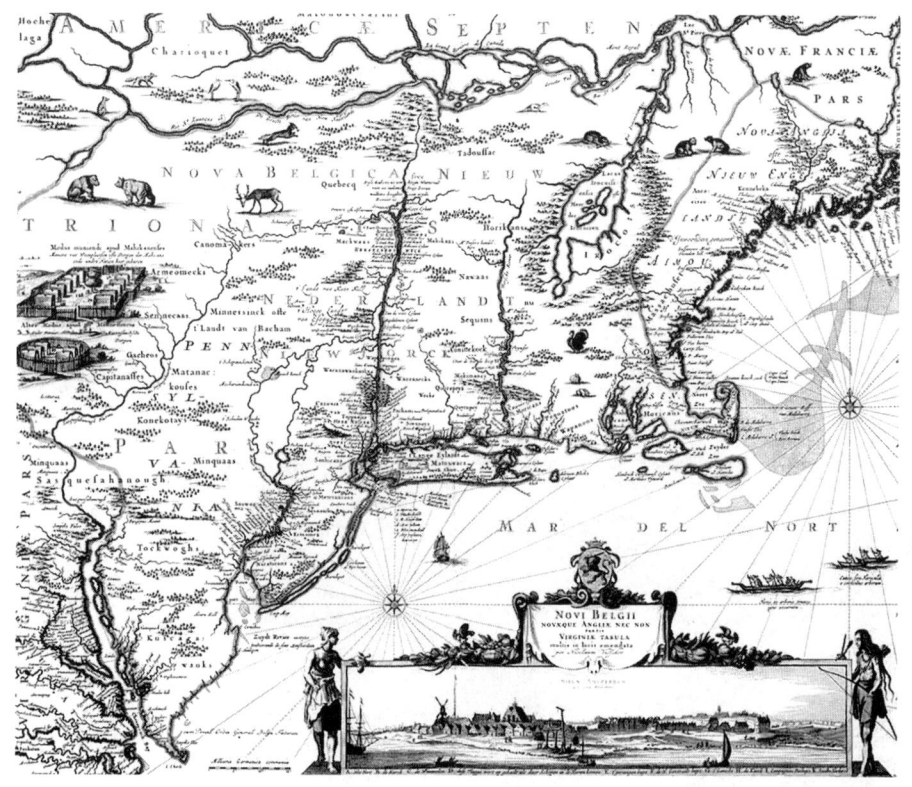

新尼德兰示意图

一样。这样一来,法兰西殖民者就有望阻止易洛魁人的侵扰了。让·塔隆富有卓见,对北美洲的水系很感兴趣,决定深入北美洲大陆,在南部诸河的河口附近建立定居点,增设军队,控制西属墨西哥海岸。当时,法兰西人气势汹汹,达尼埃尔·德勒米·德·库尔塞勒正在为进攻易洛魁联盟积极备战。1666年1月到1666年2月,达尼埃尔·德勒米·德·库尔塞勒带兵前往斯克内克塔迪,同时得知英格兰人已经占领新尼德兰。于是,他率军返回。1666年秋天,达尼埃尔·德勒米·德·库尔塞勒与特雷西侯爵亚历山大·德·普鲁维尔再次出征,深入莫霍克河河谷。六百名法兰西正规军身着统一制服,踩着鼓点,行进在林间小道上,看上去威风凛凛。如果在后期,他们一定会战败。但当时,印第安人对欧洲人的战术很陌生,法兰西士兵足以让莫霍克人望而却步。虽然印第安人神勇无比,但法兰西士兵依然自信地前进。莫霍克人慌作一团,四下躲藏,因为他们不知道法兰西士兵的杀伤力有多大。因此,在莫霍克人中,一种对法兰西人的敬畏感油然而生,并得到了耶稣会会士的进一步加强。于是,接下来的二十年中,易洛魁联盟相对安静。有时,居住在纽约地区的英格兰人担心易洛魁人是否会不计前嫌,跑去与法兰西人结盟。但由于当时新英格兰的总督埃德蒙·安德罗斯和托马斯·唐根的远见卓识,以及奥尔巴尼的舒伊勒家族在莫霍克人中享有的支配地位,英格兰人担心的事并没有发生。

法兰西人向加拿大西部传教,最远走到了现在的密歇根湖北部地区,从苏圣玛丽一直到格林湾地区。当时,法兰西人将美国统称为"旧西北地区"。该地

埃德蒙·安德罗斯

托马斯·唐根

区分布着很多法语地名,清晰记录了法兰西开拓者们跋山涉水的足迹。英格兰人在英属北美殖民地的数量是加拿大殖民地的二十倍多。当时,英格兰人最远深入到了迪尔菲尔德和哈德利地区,即康涅狄格河两岸。但法兰西王国的前哨已经位于距大西洋一千多英里的内陆地区。在一定程度上,这种差别是由两国人民的初衷不同造成的。英格兰人主要想在荒野中安家落户,自给自足,建设像欧洲大陆一样的乡村,然后进行自治。法兰西人希望改变印第安人的信仰,或进行皮毛生意,或弄清一些地理问题。因此,法兰西人的流动性更大。此外,塞缪尔·德·尚普兰领导阿尔冈昆人对抗易洛魁人后,法兰西人的行动路线明显受到了影响。自从塞缪尔·德·尚普兰袭击了奥内达加人的要塞后,在半个多世纪里,法兰西人的活动路线都是向西沿着渥太华河,然后穿越到休伦湖北部。当时,法兰西人还不太了解安大略湖，对伊利湖也是一无所知。因为南向路线有易洛魁人，所以法兰西人不可能选择南向路线。但易洛魁人几乎随时会突袭北向路线，切断从安大略湖到苏圣玛丽西北方向的皮毛生意。因此，法兰西人希望和五大湖周围的阿尔冈昆人保持友好关系，包括渥太华人、奥吉布韦人、波塔瓦塔米人等。这些客观因素促使法兰西人向西活动。巧合的是，与虔诚的耶稣会会士一起出现的还有一群独特的人。这群人习惯了丛林中没有约束、风餐露宿的生活，属于新法兰西的怪人行列，在法语中被称为"林中猎人"，从字面讲就是"树林中的奔跑者"。由于新大陆移民政策重数量、轻质量，很多游手好闲的人不远万里来到北美洲。其中一些人对北美洲的生活感到很失望，因为根据当时法王路易十四的强制法令，他们只能迎娶同阶级的女子，耕作一小片土地，还要表现出高贵得体的样子。事实上，他们离开农田来到森林后，娶了印第安女性为妻，每天捕猎驼鹿，叉鲑鱼，或者设陷阱等候猎物上钩。根据皮埃尔-弗朗索瓦-泽维尔·德·沙勒瓦的描述，当时的情况很可能是，"林中猎人"非但没有将文明播撒给印第安人，反而融入了印第安人的世界里。

1670年年初，克劳德-让·阿卢埃积极向"林中猎人"布道，认为"林中猎人"和印第安人一样，需要神的教化。他到达了威斯康星河的源头，得知六天内可以走到威斯康星河的尽头。在尽头处，威斯康星河与密西西比河交汇。1670年，耶稣会会士的日志中谈到了密西西比河，称密西西比河的河面非常宽广。因为印第安人从来没有见过密西西比河的尽头，所以密西西比河最终注入了墨西哥湾还是加利福尼亚湾无人知晓。

在密歇根湖北部，谨慎的法兰西人整日忙着与印第安人打交道。休伦人和渥太华人为了摆脱易洛魁人的魔爪，退居到了密歇根湖北部，但引起了苏人的不满。耶稣会会士雅克·马凯特称苏人是"西边的易洛魁人"。与此同时，得知特雷西侯爵亚历山大·德·普鲁维尔对莫霍克人形成的震慑后，密歇根湖北部的阿尔冈昆人欣喜若狂，奔走相告。最后，渥太华人与休伦人迁到了麦基诺和马尼图林岛。

1670年，按照法王路易十四的指示，西蒙-弗朗索瓦·多蒙占领了旧西北地

雅克·马凯特与印第安人

区。1671年春天,苏圣玛丽四周的高地见证了一场法兰西人举办的盛会,除了上文提到的部落,还有十二个部落派代表前来参加法兰西人的盛会,其中包括波塔瓦塔米人、温尼贝戈人、伊利诺伊人、萧尼人、奥吉布韦人、尼皮辛人等。一群好斗的印第安人齐聚在一起,装扮艳丽,纹饰奇特,身上佩戴着羽毛和贝壳念珠等饰品。盛会上可以玩球、格斗,以及各种印第安人喜欢的娱乐活动,但前提是不能伤人。欢乐持续了几个星期,其间还有丰盛的聚餐。餐桌上的食物都是当季的野味、鲜鱼和印第安人最爱的炖狗肉。1671年6月14日,阳光明媚,一大群人聚集在一座高岭上,其中包括白人和印第安人。他们在一份文件上签了名或留了记号。该文件宣称,北至北冰洋,南至墨西哥湾,东起拉布拉多海岸及一直延伸到威斯康星河以西二三百英里的地方,都归法王路易十四所有。这些签名意味着印第安人和法兰西人承认北美洲的大片领土归法兰西王国所有。签名结束后,

西蒙-弗朗索瓦·多蒙将一块草皮举过头顶

一个巨大的木制十字架被埋入挖好的坑中,高高耸立。与此同时,在场的法兰西人脱帽致敬,唱起了古老的拉丁圣歌。十字架旁竖着一根刻有法兰西王室鸢尾花形的柱子。法兰西指挥官西蒙-弗朗索瓦·多蒙将一块草皮举过头顶,象征着这片土地已经被法兰西王国占领。截至目前,大家觉得整个盛会还不够圆满,少了一场让印第安人热血沸腾的演讲。于是,克劳德-让·阿卢埃走出来慷慨陈词,并且得到了印第安人的热情掌声。谈及杀戮,克劳德-让·阿卢埃坚称,在敬仰基督的法兰西国王面前,即使是最残忍的印第安部落酋长,也不过是一个不经世事的普通人。法兰西国王手上沾满鲜血,他不会用头盖骨记录自己杀死的人数,因为对他来说,屠杀是家常便饭,用这样的计数方式根本数不过来。听完克劳德-让·阿卢埃的血腥演讲后,盛会解散了。印第安人像往常一样叫喊着,三五成群地消失在了森林深处。

荒野上的盛会正在进行时,一个人走上了历史舞台。他是法属北美洲殖民地的先驱,在开辟殖民地方面取得了巨大成就。鲁昂有一个古老的家族——卡弗利耶家族。卡弗利耶家族富有尊贵,家族成员多出任法兰西王国的外交官和律师,或其他位高权重的职位。他们虽然不属于严格意义上的贵族,但拥有一些地产。卡弗利耶家族的领地被封为拉萨尔。1643年,鲁昂见证了勒内-罗贝尔·卡弗利耶的出生。勒内-罗贝尔·卡弗利耶就读于耶稣会的学校。但随着年龄的增长,他并不愿意从事传教事业。毕业离开同学和老师时,所有人都知道他学习成绩

勒内-罗贝尔·卡弗利耶

优异，品格高尚。他很早就表现出了数学方面的天赋，并且热衷自然科学研究。当时，数学和自然科学还属于小学问，不登大雅之堂。小时候，勒内–罗贝尔·卡弗利耶行为得体，没有丝毫傲气，总是以一种清教徒式的严谨态度对待生活，一旦决定做什么，什么都阻止不了他。当时，他的哥哥让·卡弗利耶在加拿大的圣叙尔皮斯当牧师。勒内–罗贝尔·卡弗利耶对圣叙尔皮斯的环境心生向往，但由于加入了耶稣会，他丧失了财产继承权，已经穷困潦倒。然而，到达蒙特利尔后，他得到了一大片土地，即现在拉钦的所在地。拉钦旁边的河被称为"拉钦急流"。前往北美洲前，勒内–罗贝尔·卡弗利耶已经决定进行一场荒野探险。因此，他花了两三年时间刻苦学习印第安语。很快，他能流利地说一口易洛魁语和阿尔冈昆语。一天，几个塞尼卡人登门拜访勒内–罗贝尔·卡弗利耶，一连住了几个星期，其间讲述了许多关于俄亥俄河的事情。俄亥俄河的源头在塞尼卡人的领地内，尽头在很远处的海洋。如果想走完整条俄亥俄河，需要几个月时间。但塞尼卡人口中的俄亥俄河其实包括阿勒格尼河、俄亥俄河和下密西西比河。他们将三条河连在了一起，相当于我们将上密西西比河和下密西西比河称为一条河。实际上，密苏里河和下密西西比河是真正的大河，上密西西比河只是一条支流。从塞尼卡人的描述中，勒内–罗贝尔·卡弗利耶推断俄亥俄河一定汇入了加利福尼亚湾。因此，他脑中浮现出了前往东方的航线。

随后，勒内–罗贝尔·卡弗利耶决定亲自前往塞尼卡人的领地一探究竟。他得到了达尼埃尔·德勒米·德·库尔塞勒和让·塔隆的授权，但由于经费不足，不得不卖掉拉钦的土地。当时，圣苏尔皮斯神学院也在考虑一场同样的探险活动，但与勒内–罗贝尔·卡弗利耶的目标截然不同。圣苏尔皮斯神学院的牧师想去北美洲西北部传教，因为他们听说北美洲西北部的印第安人非常蒙昧无知。于是，两个目标不同的探险计划合并成了一个，但其成功率并不乐观。

1669年7月，七叶独木舟载着二十四个人从拉钦沿河而上，经过三十五天的航行后到达了安大略湖南侧的艾洛德阔伊特湾，然后继续航行了二十英里，来到了塞尼卡人居住的一个村落。刚征战回来的一群塞尼卡人带回了一个年轻的战俘，塞尼卡人正为此兴奋不已。一名法兰西牧师上前想要买下战俘，但遭到了塞尼卡人的拒绝。夏季,塞尼卡人的生活沉闷无趣,因此,很多塞尼卡人喜欢杀人吃肉的篝火晚会。勒内–罗贝尔·卡弗利耶等人不得不眼睁睁看着年轻的战俘受尽折磨而死。印第安人的聪明才智似乎都用在了折磨俘虏方面。篝火晚会结束后,塞尼卡人才想到客人有事相求。然而,听到勒内–罗贝尔·卡弗利耶等人在找俄亥俄河后,塞尼卡人一脸惊恐,因为俄亥俄河两岸都是邪恶的阿尔冈昆人。塞尼卡人没有为勒内–罗贝尔·卡弗利耶一行人提供向导,也不赞成勒内–罗贝尔·卡弗利耶等人去送死。然而,勒内–罗贝尔·卡弗利耶等人早就知道,印第安人的担忧往往表达的是另外一种意思,即如果你们去那里,我们就杀了你,然后将责任推卸到其他印第安人身上。当时,塞尼卡人并不希望勒内–罗贝尔·卡弗利耶等人穿过他们的领地,除了不信任法兰西人,其他原因不得而知。与此同时,一个塞尼卡人答应带勒内–罗贝尔·卡弗利耶等人走一条完全不同的路线前往俄亥俄河,但到达地点更靠近俄亥俄河的下游。勒内–罗贝尔·卡弗利耶等人立即同意了。因此,他们又被带到了安大略湖岸边,横渡尼亚加拉河后划到了昆士顿的绝壁下。在昆士顿的绝壁下,大瀑布的巨响清晰可闻。勒内–罗贝尔·卡弗利耶等人可能是第一批离大瀑布最近的欧洲人。再往西到了现在哈密尔顿的所在地。勒内–罗贝尔·卡弗利耶等人进了一个村子,遇到了一个萧尼人。萧尼人承诺会带他们穿越伊利湖前往俄亥俄河。但事情突然发生了变化,勒内–罗贝尔·卡弗利耶等人遇到了两三个从西北部来的法兰西人,其中就有路易·乔利埃特。路易·乔利埃特的年龄与勒内–罗贝尔·卡弗利耶相仿,并且两人都上过耶稣会的学校,做过牧师。后来,路易·乔利埃特做生意。让·塔隆听说苏必利尔湖沿岸有铜矿。这一传闻在印第安人中流传甚广。于是,让·塔隆派路易·乔利埃特前去探明情况。结果,路易·乔利埃特一无所获,却遇到了波塔瓦塔米人。听完路易·乔利埃特的痛诉,圣苏尔皮斯神学院的牧师们决定立即前去教化波塔瓦塔米人,任凭勒内–罗贝尔·卡弗利耶说什么也无法挽留。于是,探险队各奔东西,圣苏尔皮斯神学院的牧师们去了苏圣玛丽。但苏圣玛丽的耶稣会并不欢迎圣苏尔皮斯神学院的牧师们。不久,圣苏尔皮斯神学院的牧师们决定返回蒙特利尔。他们不仅白白浪费了时间,还没有得到任何犒赏。

在本应该失望时，勒内-罗贝尔·卡弗利耶表现出了一种与常人不同的坚定。后来，他身上的坚定品质越来越突出。一旦开始做一件事情，他就绝不会轻易放弃，即使命运和手下的人都背叛了他。如果他是巴拉克拉瓦六百战士①中的一员，最后只有他活了下来，那么他一定会单枪匹马血战到底，永不退缩。遗憾的是，我们目前掌握的史料不全。圣苏尔皮斯神学院的牧师们离开后，学界对勒内-罗贝尔·卡弗利耶接下来的活动一直存有分歧。关于勒内-罗贝尔·卡弗利耶选择的路线有很多种说法，其中一条路线是他通过肖陶扩湖进入了阿勒格尼河流域，然后沿着俄亥俄河最远抵达了肯塔基地区的路易维尔。1670年，勒内-罗贝尔·卡弗利耶好像从伊利湖南岸横渡到了北岸，沿着底特律河逆流而上进入休伦湖，然后穿湖驶进密歇根湖，沿芝加哥河向下游驶去。途中，他登岸走到了伊利诺伊河。根据一些记载，勒内-罗贝尔·卡弗利耶的两次航行都到达了密西西比河，第一次途径俄亥俄河，第二次途径伊利诺伊河。但这些结论无据可考，学界普遍认为不可能。

　　法兰西人一直对密西西比河充满好奇。让·塔隆派路易·乔利埃特前去揭开密西西比河的神秘面纱。然而，新法兰西政坛风云突变，法兰西宫廷召回了达尼埃尔·德勒米·德·库尔塞勒和让·塔隆，派弗兰特纳克伯爵路易·德·布德接管新法兰西。弗兰特纳克伯爵路易·德·布德是一名法兰西贵族，久经沙场，执行力几乎无人能敌，堪称当时法兰西王国最杰出的人物之一。他很擅长与印第安人打交道，几乎能随时调配任何一个印第安部落。如果有需要，他会亲自带着印第安人跳舞，还会在脸上涂一层战漆。他身上的勇敢坚毅品质令印第安酋长十分敬佩。在印第安人的居所里，他的高嗓门可以压倒所有印第安人。他皱起眉头厉声说话时，即使是最胆大的印第安人也会浑身打颤。在法兰西人中，弗兰特纳克伯爵路易·德·布德飞扬跋扈，盛气凌人，经常发脾气，但思路清晰，行动有方，从不理睬愚人之见或浅薄之词。有时，他在用钱方面存在疏漏和失当，经常遭到对手的冷嘲热讽。然而，面对指责，他会厉声呵斥道："你也一样。"总体来说，

---

① 巴拉克拉瓦六百战士指1854年克里米亚战争巴拉克拉瓦战役中，英国轻骑兵旅的六百七十三名战士。在向俄罗斯军队冲锋的过程中，这六百多名英军轻骑兵伤亡惨重。——译者注

路易·德·布德与印第安人

弗兰特纳克伯爵路易·德·布德称得上一个有公德心、忠心耿耿的人。与同时代大多数公众人物相比,他的性格缺陷相对较少。在事情的总体把握方面,他眼光长远且不计较蝇头小利。如果让·塔隆没有离开新法兰西,弗兰特纳克伯爵路易·德·布德可能会经常与让·塔隆吵架。事实上,弗兰特纳克伯爵路易·德·布德借鉴了让·塔隆很多聪明的做法。在其他事情上,弗兰特纳克伯爵路易·德·布德热情支持勒内-罗贝尔·卡弗利耶的想法,同意让路易·乔利埃特前去密西西比河探险。路易·乔利埃特让我们意识到,新法兰西正在成为一片成熟的殖民

地。路易·乔利埃特是土生土长的新法兰西人。1645年,塞缪尔·德·尚普兰去世十年后,路易·乔利埃特在魁北克出生。他从小接受良好的教育,精通深奥的数学理论。据说,在有关逻辑学和形而上学的问题方面,他能言善辩,令人折服。在一生的努力中,他虽然没有体现出高尚的品格,但留给我们的印象是一个严谨刻苦、冷静理智的人。

在麦基诺,路易·乔利埃特遇见了耶稣会会士雅克·马凯特。1637年,雅克·马凯特出生在拉昂。他语言天赋过人,宗教情结深厚,身上有一种诗人气质,

路易·乔利埃特和雅克·马凯特发现密西西比河

自然和艺术之美都逃不过他的眼睛。他的基督教信仰使他具有一种与众不同的力量，见过他的人都能感觉到他身上的独特力量。他温文尔雅，感情细腻，但具有游侠特质，敢于面对各种困苦。

1673年5月17日，路易·乔利埃特和雅克·马凯特与五名同伴一起，乘两叶桦木做的独木舟启程。舟上储备了干玉米和烟熏牛肉。他们从格林湾沿福克斯河逆流而上，到达了温纳贝戈湖，然后历经艰险终于进入了威斯康星河。一个月后，他们从普雷里德钦的悬崖下驶入湛蓝色的上密西西比河。根据雅克·马凯特

皮奥里亚印第安人

的描述，当时，他们的喜悦之情难以言表。两个星期后，他们向上密西西比河下游驶去。河流两岸没有出现任何人影。终于，一个叫皮奥里亚的部落出现了。路易·乔利埃特等人受到了友好接待，饱餐了一顿当地的日常美食。吃饭时，印第安酋长说了很多赞美的话，说路易·乔利埃特等人的到来为天空添了几分祥和之气，风景变得更优美，甚至他的烟丝也烧得更旺了。但作为朋友，他劝路易·乔利埃特等人不要继续往前走，因为前面充满危险。然而，路易·乔利埃特等人并没有理会印第安酋长的警告，继续沿河而下，什么危险也没有遇到。在奥尔顿的悬崖峭壁下，壮观的一幕出现了。三千英里外的密苏里河一路穿山越岭，携带大量黄沙咆哮而至，迅速冲入密西西比河，吞噬了湛蓝色的河水，只剩下浑浊的黄水奔涌向前。路易·乔利埃特等人继续向下游走了数百英里，突然遇到了一群阿肯色人。虽然没有发生冲突，但路易·乔利埃特等人差点丧命。不久，在一个阿肯色人的部落，路易·乔利埃特等人停留下来，像往常一样受到宴请。然而，欢声笑语过后，他们得知一场针对他们的谋杀正在酝酿，告密的人是一位阿肯色酋长。阿肯色酋长无法容忍这样的阴谋。于是，路易·乔利埃特等人决定返航。根据向南走的路程，他们确信密西西比河最终流入了墨西哥湾，而不是加利福尼亚湾。这一点至关重要。因此，与其丢掉性命，不如带着已知的信息立即返航。1673年7月17日，路易·乔利埃特等人返航，时间刚好过去了整整两个月。到达伊利诺伊河河口后，他们驶入伊利诺伊河逆流而上。在伊利诺伊河源头处遇到了几个印第安人。在印第安人的带领下，他们来到密歇根湖。1673年9月底，历经两千五百多英里的探险后，路易·乔利埃特一行人再次到达格林湾。路易·乔利埃特和雅克·马凯特就此告别。路易·乔利埃特带着所见所闻回到了蒙特利尔。在格林湾，雅克·马凯特生病不起，卧床一年多。后来，病情刚有好转，他就来到伊利诺伊地区布道。他的布道内容新颖，被人们称为"圣灵感孕说"。但由于体力不支，1675年春天，雅克·马凯特在回麦基诺的途中病逝，一颗善良的心灵从此消失。

受到雅克·马凯特和路易·乔利埃特探险的影响，勒内-罗贝尔·卡弗利耶渴望再次出发寻找俄亥俄河。在勒内-罗贝尔·卡弗利耶的脑海中，一个荒野中的新法兰西王国正在形成，主要表现为皮毛生意不断扩大，殖民地应运而生，农业种植不断扩大，印第安人皈依了基督教，法兰西人成了北美洲丛林的统治者。雅克·马凯特和路易·乔利埃特的探险几乎确定了密西西比河流入墨西哥湾的事实。可能有人认为，一个多世纪前，埃尔南多·德·索托的航行已经证明这一点，因为雅克·马凯特和路易·乔利埃特途经的河流就是埃尔南多·德·索托的葬身之地。但17世纪的法兰西人似乎对埃尔南多·德·索托的探险一无所知。因此，密西西比河的流向一直是一个未解之谜。一旦彻底搞清楚密西西比河的流向，勒内-罗贝尔·卡弗利耶就想在密西西比河河口处建一个定居点。这个定居

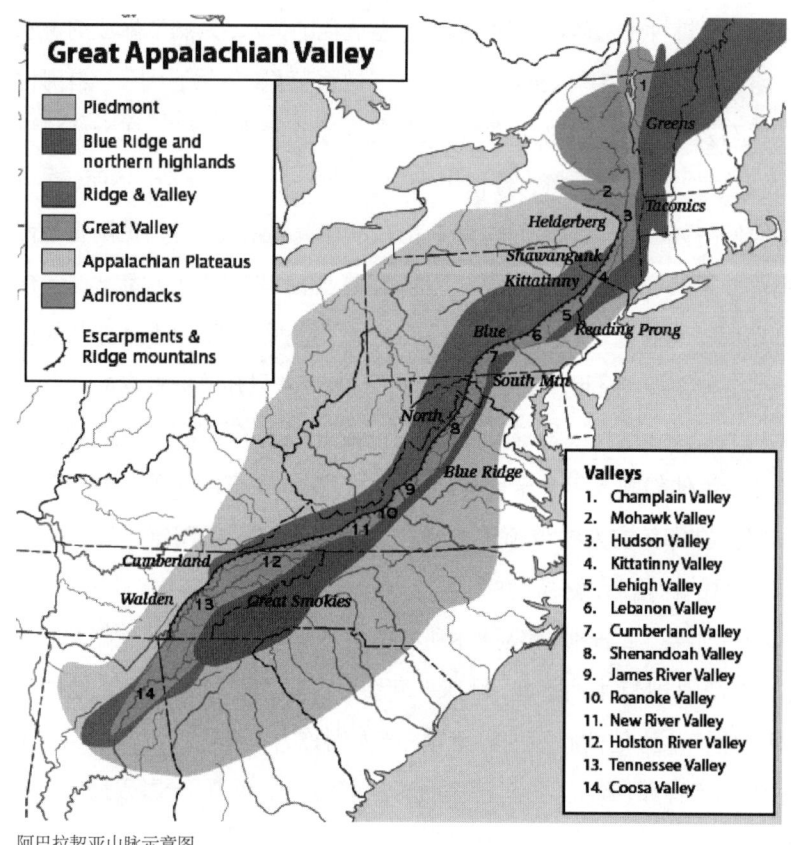

阿巴拉契亚山脉示意图

点既可以与西班牙人在墨西哥和西印度群岛的海港进行商业竞争，也能震慑西班牙人。同时，勒内-罗贝尔·卡弗利耶还打算建一些军事要塞，将定居点和伊利诺伊河河口、伊利诺伊河和苏圣玛丽，以及伊利湖和安大略湖连接起来。法兰西人普遍认为，一旦发现一条大河，大河流域的土地就归他们所有。勒内-罗贝尔·卡弗利耶计划通过修建军事要塞占领整个密西西比河流域，东面远至阿巴拉契亚山脉的主峰。这样一来，法兰西人就能控制印第安部落之间的交往，影响印第安人的活动，使阿勒格尼山脉成为一道无法逾越的屏障，从而遏制大西洋沿岸英格兰殖民者的缓慢扩张。因此，遏制英格兰殖民者的扩张成了法兰西人长期奉行的殖民政策。1756年到1763年，为了贯彻这一政策，法兰西人在北美洲挑起了战火，但最终以失败告终。最初，这一政策由让·塔隆、弗兰特纳克伯爵路易·德·布德和勒内–罗贝尔·卡弗利耶共同制定，但在勒内–罗贝尔·卡弗利耶身上得到了生动的体现。

该政策饱受争议的一点是地广人稀。新法兰西的人口增长缓慢，政策实施起来非常困难。即使在最有利的情况下，这项政策也只有一个轮廓。勒内–罗贝尔·卡弗利耶相信，随着皮毛生意的扩大，农业机会和商业机会也会越来越多，从而吸引更多人来新法兰西定居。到时，新法兰西的人口增长率会迅速提高。他的想法算不上天马行空，但完全忽视了殖民地的本质特征，即必须依赖政府扶持。

就勒内–罗贝尔·卡弗利耶实施殖民计划的情况而言，他遇到的最大困难是缺钱。很多殖民计划都因缺钱夭折。为了弥补资金缺口，勒内–罗贝尔·卡弗利耶想利用17世纪的通行做法，即转让皮毛专营权。然而，他的想法立刻遭到了皮毛商人的反对。凭借与弗兰特纳克伯爵路易·德·布德的交情，勒内–罗贝尔·卡弗利耶有恃无恐。他将目光投向哪里，哪里就会产生对垄断皮毛生意的恐惧。为了阻止勒内–罗贝尔·卡弗利耶的计划，法兰西皮毛商人采取了一切可行的措施，包括扣押勒内–罗贝尔·卡弗利耶的财产，雇杀手刺杀勒内–罗贝尔·卡弗利耶。此外，耶稣会会士对勒内–罗贝尔·卡弗利耶的态度如果算不上仇视，那么也非常冷淡，因为勒内–罗贝尔·卡弗利耶不仅拒绝加入耶稣会，还经常反对耶稣会会士教化印第安人。勒内–罗贝尔·卡弗利耶具备的品质令人钦佩，但不能令所有人满意。在艰巨的殖民事业面前，他虽然兢兢业业，但没有做到平易近人。他严厉苛刻，严格遵守法律规定，却经常遭到一些目无法纪的法兰西人的反抗，因为这些人已经习惯荒野中的散漫生活。在新法兰西奋斗八年后，他历经坎坷，却下场悲惨，但仅有的一次短暂胜利足以让他辉煌一生。

为了保护蒙特利尔与西北荒野之间的皮毛贸易，弗兰特纳克伯爵路易·德·布德首先在安大略湖的出口处筑起了一座坚固的木碉堡。木碉堡位于现在的金斯顿，一直被人们称为"弗兰特纳克堡"。有了弗兰特纳克堡，安大略湖对岸的易洛魁联盟就不敢轻举妄动了。与此同时，勒内–罗贝尔·卡弗利耶回到了法兰西王国，并且面见了法王路易十四。法王路易十四授权他继续探险，并且让

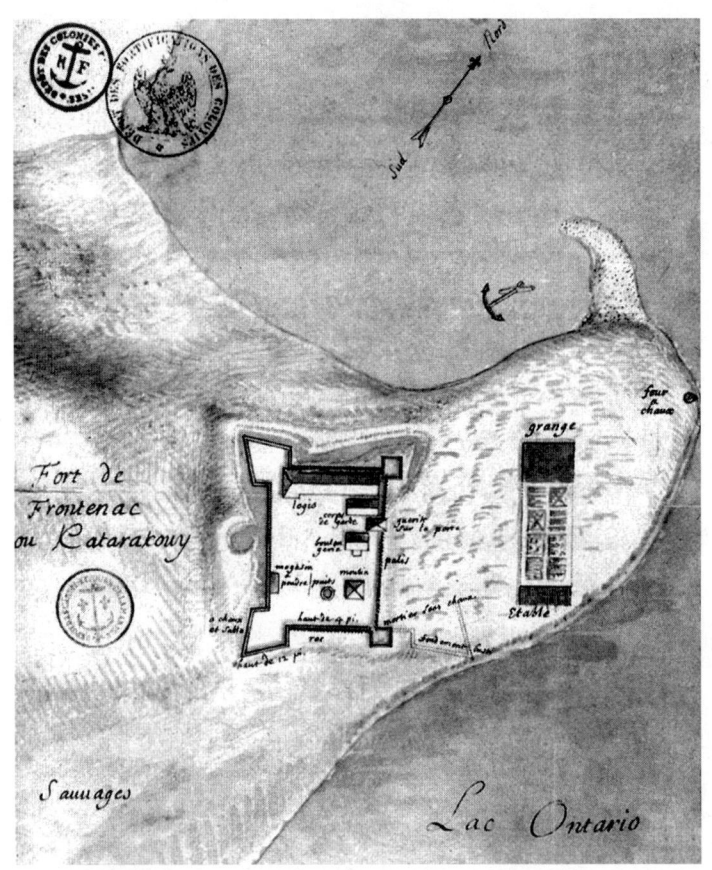

弗兰特纳克堡示意图

他掌管弗兰特纳克堡，因为他承诺重建并加固弗兰特纳克堡。勒内–罗贝尔·卡弗利耶信守诺言，按照作战原则用石头重建了弗兰特纳克堡。弗兰特纳克堡坚固无比，足以抵御任何来犯的军队。

随后，勒内–罗贝尔·卡弗利耶将目光从安大略湖转向了尼亚加拉大瀑布上游的尼亚加拉河。仅靠独木舟似乎无法在尼亚加拉河上探险。于是，勒内–罗贝尔·卡弗利耶建造了一艘排水量约四十五吨的双桅纵帆船。在尼亚加拉河，双桅纵帆船下水。船上装有五门小炮，船头挂有一个狮身鹫首的怪物。勒内–罗贝尔·卡弗利耶将这艘船起名"格里芬"号，象征弗兰特纳克伯爵路易·德·布德家族的荣耀。然而，一切安排就绪后，勒内–罗贝尔·卡弗利耶遭到小人下毒。但他钢铁般的身体惊人地化解了毒性。随后，他带着四十个人起航探险。其中两个人值得一提。一个是那不勒斯人亨利·德·通蒂。他的父亲提出了一种广受欢迎的养老金——通蒂养老金。年轻时，亨利·德·通蒂在战斗中失去了一只手臂，于是换上了一只铁臂。因此，他经常戴着手套。后来，印第安人称他"铁腕"。亨利·德·通蒂性格耿直，英勇善战，并且对勒内–罗贝尔·卡弗利耶非常忠诚。另一个是弗拉芒人路易·亨内平，三十七岁左右。早年，他加入了方济各会，因为酷爱探险来到北美洲。他对弗兰特纳克堡周围的荒原非常感兴趣。此外，他才华出众，诚实可靠，但因一次撒谎名声受损。后来，勒内–罗贝尔·卡弗利耶将他派到

亨利·德·通蒂

尼亚加拉大瀑布

了尼亚加拉河上,使他成为第一批亲眼看见尼亚加拉大瀑布的欧洲人。当然,路易·亨内平画的尼亚加拉大瀑布草图是最早的关于尼亚加拉大瀑布的图。这张图印在他1697年在乌得勒支出版的旅行日志中,其价值不容小觑。通过这张图,我们可以发现尼亚加拉大瀑布轮廓的前后变化。

1678年秋天,勒内-罗贝尔·卡弗利耶乘"格里芬"号扬帆起航。但他离开时,一个坏消息传来。气急败坏的讨债者扣押了他在新法兰西的所有财产。但无所畏惧的勒内-罗贝尔·卡弗利耶继续航行,穿过了伊利湖和休伦湖,历经艰险抵达了密歇根湖的最南端。此时,"格里芬"号上的一半人乘船返回尼亚加拉河。为了安抚讨债者和在航行途中换取补给,船上载有一箱皮毛。与此同时,勒内-罗贝尔·卡弗利耶带着剩下的人继续前行,在伊利诺伊地区建了一座要塞,取名"克雷沃克尔堡"。但克雷沃克尔堡完工时,大家都非常沮丧,甚至陷入了绝望,因为"格里芬"号一直没有回来。当时,如果没有船的消息,就会出现各种传闻。有人说，船上的人凿沉了"格里芬"号，然后弃船而逃，还带走了船上的所有皮毛。但"格里芬"号也许是遇到大风沉入了湖底。

一个寒冷的冬天过后，"格里芬"号依然没有回来。勒内-罗贝尔·卡弗利耶等人的归途遥遥无期，除非用双脚走回蒙特利尔。1680年3月，勒内-罗贝尔·卡弗利耶开始了一段一千多英里的长途跋涉。勒内-罗贝尔·卡弗利耶将克雷沃克尔堡交给忠诚的亨利·德·通蒂管理，自己带着四个法兰西人和一个可靠的印第安向导启程了。这个印第安向导是康涅狄格地区的莫西干人，多年来已经踏遍康涅狄格地区。他带着六个法兰西人在康涅狄格地区东部的荒野中艰难跋涉，

莫西干人

有时在融雪中挣扎前行,有时裹在冻得硬邦邦的衣服里露宿,有时停下来用树皮做独木舟,有时踩着浮冰过河,就像《汤姆叔叔的小屋》中逃跑的黑人女孩一样。在恶劣的环境中,他们渡过密歇根湖,沿着伊利湖北岸来到了尼亚加拉大瀑布上游的一个小堡垒里。当时,除了勒内-罗贝尔·卡弗利耶,其他人已经精疲力竭。于是,勒内-罗贝尔·卡弗利耶用树皮舟将五个病恹恹的同伴运到了堡垒中。由此可见,作为一个家境殷实且受过良好教育的人,勒内-罗贝尔·卡弗利耶凭借丰富的经验和坚定的意志经受住了丛林中的各种考验。然而,生活在丛林中的印第安人和"林中猎人"却败下阵来。在尼亚加拉河,勒内-罗贝尔·卡弗利耶依然需要丰富经验和坚定意志的支撑,因为在圣劳伦斯河,一艘专门前来寻找他的法兰西货运船沉没,船上价值三万美金的物资全部沉入水底。听到这一消息后,勒内-罗贝尔·卡弗利耶表现出了一贯的刚毅和冷静。他重新找了三个人接替他的同伴,继续向一千英里外的蒙特利尔进发。到达目的地后,他配备好物资和人员,返回了弗兰特纳克堡。在弗兰特纳克堡,他休整片刻后准备开启新的征程,但不料噩耗传来。1679年7月,克雷沃克尔堡驻防士兵发生叛乱,赶走了亨利·德·通蒂及其同伴,拆毁堡垒后渡过密歇根湖向东逃窜。逃窜途中,叛乱者吸纳了很多声名狼藉的"林中猎人"。到达尼亚加拉河后,他们将尼亚加拉河的要塞洗劫一空。现在,叛乱者的独木舟正划行在安大略湖上,叛乱者希望找到并杀了勒内-罗贝尔·卡弗利耶。然而,叛乱者是在自投罗网,因为勒内-罗贝尔·卡弗利耶一听到消息,就立即行动起来。不久,他的独木舟出现在了安大略湖上。几天后,勒内-罗贝尔·卡弗利耶伏击并捕获了叛乱者,然后将叛乱者绑上锁链,交给新法兰西总督处置。勒内-罗贝尔·卡弗利耶继续前进,到达了伊利诺伊河。他打算重建伊利诺伊河的要塞,同时解救逃过叛乱的亨利·德·通蒂及其同伴。亨利·德·通蒂等人逃出来后,受到了伊利诺伊地区印第安人的保护。然而,1680年夏天,伊利诺伊地区的印第安人遭到易洛魁人的洗劫,亨利·德·通蒂等人被迫沿密歇根湖的西岸撤退到了格林湾。当勒内-罗贝尔·卡弗利耶赶到伊利诺伊地区时,印第安人的部落中没有一个人,只剩下烧焦的尸体和一地狼藉。此时,勒内-罗贝尔·卡弗利耶必须趁势加强与阿尔冈昆人的结盟,共同对付易洛魁人。因此,冬天过后,1681年5月,勒内-罗贝尔·卡弗利耶再次回到蒙特利尔安排计划,与一些新的印第安部落结盟。在麦基诺,令他高兴的是,经历了荒野探险后,他和亨利·德·通蒂终于重逢。随后,他们一起划着独木舟前行一千英里回到了弗兰特纳克堡。

勒内-罗贝尔·卡弗利耶的对手看到勒内-罗贝尔·卡弗利耶狼狈不堪的样子,显得有些幸灾乐祸。但最终,勒内-罗贝尔·卡弗利耶凭借执着和勇气克服了所有困难。在接下来的探险中,一切按计划进行得很顺利。1681年秋天,勒内-罗贝尔·卡弗利耶率领独木舟船队起航,从安大略湖一直划到了密歇根湖湖口,然后从芝加哥河登陆步行了一段路后进入伊利诺伊河,沿着伊利诺伊河进入密西西比河,然后顺流而下到达了密西西比河河口。1682年4月9日,镶有法兰西王室鸢尾花纹章的柱子正式竖立在密西西比河河口。勒内-罗贝尔·卡弗利耶庄严

勒内-罗贝尔·卡弗利耶到达密西西比河河口

法属路易斯安那示意图

宣布，这块比他想象中还要大的土地，即密西西比河及其支流流经的所有地方，从此成为法王路易十四的领土，并将其命名为"路易斯安那"。

勒内-罗贝尔·卡弗利耶沿着密西西比河凯旋。在经过伊利诺伊河的途中，他建了一座防御要塞，起名"圣路易"。派亨利·德·通蒂驻守在防御要塞后，他立即返回了法兰西王国，准备为实现更宏大的计划招兵买马。他打算在密西西比河河口附近建立定居点，并且准备修筑一系列军事要塞，用军事要塞将加拿大接连起来。现在看来，建立新定居点的时机已经成熟。法王路易十四欣然同意了勒内-罗贝尔·卡弗利耶的计划。一支精良的远征船队整装出发，但船队指挥官博热时运不济，所有计划毁于一旦。虽然很多人大声谴责博热，但博热似乎罪不至此。他本来想直接行驶到密西西比河河口，但他的船队错过了密西西比河河口，继续向前行进。结果，几艘船在得克萨斯海岸失事。由于忍受不了恶劣天气和海盗侵袭，博热带着剩下的人逃走了，再也没有回来。接下来两年，北美洲的法兰西人为此争吵不休，激烈程度是早期西班牙探险者踏上南美洲以来从未有过的。最终，1687年3月，勒内-罗贝尔·卡弗利耶开始徒步寻找密西西比河，希望沿着密西西比河到达亨利·德·通蒂驻守的要塞，然后获得援助。但事与愿违，他带着一线希望刚要出发，两三名埋伏好的叛乱者就枪杀了他。勒内-罗贝尔·卡弗利耶的事业终止在了四十二岁这年。然而，勒内-罗贝尔·卡弗利耶身上的一些品质影响了很多人，令新法兰西历史上的很多著名人物望尘莫及。他的理想非常远大，除非出现六个像法王路易十四那样的君主，否则根本实现不了。当时，新法兰西版图继续按照勒内-罗贝尔·卡弗利耶设想的那样扩张，一个

勒内-罗贝尔·卡弗利耶被害

"荒野王国"的框架正随着殖民地的发展逐步成形。勒内–罗贝尔·卡弗利耶是"荒野王国"的奠基者。18世纪,新法兰西的发展令人惊讶,勒内–罗贝尔·卡弗利耶勾勒的理想王国也将继续存在,直到英格兰将军詹姆斯·沃尔夫越过魁北克附近的亚伯拉罕高地。

第 5 章

塞勒姆审巫案

1670年，诺曼底地方议会判处十几名女性火刑，罪名是她们参加了巫师和撒旦一年一度的夜半聚会。有人恳请法王路易十四饶恕这些女性。法王路易十四同意了，但条件是她们必须离开法兰西王国，永不返回。法王路易十四的宽恕使诺曼底地方议会感到非常震惊和愤怒。于是，诺曼底地方议会将一纸诉状交给了法王路易十四。诉状上义正词严地抗议道："在她们犯下如此滔天罪行的时刻，您的议会有责任告诉您，诺曼底人非常气愤。这不仅关乎上帝的荣耀，还关乎您苦难臣民的救赎。在这些妇女的威胁恐吓下，诺曼底人叫苦不迭……陛下，恳请您再次考虑这些妇女造成的严重后果，考虑因她们的威胁造成的财产损失，以及一些不明疾病的死亡事件……在诺曼底地方议会的各种审讯中，这一切都有记录。请陛下相信。"法王路易十四十分清楚王室的各种规定，尤其是赦令一旦宣布就不能撤回。因此，被判处火刑的妇女幸免于难。在此，需要注意的是，作为诺曼底地方法律的权威代表，诺曼底最高法院将巫术界定为通过神秘未知的手段导致疾病附体或财产损失，是所有罪行中最严重的一类，其存在和盗窃、拦路抢劫等一样，不可饶恕。

在人类的文明进程中，巫术一直存在。从史前时代到17世纪末，巫术从未消失。一些部落的人头脑简单且生活方式原始，旁观者根本不相信他们会有宗教念头。但调查发现，再野蛮的部落也存在巫术观念。的确，在原始人的头脑中，因果关系最初的形式是假定疾病或死亡与某个人的邪恶力量有关。只有文明人才能理解自然疾病、自然死亡的概念。对不懂自然规律的野蛮人来说，所有死亡都属于谋杀，或者是一种超自然力量所为，只有取悦超自然力量才能逃过劫难。也有人认为，死亡是某个想要复仇的人所为。野蛮人对疾病的解释与死亡一样。因此，巫师的主要作用之一是发现并惩治具有超自然力量或邪念的人。在人类所有的迷信活动中，或从原始时代延续下来的事物中，巫术观念是一种根深蒂固的精神现象。过去的人对巫术深信不疑，直到文明、开化的社会出现。此外，支撑巫术的基础非常牢固，是其他人类观念无法企及的。

现在，在文明社会中，一些可喜的变化有目共睹。在受过教育的人的头脑中，巫术观念几乎绝迹。现在的人将巫术视为印第安人认识自然事物的滑稽表现。有时，巫术也会出现在一些魔术表演中。这些魔术表演源自黑人对非洲古老传说的记忆。在文明的熏陶下，巫术观念逐渐淡化。但两个世纪前，巫术观念还普遍存在。如果想充分了解巫术，就需要进行大量历史研究。

导致人类对巫术的态度发生变化的原因是什么呢？显然不是争辩导致的，因为以前从未有人质疑过巫术的真假。现在，大多数巫术不值得人们费口舌证明真假。实际上，由于牛顿和笛卡尔以来自然科学的快速发展，我们逐渐抛弃了

牛顿　　　　　　　　　　　　　　　　　　　　　　　　　　笛卡尔

马修·黑尔

巫术观念。文明人已经非常熟悉自然法则。自然科学观念直接剔除了旧的巫术观念,就像三叶草挤得杂草无处生存一样。据观察,巫术观念的存在与人们的盲信密不可分。如果人们不再盲信,那么巫术观念自然会消失。近现代之前,巫术观念非常普遍,并且人们对此习以为常。盲信是人类最原始的思维特点,但利用自然因果律分析事物关系的能力是近现代才出现的,并且想要具备这种能力并不是一件容易的事。

1664年,英格兰萨福克地区伯里圣埃德蒙兹镇发生了一起巫师审判案。主审法官是英格兰最杰出、最博学的法官之一——马修·黑尔。案件涉及两个叫艾米·达尼和罗丝·卡伦德尔的老寡妇。她们因向六个小女孩和一个男婴施巫术遭到控告。男婴突然晕厥。男婴的母亲怀疑孩子中了巫术,于是找乡村医生商量。

乡村医生让她将婴儿床里的毛毯挂到壁炉角烤一整天,如果她夜晚取下的时候看到毛毯上有奇怪的东西,千万不要害怕,只需要将奇怪的东西扔进火里。接下来,当男婴被抱到床上准备睡觉时,男婴的母亲取下了挂在壁炉角的毛毯。突然,一只大蟾蜍从毛毯上掉下来,蹦到了炉边。男婴母亲喊道:"噢,把它扔到火里,快!"话音刚落,旁边一个小男孩立即用钳子夹起蟾蜍扔进了火里。烧着的蟾蜍浑身闪着火焰,发出奇怪的声音,很快化为灰烬。当天晚上,坐在炉边的艾米·达尼的脸被烧焦。因此,人们认为艾米·达尼就是那只蟾蜍,自然会受到火刑的折磨。当男婴的姐姐突然生病去世、男婴的母亲腿瘸了后,施巫术的艾米·达尼一定是罪魁祸首。当艾米·达尼被处死时,她的巫师身份彻底暴露,因为她死后,腿瘸的妇人扔掉了拐杖,像正常人一样轻快地走起路来。

与此同时,被施了巫术的女孩们说自己胃肠绞痛,甚至吐出了弯曲的大头针和一些钉子。法庭上,只要艾米·达尼和罗丝·卡伦德尔靠近女孩们,女孩们就将围裙用力套在头上,痛苦地扭动身体。当时,在场的法官中有一些头脑冷静的撒都该派信徒。查尔斯·康沃利斯勋爵和埃德蒙·培根爵士怀疑女孩们的胃肠绞痛是故意装出来的。于是,他们用布蒙上女孩们的眼睛,然后让另外一个老妇人走上前触摸她们。结果,不管是艾米·达尼和罗丝·卡伦德尔还是老妇人,只要有人靠近小女孩们都会表现出痛苦的样子。但案件中这种微不足道的破绽并不能抵消其他证人的有力证言。譬如,罗丝·卡伦德尔曾诅咒过证人,导致证人运干草的推车卡在了门上。一个证人指证说,艾米·达尼告诉他:"这几天你家的烟囱会塌。"随后,他家的烟囱果然塌了。听到证人们的话后,任何正常人都相信,艾米·达尼和罗丝·卡伦德尔分别向推车、烟囱施了巫术。在训令中,博学的大法官指责一些法官质疑当事人的举动,宣布巫术的存在不容怀疑,因为《圣经》中已经有语录证实,各国的刑法也做了规定。半个小时不到,陪审团就认定艾米·达尼和罗丝·卡伦德尔有罪。随后,艾米·达尼和罗丝·卡伦德尔在剑桥被绞死,死前一直在拼命喊冤。

根据所谓的"证据",无辜的人死在了法律的准绳之下。因巫术被判死刑的人数比相关文献记载的多很多,过去的历史学家提到的一些庞大数字难以让人

英诺森八世

信服,但我们掌握的权威数字依然令人震惊。一般来说,我们认为有可能的是,在中世纪,巫术和谋杀及其他重罪一样,会被判处死刑。但一旦因巫术被判死刑的人数增加,恐惧就会蔓延开来。1484年,罗马教皇英诺森八世发表了反巫术诏书,标志着迷信时代新纪元的开始。16世纪和17世纪,信奉巫术进入"地狱时代",就像文学和艺术达到黄金时代一样。当时,罗马教皇与异教徒展开生死较量。很多异教徒因遭到使用巫术的指控命丧黄泉。因此,普遍存在的巫术沦为教会迫害异教徒的工具,一些无耻的暴徒假借巫术之名做了很多可怕的事。既然教会要将巫术斩尽杀绝,那么关于巫术的证据自然比比皆是。1489年出版的《女巫之锤》就是一本巫术教科书。从那时起,地狱之火频繁降临人间,烧了整整两个世纪。

根据神学家马丁·德里奥的描述，1515年，在日内瓦，约五百个"巫师"被处死。一个自称"雷米希奥"的法官夸口说，在意大利北部他所在的地方，十五年内，他亲自督办了九百多名"巫师"罪犯的火刑。在苏格兰，1560年到1600年，平均每年有两百人以巫师罪名被判死刑，四十年间共处死了八千名"巫师"。也就是说，以目前马萨诸塞地区的人口为基准，平均每周有四个人被处以死刑。1597年，在爱丁堡，苏格兰国王詹姆斯六世发表了一篇关于"魔鬼学"的文章。文章中，他坚称任何指控犯有巫术罪的证据都是合理的，即使是儿童或卑鄙小人的证言，也不应该被忽视。无独有偶，在后文中，苏格兰国王詹姆斯六世的荒谬逻辑还会出现。1604年，苏格兰国王詹姆斯六世成为英格兰国王不到一年，英格兰议会通过了著名的《女巫法案》。《女巫法案》一直持续到了英王乔治二世统治时期。

乔治二世

查理一世

英王查理一世执政期间,根据《女巫法案》,法庭审判并处决了很多人。长期议会①时期,巫术案几乎泛滥开来。但在奥利弗·克伦威尔治下,巫术案戛然而止。随后,巫术的社会影响力逐渐减弱。像艾米·达尼和罗丝·卡伦德尔这样的

---

① 1625年,英格兰国王查理一世执政后,为了向国内征税,强制解散了议会。直到1640年11月,英王查理一世重新召开议会。这届议会一直持续到1653年,其间屡次中断,史称"长期议会"。

约翰·洛克

案件越来越少。在牛顿和约翰·洛克时代,大量邪恶的魔鬼还在世间晃动翅膀,垂死挣扎。

然而,英格兰王国和苏格兰王国最后一起巫术案分别发生在1712年和1722年。神圣罗马帝国的最后一起巫术案发生在1749年,修女玛丽亚·雷娜塔因巫术罪被砍头。与此同时,著名诗人歌德出生。

英王查理一世执政时期,大批清教徒来到新英格兰。当时,英格兰王国的巫术案波及范围很广,但新英格兰几乎没有发生巫术案。在奥利弗·克伦威尔的统治下,英格兰的教会事务由独立派①掌管,与女巫有关的活动似乎少了很多。

---

① 独立派是英国资产阶级革命中一支属于清教徒的宗教派别,后来演变成政治派别。奥利弗·克伦威尔曾是独立派的政治领袖。

此外，来到北美洲的独立派教徒开始主动开拓殖民地。从某种特殊意义上来说，北美洲应该是魔鬼直接控制和管辖的地方。一些人认为，异教徒的世界一般由魔鬼撒旦统治。在美洲荒野上，人类的宿敌总是不断骚扰、折磨上帝的选民。显而易见，印第安人就是撒旦身边名副其实的小魔鬼。印第安人的残忍行为已经表明他们的魔鬼身份。因此，北美洲是撒旦的王国。由于这种观念的普遍存在，在新英格兰的早期历史上，巫术案件如此少确实令人感到奇怪。

从英格兰人最初定居波士顿到接下来的六十年中，巫术案只发生了十几起。在北美洲，查尔斯敦的玛格丽特·琼斯是巫术案的第一个受害者。玛格丽特·琼斯通晓药理，反对医生使用会导致大出血的药物和催吐药物，经常用

女巫识别小鬼

草药和其他简单的药方治疗病人。她的行为激怒了很多医生。1648年,玛格丽特·琼斯被指控使用巫术,随即被处死。讲到这件事时,新英格兰总督约翰·温斯罗普说,玛格丽特·琼斯被处死的那一刻,康涅狄格刮起了大风,很多树木被大风吹倒,证实了玛格丽特·琼斯犯下的罪。约翰·温斯罗普记录这件事时,牛顿还是一个五岁的小孩。如果像约翰·温斯罗普这样知识渊博、有教养的人都持有这种因果观念,那么在支持可怕巫术的主流思想中,显然没有自然科学的一席之地。

根据托马斯·哈钦森的描述,当时,北美洲还发生了两起巫术案。其中,一名女性在多切斯特被吊死,另一名女性在剑桥被吊死。接下来的一起巫术案引

托马斯·哈钦森

约翰·恩迪科特

起了轰动,因为当事人的社会地位很高。像玛格丽特·琼斯这样的女性或许受过教育,称得上现在所谓的"女士"。但当时,玛格丽特·琼斯还不能以"琼斯夫人"自称,只能叫"老妇"或"琼斯婆婆"。只有候补骑士①的妻子才能称"夫人"或"太太"。在日常对话中,候补骑士和骑士或准男爵的等级一样,其妻子的称谓都要严格遵守规定。另一起巫术案的当事人是安·西宾斯夫人。1654年,她的丈夫威廉·西宾斯去世。威廉·西宾斯曾是助理参事会的委员,还担任过殖民地驻英格兰王国的办事员。安·西宾斯夫人的哥哥理查德·贝灵翰姆是马萨诸塞湾殖民地的副总督。1656年,安·西宾斯夫人的案件在常设法庭受审。当时,马萨诸塞湾殖民地的总督约翰·恩迪科特也在场。安·西宾斯夫人的

---

① 中世纪西欧骑士制度中,年轻的贵族成员要想获得骑士爵位,先要当骑士的随从,即候补骑士。

安·西宾斯夫人被绞死

巫术罪名成立。1656年6月19日,在波士顿公园,安·西宾斯夫人被绞死。至今,安·西宾斯夫人的裁决书和死刑执行书还保存在殖民地时期的档案中。但有关她的审判报告已经不知所踪,因此,案件起因不得而知。托马斯·哈钦森的曾祖父爱德华·哈钦森是安·西宾斯夫人的朋友。据了解,这起案件很可能是残暴的迫害所致。与安·西宾斯夫人同时代的一些人也这样认为。约翰·诺顿就是其中一个。约翰·诺顿思维敏捷,一眼就能看穿撒旦的伎俩。他虽然迫害过许多贵格会①教徒，但曾竭尽全力营救安·西宾斯夫人。后来，一谈到指控安·西宾斯夫人的人，约翰·诺顿的话里就会充满讽刺。他说："安·西宾斯夫人被绞死只是因为她比周围的人更聪明。"一天，在路上，安·西宾斯夫人遇到两个敌视自己的人正在悄悄说话，于是喊道："我知道你们在说我！"结果，对方立即反咬一口，说她有巫术，一定有魔鬼向她告密。根据约翰·诺顿的描述，在法庭上，这一指控极具分量。遗憾的是，我们对这起案件知之甚少。当时一定出现了特殊情况，否则殖民地政府不会将一位有权有势的女士送上绞刑架。有迹象显示，这件事发生后，群情激奋，众人唏嘘不已。波士顿的许多人坚称，高洁的安·西宾斯夫人是被流言蜚语戕害的。

接下来的三十年中，英属北美殖民地陆续发生了十几起巫术案，但其中一些人被无罪释放。从中，我们偶尔会看到一丝理性的光芒。譬如，约翰·布拉德

受迫害的贵格会教徒

---

① 贵格会是基督教的一个派别，兴起于17世纪中期的英国及其美洲殖民地，它没有成文的教义，也无特定的圣礼，信徒直接依靠圣灵获得启示。

斯特里特被指控经常和魔鬼来往,因为他承认自己读懂了巫术书,还听到有声音问他:"有什么可以为您效劳的?"约翰·布拉德斯特里特回答说:"去海上建一座沙桥,建一个通往天堂的沙梯。见到上帝后,不要再下来了。"在伊普斯威奇,审理这起案子时,陪审团发现约翰·布拉德斯特里特撒了谎。于是,法庭判约翰·布拉德斯特里特交纳二十先令罚款或接受鞭刑。

1688年,波士顿古德温家的孩子们的巫术案引人注目。一个叫"安·格洛弗"的爱尔兰女天主教徒在古德温家中做洗衣工。古德温家的男主人约翰·古德温有四个孩子,最大的孩子玛莎·古德温十三岁。一天,玛莎·古德温指责安·格洛弗偷了几条亚麻床单,却遭到安·格洛弗的威胁和诅咒。随后,玛莎·古德温倒地抽搐起来。另外三个孩子分别是十一岁、七岁和五岁,也模仿姐姐抽搐起来。随后,四个孩子做了各种恶作剧,有的装聋作哑,有的喊着被针扎或被刀砍了,有的学狗叫或猫叫。他们甚至双脚不着地一掠而过。这种绝技类似现在的魔术表演"悬空漂浮"。用科顿·马瑟的话形容,四个孩子就像"飞起来的大鹅"。几个星期后,医生和牧师都认定约翰·古德温的孩子们中了安·格洛弗的巫术。结果,安·格洛弗被判处绞刑。

安·格洛弗被判处绞刑

英克里斯·马瑟

  这起案子最特别的地方是科顿·马瑟牵涉其中。科顿·马瑟是英克里斯·马瑟的儿子，约翰·科顿的外孙。1678年，二十五岁的科顿·马瑟从哈佛学院毕业。他很早就开始了写作生涯。很多人认为他是一个有学问的人。他涉猎广泛，对神学、哲学、历史、文学、自然科学都非常感兴趣，并且至少能用七种语言流利写作和交流，其中包括易洛魁语。他一生出版了近四百本专著和小册子，包括历史专业学生必读的专著，但大部分书售价很高。他做人诚实守信，做事一丝不苟，唯一的缺点是爱慕虚荣。但想想众人对他的尊敬和追捧，这个缺点不足为奇。他不擅长独立思考，一直受他所属时代的迷信思维的影响。但大多数时候，他敢于面对未来，朝有益于人类的方向努力。譬如，1721年，他不顾外界的阻挠和个人安

科顿·马瑟

危,成功将天花疫苗引入了美洲。这件事充分表现了他的睿智和勇敢。就其他品质而言,他非常善良,有一颗仁爱、怜悯之心。然而,身处时代的纷争中,他无法保持中立,遭人嫉恨在所难免。最终,当巫术成为人们谴责的对象时,一直对科顿·马瑟心怀敌意的作家罗伯特·卡列夫趁机站了出来,诽谤科顿·马瑟与巫术有联系。罗伯特·卡列夫认为,科顿·马瑟的推波助澜导致了马萨诸塞湾殖民地猎巫现象的兴起。他的诽谤影响了后来的历史学家。人们记忆中的科顿·马瑟变成了一个邪恶的人。在1867年出版的两卷本史书《塞勒姆审巫案》中,查尔斯·温特沃斯·阿珀姆持类似的观点。《塞勒姆审巫案》详细描述了古德温家孩子们的巫术案。18世纪的作家读完《塞勒姆审巫案》后,非常赞同书中的观点。后来,乔治·班克罗夫特对科顿·马瑟牵涉的案件进行了一些不实描述。经过一些教材编写者的频繁刊印后,科顿·马瑟与巫术有关的观点已经深入人心。诗人亨利·朗费罗在1868年出版的《新英格兰的悲剧》中,第一次对科顿·马瑟与巫术之间的关系做了准确阐释。亨利·朗费罗深入细致地研究了原始文献,最终发现了事实真相,填补了查尔斯·温特沃斯·阿珀姆遗漏的内容。然而,1869年,威廉·弗雷德里克·普尔第一次全面系统地论述了"塞勒姆审巫案"。当时,威廉·弗雷德里克·普尔是波士顿图书馆的一名管理员。人类对已知的事实进行追根溯源时,可

亨利·朗费罗

能会对历史人物及事件的不合理之处进行修正,有时甚至会推翻之前形成的观点。通过下面的简要叙述,我想还原当时的真实情况。

科顿·马瑟介入古德温孩子们的案件比较晚。作为最后一位受邀的牧师,他没有参与对女仆安·格洛弗的指控或审判。但安·格洛弗被判死刑后,科顿·马瑟去监狱为安·格洛弗做了两次祷告。安·格洛弗向科顿·马瑟承认,自己和撒旦订立了契约,经常出现在魔鬼的聚会上。她没有丝毫悔意,并且说不需要任何人的祷告。谈到此事时,科顿·马瑟说:"然而,无论安·格洛弗是否愿意,我都要为她祈祷。我即使有错,也是因为太过怜悯他人。"当时,安·格洛弗供述了另外一些巫师的名字。但科顿·马瑟从未透露安·格洛弗供述的巫师是谁,辩称:"我们应当谨慎对待任何指认,以免由于证据不足损害无辜者的声誉。"安·格洛弗被处决前后,科顿·马瑟将控告安·格洛弗的小女孩玛莎·古德温带回了家中,与玛莎·古德温相处了几个月。其间,他一边观察玛莎·古德温的举动,一边用科学的方法为玛莎·古德温治病。科顿·马瑟不仅精通医术,还熟知法律知识。最终证明,玛莎·古德温是一个聪明的女演员,总想表现出中邪的样子。她似乎知道科顿·马瑟对贵格派教徒和天主教徒持有偏见。她能流利地念贵格派和天主教的祈祷书,但一翻开《圣经》或有关清教徒的书,就一个字也念不出来了,甚至在读她喜欢的《祈祷书》时,每次碰到上帝的祈祷词时,她就结结巴巴读不出来了。渐渐地,科顿·马瑟用理智和善意让玛莎·古德温平静了下来,使她放弃了愚蠢的表演。但在治疗过程中,玛莎·古德温依然表现得像个演员。科顿·马瑟的书房里有很多整齐排列的书籍,都是希腊语和希伯来语。玛莎·古德温从来不进书房,因为魔鬼不允许她这样做。然后,她歇斯底里地喊叫起来,疯狂程度相当于六个小女孩一起喊叫,直到旁边的人将她拽进圣屋。随后,她立即冷静下来,说一个可怕的东西刚刚变成老鼠从她身上跑过。古老的日耳曼民间传说中早已有关于老鼠的故事。这类故事是换婴思想的残余,古代的英格兰人对此深信不疑。不久,玛莎·古德温痊愈了。她不再乱喊乱叫,逐渐变得安静、理智。这件事到此结束。

科顿·马瑟始终相信巫术的存在。他发表了有关这起案件的报告和治疗方法，目的主要有两个，第一是印证巫术的存在，第二是告诉人们如何治疗被施了巫术的人。虽然《圣经》里讲得很明白，但一些人依然怀疑巫术是否存在。在治疗被施了巫术的患者方面，科顿·马瑟的思想比同时代的人进步。如果其他人像他一样保持谨慎克制的态度，那么塞勒姆审巫案的悲剧就不会发生。无论受害者的病症表现得多么具体，科顿·马瑟都没有透露受害者指控的人的名字。他手里的证据可能会让波士顿一半的老妇人被绞死。理智告诉他，魔鬼和受到指控的人一样，也会耍花招，胡作非为，因此不值得相信。他拿捏证据的尺度远远超过马修·黑尔等人。1664年，马修·黑尔依据当事人的证词判处了两个老妇人死刑。科顿·马瑟绝不会仅依据当事人的胡言乱语判人有罪。如果塞勒姆村的所有法官和牧师都像科顿·马瑟一样，那么就不会有巫师被绞死了。

一些作家认为，科顿·马瑟发表的文章直接导致了塞勒姆村猎巫行动的爆发，因为文章中详细解释了各种巫术。但这种观点忽视了一个事实，即当时的人们笃信各种迷信。无论是马萨诸塞湾殖民地的居民，还是其他地方的人，都知道巫师的各种把戏。有关巫术的小册子和宣传册数不胜数，就像现在的廉价小说一样。即使没有科顿·马瑟的文章，新英格兰居民也会坐在炉边津津有味地聊起安·格洛弗被绞死的过程，以及指控安·格洛弗的小女孩做的一些恶作剧。

然而，1692年，抛开任何个人影响，当时的大环境助长了巫术的盛行。在撒旦统治的古老大地上，有迹象表明，魔鬼的势力将再次扩散。英格兰王国与天主教捍卫者法王路易十四的战争已经打响。英法战争使北美洲的英格兰人备受折磨。斯克内克塔迪、萨尔蒙福尔斯和皇家堡居民的惨叫声至今令人心有余悸。远征魁北克的英格兰军队遭遇惨败，铩羽而归。显然，魔鬼正在竭力反击。巫术肆虐，炸药就在人们眼前，只差一个引爆炸药的火花。

引爆炸药的火花就是塞勒姆村牧师塞缪尔·帕里斯家中的仆人和孩子。塞勒姆村距塞勒姆镇三四英里远，村庄里遍布农田，有时也被人们称为"塞勒姆农场"。后来，塞勒姆村发展成现在的丹弗斯镇。去过新英格兰小村庄的人对塞勒姆村原来的样子印象深刻。塞勒姆村特点鲜明，从科顿·马瑟时代到引入铁路前，一直没有发生过大变化。现在，马萨诸塞州任何一条乡村道路旁，几乎都能看到类似塞缪尔·帕里斯居住过的小木屋的房子。塞缪尔·帕里斯好像曾在西印度群岛居住过一段时间,在西印度群岛从事贸易活动。后来,他致力于神学研究。因为塞勒姆村与巴巴多斯岛之间似乎有特殊的贸易往来,所以塞缪尔·帕里斯定居在了塞勒姆村,并在1689年担任了塞勒姆村的教堂牧师。1689年6月18日,教堂记录记载道:"经投票,大家一致同意每年发给塞缪尔·帕里斯六十六英镑薪酬,其中三分之一是现金,另外三分之二是物资,同时承认他成为神职人员并为教堂效力。塞缪尔·帕里斯需要自己找柴火,还要经常修缮教舍。他可以使用教区牧场,但要让居民维护好围栏。我们也会不断给予他援助……只要他一直从事神职,并且保证教区牧场种植的农作物可以卖出去就行。如果上帝恩宠教区居民,我们愿意为塞缪尔·帕里斯提供更多薪酬。但如果上帝减少了塞勒姆村居民的财产,那么塞缪尔·帕里斯的薪酬也会按比例减少。"

这一安排远远无法满足塞缪尔·帕里斯的要求,因为塞缪尔·帕里斯只能居住在教舍并使用教区牧场,但他希望拥有一块自己的土地。塞勒姆村的教堂簿上还有一条记录,说经过投票,塞缪尔·帕里斯获得了土地,但他并没有按要求签字。当时,有居民称,教堂簿上的记录一定是通过欺诈手段加上的。针对塞缪尔·帕里斯的土地问题,塞勒姆村的居民之间爆发了激烈的争吵。争吵双方毫不留情,相互谩骂,彼此怨恨。在新英格兰教区肆意篡改年鉴的年代,如此激烈的争吵从未发生过。许多人拒绝向教堂交纳费用,后来导致教堂因没有钱修缮无法做礼拜。直到有人向法院投诉,问题才得以解决。但更糟糕的是,塞缪尔·帕里斯举止傲慢,粗俗无礼,经常利用教会规定严惩一些犯了小错的人。1691年,塞勒姆村的居民拉帮结派,互相仇视。基督教的宽容仁慈几乎荡然无存,这正是冷酷的魔鬼撒旦想要看到的。

塞缪尔·帕里斯家中有两个黑人奴隶,他们是塞缪尔·帕里斯从西印度群岛带过来的,一个叫"约翰·印第安",另一个是约翰·印第安的妻子提图芭。提图芭身上有一半印第安人血统,一半黑人血统。约翰·印第安和提图芭虽然智商很低,但擅长看手相、算命、施巫术、预知未来和念咒,从而吸引了很多孩子。1691年到1692年冬天,一群女孩经常到塞缪尔·帕里斯家里聚会,展示刚学会的各

提图芭

种巫术。教她们巫术的是约翰·印第安和提图芭。很快,女孩们学会了发呆、胡言乱语,还模仿女巫施法的动作。这些女孩中包括塞缪尔·帕里斯九岁的女儿伊丽莎白·帕里斯、十一岁的阿比盖尔·威廉姆斯、十七岁的玛丽·沃尔科特和伊丽莎白·哈伯德、十八岁的伊丽莎白·布斯和苏珊娜·谢尔顿、二十岁的玛丽·沃伦和莎拉·丘吉尔,以及陆军中尉托马斯·帕特南十二岁的女儿安·帕特南及其

以色列·帕特南

女仆十七岁的默茜·路易。陆军中尉托马斯·帕特南来自贵族家庭,曾参加过著名的纳拉甘西特战役,后来做了教区牧师。独立战争期间,他的侄子以色列·帕特南享有盛名。当时,托马斯·帕特南的妻子已经三十岁,长得很漂亮,并且受过良好教育,但易怒敏感,似乎总是处在不清醒状态。在塞勒姆村,她经常参与一些吵架拌嘴的事,甚至支持纵容女儿安·帕特南和仆人默茜·路易的怪异举动。因此,她对后来发生的事负有一定责任。除了托马斯·帕特南的妻子,还有两个成年女性作为受害者参与了塞勒姆审巫案,一个是莎拉·维伯,另一个是叫"蒲柏"的女仆。她们的角色无关紧要。事发之初,塞缪尔·帕里斯将自己的女儿送到了塞勒姆镇的朋友家里。随后，案件的主要参与者是黑人奴隶约翰·印第安和提图芭、托马斯·帕特南报复心极强的妻子，以及九个十一岁到二十岁的女孩。

女孩们作为"受巫师折磨的孩子"逐渐被人们熟知。1691年圣诞节前后，有关女孩们的事情逐渐传开。她们待在塞缪尔·帕里斯家中，在桌椅下面爬来爬去，不时陷入抽搐，还说着令人匪夷所思的话。起初，一切都是闹着玩，模仿印第安人的巫术无疑令女孩们兴奋不已，她们非常想展现自己学到的"魔法"。然而，一旦她们觉得大人们会追究此事，或突然意识到自己奇怪的行为会遭到大人的责罚，那么逃避责罚的最佳方式就是声称自己中了巫术。关于最初情况的记载我们无处可寻，但可以猜测女孩们当时一定撒了谎。接下来就是询问谁在女孩们身上施了巫术。因此，在塞缪尔·帕里斯的大肆鼓动下，猎巫行动由此

提图芭和孩子们

展开。塞缪尔·帕里斯亲自负责猎巫行动，尽可能将消息传播出去。他的做法与科顿·马瑟完全不同。他将塞勒姆村周围的医生和牧师全部叫过来诊治这些女孩。大家一致认为女孩们中了巫术。当被要求指出巫师时，女孩们首先供出了黑人奴隶提图芭，然后是村里两个孤苦无依、遭人蔑视的老妪莎拉·古德和莎拉·奥斯本。1692年2月的最后一天，提图芭、莎拉·古德和莎拉·奥斯本被逮捕。1692年3月1日，审问开始了。针对莎拉·古德的主要指控是她对邻居恶语相向后，邻居家的牛病死了。她让玛丽·沃尔科特及其他孩子抽搐不止，还诱使安·帕特南在一本书上签名。据推测，这种签名类似于转让土地的除名契。一旦签完，签名者的灵魂就交给了魔鬼。作为魔鬼的代理人，女巫拿着地狱的签名簿到处转悠，寻求合适人选。类似指控也落到了提图芭和莎拉·奥斯本头上。只要她们在场，中邪的女孩们就会胡言乱语，尖叫不止。当她们恶狠狠地否认自己是女巫时，女孩们的病症就会加重。当提图芭承认自己擅长巫术，并且对女孩们施了巫术时，女孩们的症状就消失了，情绪逐渐稳定下来。很快，审讯结束了，提图芭、莎拉·古德和莎拉·奥斯本被送到波士顿监狱等待判决。

当时，塞勒姆村的村民变得警觉起来。女孩们逐渐意识到了自己拥有的力量。接下来，遭到女孩们指控的人地位较高。不幸的提图芭为了自保，供出了其他人。在审讯过程中，她证实还有四个人对女孩们施过巫术，其中两人是莎拉·古德和莎拉·奥斯本，但另外两人的面孔无法看清。提图芭被送进监狱后，女孩们被迫说出了另外两个人的名字。一开始，她们并不想继续指认，但很快，她们急切地交头接耳起来，说出了村里最受人尊敬、最正直的两个人。女孩们说这两个人与撒旦勾结，狼狈为奸。1692年3月中旬，玛莎·科里和丽贝卡·纳斯被抓了起来。整个塞勒姆村顿时陷入惊恐。玛莎·科里六十岁左右，丽贝卡·纳斯七十多岁。她们称不上夫人，只能称为"主妇"。因此，她们不是贵族阶层，但塞勒姆村的人都尊重她们，因为她们知书达礼，淳朴善良，就像新英格兰地区现在的农家主妇一样。玛莎·科里是贾尔斯·科里的第三任妻子。贾尔斯·科里是一个八十岁的农民，体格健壮，性格傲慢，喜欢争辩，并且说话莽撞，有点儿口无遮拦。但他为人坦率，品格高尚。因为经常与别人争吵，所以他树敌很多。据我们

狱中的玛莎·科里

所知,他的妻子从不这样。玛莎·科里对宗教一片虔诚,聪慧理智。与生活在科德角和安角之间的人相比,她没有特别之处。她不相信巫术,认为巫术是一种幻觉。当塞勒姆村因巫术不得安宁时,她的立场从未改变。她不像其他人那样,到处去看女孩们指控他人,甚至责备自己的丈夫竟有心思轻信这种蠢事。然而,贾尔斯·科里非但没有为玛莎·科里的态度保密,反而到处取笑自己的妻子。因此,玛莎·科里受到了女孩们的陷害。当时,女孩们提出的证据的真实性不容置疑,否则她们会让遭到指控的人吃尽苦头。安·帕特南告发了玛莎·科里。不久,玛莎·科里就被逮捕候审了。

接下来遭到指控的人是丽贝卡·纳斯。丽贝卡·纳斯是英格兰雅茅斯镇威廉·汤的女儿。威廉·汤有三个女儿,另外两个女儿是玛丽·伊斯蒂和莎拉·克洛伊塞。丽贝卡·纳斯被捕后,玛丽·伊斯蒂和莎拉·克洛伊塞相继被捕。在塞勒姆村，她们及她们的丈夫名望极高。但由于塞勒姆村的世仇，一些人对他们的家族积怨已久，想趁机报复他们。据说，半个世纪前，在托普斯菲尔德和塞勒姆村交界的地方，居住着很多村民。村民之间曾因一些土地归属问题发生了激烈的冲突。后来矛盾越来越尖锐，并且衍生了帕特南家族与汤家族和伊斯蒂家族之间的仇恨。此外，帕特南家族和塞缪尔·帕里斯十分厌恶丽贝卡·纳斯及其丈夫，因为在一些与教会有关的事情上，丽贝卡·纳斯和她的丈夫与他们意见不合。显然，女孩们疯狂指控的背后是个人之间的恩怨。玛莎·科里被捕两天后，丽贝卡·纳斯也进了监狱。当德高望重的丽贝卡·纳斯出现在法官面前时，法庭内喧嚣不已，因为她的子孙大多很有威望，她丈夫是塞勒姆村里最受尊敬的人之一，她也堪称道德典范。瘦弱的丽贝卡·纳斯站在法官面前，灰白柔软的头发

丽贝卡·纳斯来到法官面前

上带着优雅的白纱巾,眼睛直盯着众人,目光诚恳。所有人都惊讶不已,想知道是什么样的魔鬼附在了女孩们身上,使她们不知羞愧地随意指控他人。在庭审间隙,女孩们一如既往地倒在地上抽搐。当丽贝卡·纳斯的真诚回答明显打动了法官约翰·霍桑时,气急败坏的帕特南夫人,即托马斯·帕特南的妻子突然大喊道:"难道你没有和撒旦勾结?难道你没有让我去勾引上帝,然后去死?你下了多少次地狱了?"听到这番痛斥,丽贝卡·纳斯举起双手,大声喊道:"噢,上帝,救救我吧!"话音刚落,女孩们"极其痛苦地抽搐起来"。约翰·霍桑认为,女孩们的抽搐是丽贝卡·纳斯举起双手导致的,于是改变了主意。玛丽·沃尔科特哭喊着说,丽贝卡·纳斯咬了她一口,还当场露出了手腕上的牙印。最终,丽贝卡·纳斯被关押起来,等待宣判。

这件事发生在一个星期四的上午。几天前,德奥达·劳森牧师来到塞勒姆村。他学识渊博,四处传教。当时,每到星期四下午,他都会如期进行布道。这次,他刚踏进塞勒姆村,两三个女孩就在他面前抽搐起来,使他大吃一惊。德奥达·劳森牧师坚信,女孩们被施了巫术。于是,在布道时,他大肆渲染,故意制造紧张气氛。后来,他的讲道内容被印制成册,影响极大。玛莎·科里和丽贝卡·纳斯被捕后,塞勒姆村人心惶惶,邻里间相互猜忌。现在,听到德奥达·劳森牧师激情澎湃的布道后,人们更加恐慌。如果"传播福音的女士"沦为了魔鬼的工具,那么世人还有什么安宁可言呢?1692年春夏,逮捕节奏越来越快,我们知道名字及家室的入狱者至少有一百二十六人,但实际数量远远不止这些有名有姓的人。其中一些被处决的人需要提一下。首先是约翰·普罗克特和乔治·雅各布斯的案件,指控他们的女孩是他们家中的仆人。由于与主人之间的私人恩怨,女孩们公然陷害自己的主人。审讯乔治·雅各布斯时,他的孙女为了自保承认自己是女巫,并且作证指认乔治·雅各布斯。其次是莎拉·怀尔兹、伊丽莎白·豪和玛丽·伊蒂斯。她们都与之前提到的托普斯菲尔德的事件有关。此外,由于一些荒谬的迷信说法,一些人被处死,如苏珊娜·马丁。一个下雨天,苏珊娜·马丁走在一条路况稍好的乡间小道上,袜子或裙摆上一点泥都没有沾。有人就此断言,苏珊娜·马丁的裙子如此干净整洁,一定有魔鬼相助。苏珊娜·马丁是梅布尔·马丁

约翰·惠蒂尔

的母亲。梅布尔·马丁是著名诗人约翰·惠蒂尔的诗歌《巫师的女儿》中的主人公。还有一类人死在了自己手中,因为他们敢说真话。约翰·威拉德曾说,应该上绞刑架的是到处指控别人的女孩,她们才是真正的女巫。约翰·普罗克特也说过同样的话,有时甚至拿起一根木棒朝女孩们走去,希望通过这种方式彻底治愈女孩们的"魔怔"。结果,两人都招来了杀身之祸。

在所有逮捕案中,逮捕乔治·巴勒斯的案子非常特殊,因为这是一起完全由个人恩怨导致的案件。1670年,乔治·巴勒斯从哈佛学院毕业。1680年到1682年,他一直是塞勒姆村的教堂牧师。由于教会内部的纷争,他离开了塞勒姆村的教堂。但不幸的是,他所属的派系与托马斯·帕特南的妻子及其同伙结下了仇。

后来，他在缅因地区的威尔斯教区做牧师，生活一直很平静，但1692年5月1日，他被抓回塞勒姆村，接受猎巫案的审查。原来，他遭到指控的原因是他超乎常人的力气。虽然身材矮小，但他能搬运一大桶苹果汁，还能高高举起火枪。如果没有魔鬼的协助，他根本做不到这些。在女孩们的指控下，他被投进了监狱。

目前为止，所有案件都发生在马萨诸塞湾殖民地临时政府的统治下。这是之前的总督埃德蒙·安德罗斯下台后形成的局面。1692年5月中旬，首任王室总督威廉·菲普斯带着新的特许状抵达波士顿。不久，由于军事任务，他不得不远赴北美洲东部，直到1692年10月才返回。出发前，他设立了一个听审裁判法庭，

威廉·菲普斯

专门处理"塞勒姆审巫案"。听审裁判法庭的主审法官是威廉·斯托顿。与威廉·斯托顿共事的两个人是约翰·霍桑和塞缪尔·休厄尔。约翰·霍桑是现代文学作家纳撒尼尔·霍桑的祖辈。通过塞缪尔·休厄尔的日记,我们可以细细品读当时的清教徒社会。

设立之初,就当时人们最关心的巫术话题,听审裁判法庭向波士顿及附近城镇的牧师们征求意见。征询意见书由当时最年轻的牧师之一科顿·马瑟起草,字里行间充满冷静、公正的分析。其他牧师都在征询意见书上签了字。具体内容如下:

威廉·斯托顿

塞缪尔·休厄尔

（一）撒旦正在折磨我们可怜的乡邻。我们对塞勒姆村的村民遭受的痛苦感同身受。我们认为，所有人必须各尽所能，竭力帮助塞勒姆村摆脱厄运。

（二）我们必须满怀感激地承认，可敬的法官们为了查明横行乡野的巫术，付出了很多努力。辛劳背后是仁慈的上帝在帮助我们。与此同时，我们也谦卑地祈祷，在寻找神秘而邪恶的巫术时，寻找过程能越来越完善。

（三）我们认为，在调查所有巫术的过程中，需要仔细甄别，谨慎而行，以免过分轻信指控者提供的证据和证言，从而造成一系列悲惨后果，让撒旦的阴谋趁机得逞。我们不应该忽视撒旦的阴谋诡计。

（四）在对巫术进行调查时，一些需要调查的事实可能与推定的事实不符，一些推定的事实可能构不成犯罪。因此，针对被告人，尤其是德高望重的被告人，所有诉讼环节都必须格外谨慎。

(五)经过初步调查,可能有充分证据证明某人会巫术。在这种情况下,我们希望听审裁判法庭尽可能避免干扰、围观、公开化,因为草率行事会暴露嫌疑人的身份。此外,在审判嫌疑人的过程中,可能没有参考标准。嫌疑人行为的合法性可能会受到人们的质疑。但听审裁判法庭或许可以采纳一些头脑清醒的人给出的建议,如珀金斯、伯纳德等。

(六)无论在收押候审环节,还是在判定巫术罪名成立环节,只考虑被告人化身幽灵纠缠受害者显然是不够的,还应该考虑更多其他证据,因为魔鬼可能得到了上帝的允许,变成一个无辜的人或善良的人危害他人。这种行径既无耻又恶劣。当被告人直视或碰触受害者时,我们不能将受害者的身体变化当成绝对可靠的定罪证据,因为这可能是魔鬼惯用的伎俩。

(七)通过质疑证据,我们公开与魔鬼对抗。这样做虽然阻止不了一些即将降临的灾祸,但在如此多控告中,我们希望一些被告人能够免受其罪。

(八)然而,我们不得不向政府提出拙见,只要有人违反上帝的指示和英格兰王国关于猎巫的道德法规,就应该立即遭到起诉。

波士顿
1692年6月15日

如果听审裁判法庭采纳了征询意见书上的建议,当时就不会有人被绞死了。从征询意见书上可以看到牧师们对法官们的告诫。牧师们希望法官不要过分依赖"幽灵证据",或女孩们现场做出的抽搐等行为,因为证据"经常是魔鬼的花招"。目前,每一个受害者都是在"幽灵证据"或在女孩们的病症突然发作的情况下,或两者兼而有之的情况下,被判死刑。什么是"幽灵证据"呢?安·帕特南告发乔治·巴勒斯的证言就是一个例子。安·帕特南说,一天晚上,乔治·巴勒斯的幽灵来找她,让她在魔鬼簿上签名。然后,两个身披被单的女幽灵出现了。女幽灵怒视着乔治·巴勒斯的幽灵并一直骂乔治·巴勒斯。最后，乔治·巴勒斯的幽灵消失了。紧接着，女幽灵告诉安·帕特南，她们是乔治·巴勒斯已故的妻子，被他杀死后变成了幽灵。其中一个女幽灵让安·帕特南看了左臂被丈夫捅伤的刀口。还有一次，三个刚去世的人的幽灵出现在安·帕特南面前，向安·帕特南控诉乔治·巴勒斯的杀人行径，并吩咐她当着乔治·巴勒斯的面将这件事告诉法官。由于安·帕特南的证言，乔治·巴勒斯被判了死刑。同样，当默茜·路易呼喊着："亲爱的主，接纳我的灵魂吧！""噢，上帝，不要让他们暗杀我。"安·帕特南和阿比盖尔·威廉姆斯被叫过去一看究竟。两个女孩都说自己看到玛丽·伊蒂斯和约翰·威拉德的幽灵在拧掐、撕咬可怜的默茜·路易，甚至勒住了默茜·路易的脖子。因此，玛丽·伊蒂斯和约翰·威拉德上了绞刑架。玛丽·沃尔科特和伊丽莎白·哈伯德通也讲述了类似的幽灵故事，控告丽贝卡·纳斯制造了三起骇人听闻的谋杀案，被害人都是近几年死的。丽贝卡·纳斯听了指控后惊恐万分，大呼让上帝见证她的清白。此时，女孩们的抽搐再次发作了。然而，要想判丽贝卡·纳斯有罪并不容易。

一个人叫"约翰·菲斯克"的人是我曾祖父的高祖父，也是当时马萨诸塞湾殖民地最出色的医生之一。约翰·菲斯克住在韦纳姆，距塞勒姆村的教堂不到四英里。受家庭影响，他没有轻信巫术。他的叔叔托马斯·菲斯克对巫术深信不疑，但不赞同"幽灵证据"。在审判丽贝卡·纳斯的过程中，托马斯·菲斯克是陪审团团长。当宣布丽贝卡·纳斯无罪时，女孩们立即尖叫起来，满地打滚，好像刚从疯人院跑出来一样。随后，法官告诉陪审团，他们忽略了一个事实，即有一个囚犯确实已经认罪。一个叫"霍布斯"的囚犯完全被吓傻了，不仅承认自己是巫师，还和女孩们一起诬告其他人。霍布斯在法庭上指认丽贝卡·纳斯时，丽贝卡·纳斯惊呼："什么！你们带来的是她？她是我们中的一个。"当然，丽贝卡·纳斯的意思是"我们囚犯中的一个"。但粗暴的主审法官相信丽贝卡·纳斯说的是"我们女巫中的一个"，坚持让陪审团出去再次合议。然而，陪审团很快回到法庭，让被告丽贝卡·纳斯解释一下自己说的话。但丽贝卡·纳斯没有回应。最后，陪审团勉强同意丽贝卡·纳斯的沉默即是认罪。后来，丽贝卡·纳斯澄清了真

塞勒姆审巫案中的巫术试验

相,因为当时有点"听不清,心里很难受",所有她没有听到陪审团提的问题。但丽贝卡·纳斯依然被判了刑。经过繁杂的仪式,丽贝卡·纳斯被驱逐出教堂,绑在了绞刑架上。托马斯·菲斯克一直认为丽贝卡·纳斯无罪。他后来写道,最后让自己放弃的原因是,丽贝卡·纳斯在关键时刻的突然沉默。显然,整起案件是一起法官威逼陪审团顺从的案件。

玛丽·伊斯蒂是丽贝卡·纳斯的妹妹。她的案件进一步印证了一个事实,即女孩们的疯狂指控已经无法控制,塞勒姆村里的大部分人完全听从女孩们的差遣。丽贝卡·纳斯被捕后不久,玛丽·伊斯蒂也被抓了起来。但在审讯过程中,玛丽·伊斯蒂镇定自若。1692年5月18日,被关押了两个月后,玛丽·伊斯蒂重获自由。毫无疑问,女孩们绝不允许这种事情发生。1692年5月19日,女孩们彼此通了消息,同时联系了托马斯·帕特南的妻子。1692年5月20日早上9时左右,在约翰·帕特南家中,默茜·路易突然发作,症状如前所述。随后,一个叫塞缪尔·阿比的邻居火速赶往托马斯·帕特南家,让安·帕特南过来看看是怎么回事。约翰·帕特南家距托马斯·帕特南家约一英里。塞缪尔·阿比看到阿比盖尔·威廉姆斯和安·帕特南在一起，于是将两个女孩儿都带了过去。一路上，两个女孩惊呼，说玛丽·伊斯蒂的幽灵正在她们眼前折磨默茜·路易。到了约翰·帕特南家中，女孩们看到默茜·路易不停抽搐，显然一副脖子被勒、喉咙被掐的样子，好像每次呼吸都是最后一口气。两个女孩大叫："可怜的默茜·路易。玛丽·伊斯蒂和约翰·威拉德正在折磨她。"这一情形持续了一会儿。一个人立即前往乔纳森·沃尔科特家中叫玛丽·沃尔科特。乔纳森·沃尔科特家距约翰·帕特南家约一英里半。1692年5月20日下午1时左右，玛丽·沃尔科特刚进屋就大喊，说看见玛丽·伊斯蒂的幽灵正站在默茜·路易身边，并将一根锁链绑在默茜·路易的脖子上。不久，之前去叫玛丽·沃尔科特的人又来到三英里半外的威廉·格里格斯医生家中，找到了伊丽莎白·哈伯德。伊丽莎白·哈伯德来到约翰·帕特南家后，同样看到玛丽·伊斯蒂在用一种可怕的方式折磨默茜·路易。偶尔，默茜·路易累了，抽搐不动了，伊丽莎白·哈伯德就会接着抽搐，并且问女幽灵，为什么她身边还带有棺材和裹尸布？1692年5月20日晚上8时，房间里挤满临近的村民。村民们被女孩们的行为触动。后来，一些人准备出来作证，说不仅看到了裹尸布、棺材和魔鬼的签名簿，还听到了幽灵和女孩们的对话。与此同时，两个送信的人赶往法院，向法官约翰·霍桑申请逮捕玛丽·伊斯蒂。从塞勒姆村到法院的路程有七英里。约翰·霍桑听到消息后，立即签发了逮捕令。巡捕带着逮捕令赶往九英里外艾萨克·伊斯蒂的家，到达艾萨克·伊斯蒂家时已经是半夜。可怜的玛丽·伊斯蒂刚回到舒适的家，享受了两天自由生活后，就在午夜被叫醒抓走了，甚至还戴上了镣铐。随后，巡捕回到七英里外的约翰·帕特南家中，查看默茜·路易的情况，直到天亮。默茜·路易尖叫："什么！玛丽·伊斯蒂，你不是已经将裹尸布带来了吗？好吧，我宁可钻进裹尸布，也不会动一下签名簿。"天快亮时，默茜·路易睡了一会儿；醒来后继续发作，直到第二天早晨。约翰·霍桑审问完玛丽·伊斯蒂并将玛丽·伊斯蒂关进监狱后，默茜·路易才平静下来。女孩们几乎完全控制了塞勒姆村，1692年5月20日的事件就是最有力的证据。当时，在所有围观者中，除了盯着默茜·路易的人，没有人质疑女孩们假想的幽灵。的确，一旦稍有怀疑，就可能面临杀身之祸。此外，只要敢到现场观看的人，就是相信幽灵真实存在的人。需要补充的一点是，当玛丽·伊斯蒂再次被捕后，消息很快传到了约翰·帕特南家中。一直痛苦不堪的默茜·路易突然就好了，最终证明幽灵故事是真的。从那一刻起，结局已经在预料之中。和姐姐丽贝卡·纳斯一样，玛丽·伊斯蒂被人诬告而死。

　　更多案件的细节不再赘述，因为大部分案件大同小异。在"塞勒姆审巫案"中，共十九人被判处绞刑，一人在狱中受虐而死。为了偿还坐监的费用，可怜的提图芭被卖掉继续做奴隶。在新英格兰，人们常常听说巫师都是被烧死的。但实际上，当时没有人因为巫术被烧死。然而，在美国历史上，唯一实施残忍刑罚就是在这个时候。依据英格兰王国的法律，在涉及剥夺财产的案件中，如果被告不承认自己有罪，那么法庭无权没收其财产。因此，有时候，被告拒绝表态。为了打破僵局，法律规定，可以将被告按在地上拉拽四肢，或者在被告的胸上堆放重物，直到挤压尽被告的最后一口气。这种刑罚可以称为"重物压身之刑"。1692年4月，贾尔斯·科里因巫术被捕。早在1692年3月，他的妻子玛莎·科里就进了监狱，并且在1692年9月10日被判处死刑。玛莎·科里被判处死刑两三天后，针对贾尔斯·科里的审判开始。得知自己无心的玩笑让妻子蒙难后，贾尔斯·科里非常伤心。但他的意志依然像钢铁一般。八十年的岁月中，贾尔斯·科里不知道什么是惧怕，现在只求一死，别无他愿。他决定将财产藏起来，决不让坏人的阴谋得逞。因此，他在法庭上始终缄默不语，直到被拖出去压死。没有什么能让他屈服认罪。1692年9月22日，玛莎·科里和另外七个人被送上了绞刑架。从猎巫事件开始，塞勒姆镇第一教堂的尼古拉·诺伊斯牧师算得上最忙碌的人之一。他几乎没有怜悯之心。但玛莎·科里等八个人被绞死后，他指着摇摆的尸体念道："看看她们吧，八个来自地狱的挑事者，悬在那里太可悲了！"几个星期前，尼古拉·诺伊斯曾出现在绞刑场。在施刑前，他对玛莎·科里说："你很清楚你是女巫！"然而，玛莎·科里的回答让人为之一振。她慷慨激昂地说："你是大骗子！你和我没有区别，都是巫师。如果你害了我，上帝会惩罚你的！"

　　与玛莎·科里的遗言形成鲜明对比的是玛丽·伊斯蒂的遗言。内容如下：

尊敬的威廉·菲普斯总督、法官及在座的塞勒姆地方法官们，以及尊贵的牧师们：

我斗胆投上一纸诉状。虽然死刑将至，但我依然恳请诸位慎思明断。我自知无罪。在此案中，上帝英明至诚！我对诬陷者的诡计心知肚明。如果上帝不干预此事，那么我只能对像我一样的受害者表示怜悯。当初，我被关了整整两个月，理由和现在一样。接下来，正如一些人熟知的那样，女孩们的举动证明我是无罪的。随后两天，女孩们又开始对我大呼小叫。我再次被收监，现在还被判了死刑。当时，上帝知道我是清白的，现在也是如此。也会有一天，所有天使和凡人都会知道我是清白的。我不会恳求你们放过我，因为我的死期已定，别无他途。但正如上帝所知，如果有可能，无辜者的血不能再流了。毫无疑问，你们的所作所为阻止不了这一切。尊敬的先生，你们竭尽全力寻找巫术、查明巫师，不愿意让无辜者流血。这一点我毫不怀疑。但针对我的判决，你们颠倒了黑白。仁慈的上帝啊，如果您决心让无辜者不再流血，那么请您向他们赐教吧！我恳请各位先生严查女孩们，让她们彼此隔离一段时间，也让悔过的巫师们彼此分开一段时间。我确信，她们中的一些人自己骗了自己，或者骗了别人。骗子如果现在不出现，也一定会出现在我要去的来生。我坚信，你们会看到事情真相改变。女孩们控告我和其他人与魔鬼为伍，我们绝不承认。我知道，上帝也知道，女孩们对我撒了谎。很快，一切就会水落石出。此外，我坚信她们对别人也撒了谎。高高在上的主啊，您能窥探所有心灵，正如我在法庭上说的那样，我不懂任何巫术。这一点您是清楚的。因此，我不能也不敢欺骗自己的灵魂。我恳请各位先生，相信我在临死前陈述的冤屈吧！我相信上帝会恩赐你们做的一切努力！

玛丽·伊斯蒂

马克西米利安·罗伯斯庇尔

随着玛丽·伊斯蒂、玛莎·科里和其他六个人被绞死，悲剧的最后一幕结束了。虽然还有进一步的审判，但没有人再被处以绞刑。1693年年初，之前被逮捕的所有人都获得了自由。疯狂的猎巫行动戛然而止。与其他突然中断的事件一样，这件事突然中断的原因也许是人们的愤怒已经到达法院无法控制的程度。1794年，为什么马克西米利安·罗伯斯庇尔①刚刚垮台，断头台就退出了历史舞台？实际上，推翻马克西米利安·罗伯斯庇尔的人不见得比马克西米利安·罗伯斯庇尔优秀，只是事态发展到了人民无法忍受的地步。人民不断积压的愤怒必然会在某个时间点爆发，并且愤怒越剧烈，爆发时就越迅猛和彻底。由于彼此之间缺乏信任，塞勒姆村突然变得恐怖起来，每个人都害怕自己的邻居。恐惧是最

---

① 马克西米利安·罗伯斯庇尔是18世纪法国大革命中的重要人物，雅各宾派领导之一。1794年7月"热月政变"中，马克西米利安·罗伯斯庇尔被捕，并在第二天被送上断头台。

无情的东西。人类社会之所以存在，是因为人与人之间的信任。建立在信任基础上的社会法则由来已久，使人与人之间的信任感变得越来越稳固。当丽贝卡·纳斯、乔治·巴勒斯、玛莎·科里等人被绞死时，人们不忍心看到这样残忍的场景。于是，积压已久的愤怒终于爆发。女孩们显然没有领悟到这一点。她们盲目自信，胆大妄为。哈佛学院的院长英克里斯·马瑟对法庭的判案表达了异议后，他家里的一个成员随即遭到指控。后来，波士顿旧南区教堂的牧师塞缪尔·威拉德遭到女孩们的指控。当时，他是一位杰出牧师，地位不亚于已故的菲利普斯·布鲁克斯。女孩们甚至指控了威廉·菲普斯的妻子菲普斯夫人，只因为菲普斯夫人指责女孩们的行径，同情受害者。在所有指控中，女孩们的触角伸得太长了。威廉·斯托顿和约翰·霍桑都理所当然地认为玛莎·科里有罪，但一直相信塞缪尔·威拉德。当女孩们提到塞缪尔·威拉德的名字时，威廉·斯托顿和约翰·霍桑严厉指责了女孩们，并让她们闭嘴。1692年10月，女孩们指控马修·黑尔的妻子，因此捅了大娄子，也遭受致命一击。在马萨诸塞湾殖民地，马修·黑尔的妻子是众所周知的基督教徒。女孩们邪恶的指控让马修·黑尔看清了事实。他立即转变立场，开始反对所有起诉，承认自己上当受骗了，对猎巫者造成致命一击。不久，安多弗一些激进的人的举动进一步打击了猎巫者。这些人本来遭到了指控，但他们以牙还牙，控告对方污蔑中伤，严重损害了自己的名誉。这件事标志着塞勒姆村恐慌的结束。随后，人们立即抛弃了种种巫术幻觉。

与此同时，值得注意的一点是，当玛莎·科里和其他人被处决三个星期后，在波士顿，马萨诸塞湾殖民地的法院召开了会议。此次会议和以往任何一次会议都不同，因为开会的法院第一次由新宪章选出。旧宪章规定除了教会成员，其他人不能担任法院代表或无权投票。但新宪章废除了这一限制，取而代之的是财产审查。结果，法院不仅扩大了投票范围，还摆脱了教会的束缚。法院首先颁布的一项法令是解散专门受理巫术案的听审裁判法庭，同时设立一个新法庭。1693年1月，新法庭一开庭，就出现了新情况。陪审团否决了大部分指控。与此同时，英克里斯·马瑟发表了名为《良心审判》的小册子，大大削弱了"幽灵证据"的可信度。科顿·马瑟没有出席任何一场审判，也没有对相关案件进行任何评论。但在处决乔治·巴勒斯时，罗伯特·卡列夫提到，年轻的科顿·马瑟骑在马上，从波士顿赶来，可能是为乔治·巴勒斯而来。罗伯特·卡列夫说，乔治·巴勒斯无辜的表情让在场所有人动容。科顿·马瑟说魔鬼可能伪装成了圣人或天使的模样。众人一听缓过神来。处决继续进行。现在，罗伯特·卡列夫的错误言论经常遭人诟病。因此，他的叙述并不可信。在猛烈抨击"幽灵证据"时，科顿·马瑟经常提到魔鬼可能扮成了某个无辜者或圣人的样子，但这是他针对乔治·巴勒斯两位已故妻子的可疑证言提出来的。在特定情境中使用这句话往往有特定的意义。也就是说，与安·帕特南说话的不是乔治·巴勒斯的已故妻子，而是魔鬼。结果，由于关于魔鬼的一面之词，乔治·巴勒斯被判有罪。按照常理，说乔治·巴勒斯是魔鬼本人的说法不符合科顿·马瑟的表述。因此，罗伯特·卡列夫的话一点道理都没有。除了这种误解，文献资料中没有任何关于科顿·马瑟提出的审判标准的记录，因为这些标准本身就是对当时法庭的责难。在描述贾尔斯·科里的悲剧时，亨利·朗费罗提到了科顿·马瑟。亨利·朗费罗的描述似乎可信，但有一处瑕疵，即科顿·马瑟对玛丽·沃尔科特说："接受一位老人的祷告吧！"当时，科顿·马瑟年仅二十九岁，称他"老人"显然不对。

  我们一直在描述人们的恐惧。实际上，支配恐惧的是关于巫术的各种错觉，但这种错觉即将消失。一些对巫术持怀疑态度的人反应激烈，到处表明立场。我们都知道，1697年，在旧南区教堂里，塞缪尔·休厄尔从床上爬起来，公开承认了自己的错误。但并不是所有法官都认为自己有罪。在临死前，威廉·斯托顿一直坚称自己没有什么悔恨的事。对此，我们也只能说威廉·斯托顿心胸狭隘，性格执拗。在随意指控他人的女孩中，安·帕特南是最活跃的一个。1706年，在塞勒姆村的教堂里，安·帕特南屈膝下跪，称自己误导了其他人，对这片土地上的一些人犯下了罪。她说："我虽然说了或做了伤害别人的事，但我敢在上帝及所有人面前真诚地说，我这样做不是出于对他们的愤怒、怨恨或敌意，因为我从来没有这种想法。但我受到了魔鬼的蛊惑，做了无知的事情，尤其在指控丽贝卡·纳斯及她的两个姐妹时。我是主犯，我愿意躺在尘土中忏悔。我和其他人给她们及其家人造成了极大的悲痛和创伤。"

在这段郑重声明中，安·帕特南称自己没有任何恶意。我认为这一点充分证明，1706年，安·帕特南不相信自己之前的所作所为是邪恶之举，宣称自己被魔鬼蛊惑。在指责丽贝卡·纳斯、乔治·巴勒斯及其他人时，她只说了自己当时信以为真的东西，但后来知道了这些都是幻觉。换句话说，她当时只是一个十二岁的小女孩，确信自己看到了乔治·巴勒斯已故妻子和其他人的幽灵，并且幽灵们说自己是被害的。但作为一个二十六岁的成年人，她回顾这件事时才知道当时看到的是幻觉，于是指责魔鬼蛊惑了她。这引发了一个问题，即安·帕特南的解释恰当吗？是否可以假设其他女孩也是同样的情况？她们真的看到了幽灵、黑人、黄色的鸟和魔鬼的签字簿，还是一直在撒谎？她们真的全身抽搐，感觉到被针扎、被人砍或被人咬，还是一切都是故意装出来的？查尔斯·温特沃斯·阿珀姆似乎倾向后一种看法。的确，女孩们的抽搐说来就来，说走就走。她们讲的幽灵故事好像都是冲着某个人来的。此外，即使不是所有女孩，大多数女孩也和安·帕特南的母亲及塞缪尔·帕里斯有关系。他们如果称不上串通一气，也存在某种分工协作。毋庸置疑，女孩们的配合天衣无缝，就像机器上的齿轮一样。在塞勒姆村及其周围地区的受害者中，大多数人要么与帕特南家族有瓜葛，要么是塞缪尔·帕里斯怨恨的人，要么是女孩们厌恶的人。另一类人是质疑巫术的人。他们的冷嘲热讽往往会削弱女孩们证词的可信度。除了这些人，遭到女孩们指控的人寥寥无几。现在，各类证据指向了一个方向，即女孩们进行了分工协作。就像狐狸看到的那样，各种野兽的脚印都指向狮子的洞穴，却没有一个脚印指向洞穴外面。

然而，接下来的问题是，女孩们之间的配合是有意识地故意合谋，还是出于其他原因？查尔斯·温特沃斯·阿珀姆赞同阴谋论。他让我们见识到了人性的邪恶，还让我们相信，一位传播福音的牧师和一位地位很高的夫人[1]决心要将自己的对手置于死地。为了达到目的，他们让各自家中的孩子假装生病，然后编造各种谎言，让孩子们像受过训练的演员一样表演。这个阴谋太邪恶了，令人难以相信。然而，阴谋论忽略了"塞勒姆审巫案"中最重要的事实，即女孩们和村里其

---

[1] 指托马斯·帕特南的妻子和塞缪尔·帕里斯。

他人一样，相信巫术真实存在。我们不能用19世纪的思维揣测17世纪女孩们的想法。巫术错觉既然能让博学的法官信以为真，也能让女孩们产生一种幻觉，更何况女孩们的精神状况无疑是病态的。印第安人的巫术大多带有肌肉抖动、抽搐、跳跃和呻吟，同时伴有对超自然力量的敬畏感。剧烈的抽搐往往会延时，反复发作，并且很容易影响他人。基督教的复兴布道会上就有大量例证。譬如，大量未受洗的基督教徒像印第安人那样呐喊、抖动，只是他们的宗教的符号不同罢了。神经敏感、易受影响的人很容易产生这种兴奋感，尤其是儿童。一些性格活泼、反应敏捷的人比沉着冷静、反应迟缓的人更容易产生兴奋感。一旦条件合适，兴奋感很容易转化成一种精神上的病态，抽搐的同时伴有短暂的幻觉。由于神经感觉事物的能力非常敏锐，大脑中的幻想常常被误以为客观事实。因此，女孩们表现出的典型症状也是一种与精神紊乱有关的表现。但与真正的精神紊乱不同，这种精神紊乱是暂时性、机能性的，并且非常显著，与任何器质性损伤无关。但和许多其他精神变化一样，这种精神紊乱并不神秘。然而，在那个无知的年代，这种现象被称为巫术带来的结果，这一点不足为奇。我们需要记住一点，当时，一般的精神紊乱现象也被视为魔鬼直接附身的表现。

从上述方面考虑塞勒姆村女孩们的情况，我们也许可以想象，起初，塞缪尔·帕里斯家中的黑人奴隶只是在向女孩们讲述印第安人的巫术，并且教了女孩们一些动作。然后，女孩们对印第安人的巫术很感兴趣，趁着冬夜无事可做，一起玩起了巫术。一开始，她们也许是闹着玩，但也可能是存心捣乱，故意抖动身体，有点像地狱中的魔鬼。我相信一些女孩逐渐发现自己的身体不受控制。结果，她们对此始料不及，认为提图芭和约翰·印第安在她们身上施了巫术。然而，她们指控提图芭和约翰·印第安的主要原因依然是由于害怕，尤其是当父母训斥她们时。她们害怕受罚，也可能害怕塞缪尔·帕里斯严苛的宗教规矩，为了自保将矛头指向了提图芭和约翰·印第安。当时，如果塞勒姆村的人采用科顿·马瑟的治疗方法，没有公开事件，而是将女孩们隔离开后进行安抚治疗，悲剧也许不会发生。但塞缪尔·帕里斯竭尽全力将女孩们的症状公之于众。知识渊博的牧师和医生纷纷前来看望女孩们，断言女孩们中了巫术。因此，女孩们坚信自己是魔鬼附身。当然，女孩们的这种信念加重了她们的病情。结果，她们指控提图芭是巫师。但关于莎拉·古德和莎拉·奥斯本，女孩们很可能只是害怕她们，因为她们眼神凶恶，或者行为怪异。

接下来发生的事需要有人引导。我认为，托马斯·帕特南的妻子发挥了一定影响力。托马斯·帕特南的妻子是索尔兹伯里–卡尔斯家族的成员。众所周知，卡尔斯家族几代人都容易过度紧张、焦躁。托马斯·帕特南妻子的近亲中曾出现过精神病患者。她的几个孩子夭折了，一个妹妹也英年早逝。此外，她还经历了其他一些痛苦的事。然而，曾经的她神采奕奕，聪明伶俐，令所有女人自愧不如。但后来，她一步步陷入抑郁的泥沼中。此时，女巫事件传到了她的耳中，并且她的小女儿安·帕特南牵涉其中。安·帕特南既美丽又聪明，但遭受了巫术的折磨。托马斯·帕特南和妻子对巫术深信不疑。因此，我认为，在抑郁状态中，托马斯·帕特南的妻子对善良的丽贝卡·纳斯进行可怕的幻想不足为奇。纳斯家族的名声很好，可能引发了托马斯·帕特南的妻子对丽贝卡·纳斯的嫉恨。丽贝卡·纳斯就像她的女儿一样，疯狂地喊叫起来。她家活泼伶俐的仆人默茜·路易同样遭受了巫术的折磨。她们与塞缪尔·帕里斯的侄女阿比盖尔·威廉姆斯及其朋友玛丽·沃尔科特一起，在整个"塞勒姆审巫案"悲剧中表现得十分活跃。我推测，托马斯·帕特南的妻子施加给女孩们的影响类似于现在流行的催眠术。她坚信女巫正在伤害女孩们，并且将怀疑矛头指向了自己嫉恨的人。她对自己编造的幽灵故事深信不疑。女孩们也一样。我们没有理由质疑这些事实。在这种执迷状态中，女孩们无法分清什么是现实，什么是幻觉，就像得了神经错乱症一样。

上述解释也许更符合事实。关于阴谋论的假设不切实际。我们应该同情"塞勒姆审巫案"的所有受害者。然而，一些人表现出来的惊恐、憎恶合情合理，因为整起事件就像有人心怀鬼胎，故意陷害他人。总之，作为美国历史上最恐怖的事件之一，"塞勒姆审巫案"重现了过去长期存在的巫术传说。在历史上，没有哪起巫术事件像"塞勒姆审巫案"这样备受人们关注，也没有哪起巫术事件能保留下如此全面翔实的记载。步入文明社会后，"塞勒姆审巫案"是巫术最后一次产生重大社会影响。"塞勒姆审巫案"发生在美国，目前为止已经过去了六代人。目前，第六代人还健在。猎巫行动兴起时，在受过教育的人当中，巫术观念逐渐销声匿迹。"塞勒姆审巫案"明确显示了巫术观念消失的时间坐标，即经过两个世纪的思想泥潭后，巫术观念正从人类思想中消失。因此，当我们隐约记起或提到"塞勒姆审巫案"时，在一定程度上，"塞勒姆审巫案"似乎是一起孤立或奇特的迷信事件。但在欧洲，"塞勒姆审巫案"发生几年前，短短一个夏天，一个村子因巫术绞死了十九人，但这件事没有引发任何特殊评论。"塞勒姆审巫案"或许能够帮助我们理解，这类悲惨事件是由可怕的迷信造成的。迷信思想曾经盛极一时，导致大批受害者惨死在了火柱上。现在，我们只能通过想象再现这样的情景。人与人之间失去了最基本的信任，并且人们之间的情感纽带断裂了，一些人疯狂的举动、原始的恐惧肆意蔓延。幸运的是，在美丽的美洲大地上，骨瘦嶙峋的幽灵虽然肆虐已久，但最终还是被彻底驱除了。

第 6 章

大觉醒运动

"塞勒姆审巫案"结束后,神职人员虽然颜面尽失,但依然代表着马萨诸塞湾殖民地的政治根基,即旧的神权理想。尽管一些神职人员头脑睿智,态度严谨,在审理巫术案时表现出色,但相比过去,舆论逐渐倒向非神职人员。很多人认为,"塞勒姆审巫案"应该归咎于旧神权的代表者,但旧神权早已信誉扫地。科顿·马瑟曾极力为巫术辩护。然而,当巫术突然遭到强烈否定时,人们已经不再关注科顿·马瑟审理巫术案时的谨慎和克制,只记得他当时相信巫术,还为巫术奔走呼告。由于科顿·马瑟及其父亲最能代表旧神权,因此,在一定程度上,科顿·马瑟成了众人谴责的对象。

殖民地建设早期,在约翰·温斯罗普和科顿·马瑟的引领下,旧的清教徒神权政治逐渐发展成为一种理想的社会结构。一开始,神权政治虽然遭到了一些殖民者的反对,但至少在道德方面是崇高且神圣的。为了抵制恶意抨击,神权政治极力寻求自我保护。最终,限制民众选举权和任职权成了神权政治可以依赖的防护墙。具体来说,只有可以参加圣餐仪式的公理会成员才具有选举权和任职权。新政策颁布后,一批人被逐出了马萨诸塞湾殖民地。后来,他们分别建立了康涅狄格殖民地和罗得岛殖民地。与此同时,很多人虽然留在了马萨诸塞湾殖民地,但被剥夺了基本权利。因此,他们一定希望殖民地政府摆脱宗教控制。神权政治的第二个发展时期以约翰·恩迪科特、理查德·贝灵翰姆和约翰·诺顿为首。当时,反对神权政治的人数占了马萨诸塞湾殖民地总人数的大多数,反对势

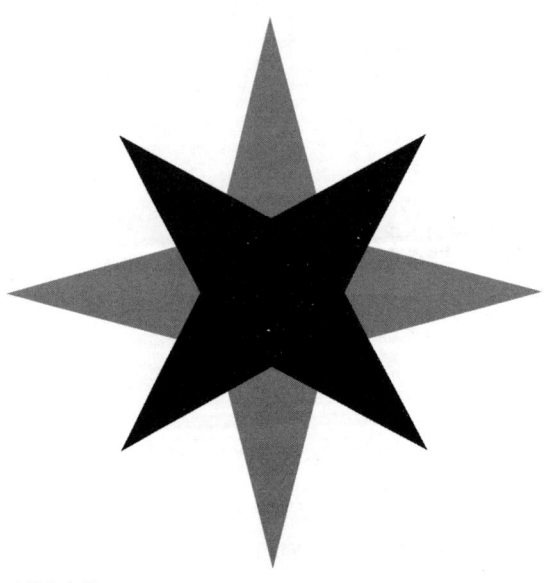

贵格会会徽

力的力量越来越大。贵格会成员迁入北美洲后，冒着生命危险定居在了马萨诸塞湾殖民地，打破了清教神权的统治局面。毫无疑问，大多数殖民者拥护贵格会的主张。与此同时，行政人员和神职人员采取了暴力镇压手段，但由于众人的声讨和抗议，镇压活动很快以失败告终。英王查理二世统治时期，马萨诸塞湾殖民地的神权政治表现出狭隘、傲慢的特点，并且勇敢阻止了英格兰王室试图插手殖民地事务的企图。因此，从这一方面看，神权政治值得称赞。就殖民地与宗主国的关系而言，为了争取政治自由，马萨诸塞湾殖民地进行了艰苦卓绝的斗争。然而，马萨诸塞湾殖民地的神权政治让民众越来越喘不过气。据称，英王查理二世驾崩时，由于不能参加上帝的圣餐仪式，马萨诸塞湾殖民地五分之四的成年男性被剥夺了政治权利。这样一来，五分之一的人统治着五分之四没有话语权的人，政治分歧越来越突出，双方火药味十足。

　　1650年，马萨诸塞湾殖民地政府逐渐意识到了问题的严重性。鉴于此，一种观念应运而生，即所有接受过洗礼的正直人士都应该被视为公理会①信徒，

---

① 公理会是指基督教中信仰新教的宗教组织，主张堂会独立，会众实行自治。该组织教徒的宗教信仰比较自由。

他们即使没有资格参加上帝的圣餐仪式,也应该有权行使政治权利。按照这种观念,一些拥有一半政治权利的公理会信徒依然没有参与宗教事务的权利。这就是当时公认的《妥协契约》。有声望的神职人员纷纷反对《妥协契约》。显然,《妥协契约》激化了社会矛盾。一些人辩称,《妥协契约》会导致公理会在精神上的堕落。但另一些人反对这种观点,认为神职人员与普通信徒分道扬镳才是更大的罪恶。在波士顿第一教堂,《妥协契约》遭到了众人的谴责。激进派神权主义者约翰·达文波特牧师担任波士顿第一教堂的牧师。随后,1669年,少数承认《妥协契约》的人从波士顿第一教堂脱离出来,独自建立了新教堂——南教

约翰·达文波特

英格兰圣公会会徽

堂。后来，南教堂被人们称为"旧南区教堂"。现在，旧南区教堂的木质结构已经变成砖式结构，一直屹立在原来的地方。当年，旧南区教堂是讨论政治问题的最佳聚会场所。从一定意义上讲，旧南区教堂的建立缓解了马萨诸塞湾殖民地当时的紧张局势，起到了政治安全阀的作用。

尽管有旧南区教堂作为缓冲，但反对的声音依然一浪高过一浪。在政治方面，反对者往往采取"托利主义"，即保守主义，或者支持英格兰政府与马萨诸塞湾殖民地的神权政治作斗争。从这个视角出发，我们或许可以将约瑟夫·达德利及其幕僚称为新英格兰"托利主义"的创立者。当时，波士顿逐渐成为重要的商贸中心，与世界各地维持着贸易往来。在波士顿，很多人是英格兰圣公会[①]教徒。他们想拥有自己朝圣的地方，但始终不能如愿，自然心生愤懑。

[①] 英格兰圣公会是英格兰王国的国家教会，是英格兰王国在16世纪宗教改革运动爆发后建立的一个民族宗教，它保留了许多天主教的礼仪，但其教义属于新教。

在这种情况下,英王詹姆斯二世撤销了新英格兰殖民地总督的特许状,派埃德蒙·安德罗斯担任新英格兰殖民地的总督。在没有任何宪章约束的情况下,埃德蒙·安德罗斯的统治遭到了众人的声讨,因为马萨诸塞湾殖民地的殖民者不愿意放弃能带给他们自由的特许状,尽管特许状有诸多缺陷。在一次精心策划的暴动中,埃德蒙·安德罗斯运气不佳,被赶下了台。神权政治的代表们,尤

英王詹姆斯二世

英王威廉三世

其是英克里斯·马瑟，企图从英王威廉三世手中重新获得特许状，并且力争新特许状的本质与旧特许状一样。但他们的努力以失败告终。最终，英王威廉三世委派了一位王室总督，代替了原来由教会成员选出的总督。这沉重打击了新英格兰殖民地的自治体制。同时，新特许状规定，新英格兰殖民地居民的选举权由各自拥有的私有财产决定，而不是只有清教徒才拥有选举权。旧的神权政治遭受了致命一击，其政治根基彻底改变。然而，第一位王室总督是马瑟家族大力支持的威廉·菲普斯。因此，神职人员挽回了一点颜面，但新英格兰殖民地的本质问题依然没有解决。

新特许状实施五年后，一件事发生了。这件事清楚表明，神职人员的权力已经一落千丈。多年来，英克里斯·马瑟一直担任波士顿北教堂的牧师。1685年，英克里斯·马瑟成为哈佛学院的院长，但一直住在波士顿。埃德蒙·安德罗斯担任新英格兰殖民地总督期间，英克里斯·马瑟回到了伦敦。因此，哈佛学院的日常管理由威廉·布拉特尔和约翰·莱弗里特负责。威廉·布拉特尔和约翰·莱弗里特是神职人员中激进的自由派。受18世纪英格兰社会风气的影响，大批自由思想者应运而生，并且影响了英属北美殖民地。在威廉·布拉特尔和约翰·莱弗里特的影响下，本杰明·科尔曼逐渐成长起来，并在1695年取得了哈佛学院的硕士学位。随后，他回到英格兰，在巴斯的一座教堂里任职。波士顿自由派人士的数量稳步上升，其中有一个叫"托马斯·布拉特尔的领袖"。托马斯·布拉特尔是哈佛学院的出纳，从商赚了很多钱。闲暇时，他喜欢研究天文学和物理学，写过一些关于月食的文章和理性批判巫术的文章。1698年，他将一块土地转让给了一群受托人。受托人在托马斯·布拉特尔的土地上建了一座新教堂。1699年，本

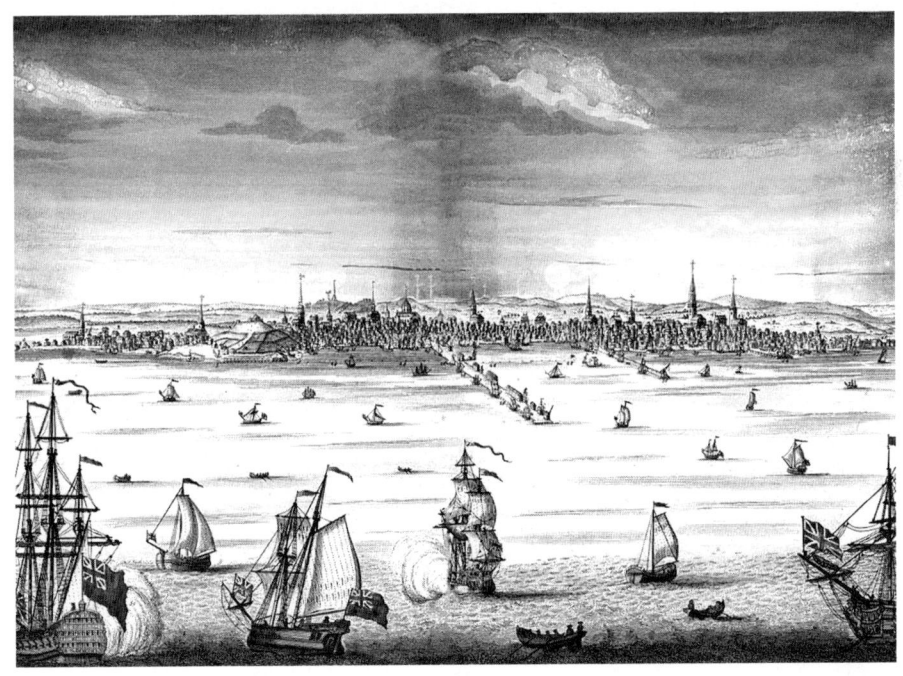

波士顿

杰明·科尔曼受邀前往新建的教堂担任牧师。一到波士顿,本杰明·科尔曼就发表了一份声明。声明中有两处新颖的地方。过去,所有参加圣餐仪式的候选人都必须符合两个条件,即承认威斯敏斯特信条①和讲述个人心灵悔悟的经历。讲述个人心灵悔悟的经历一定要让主审牧师满意,否则过不了关。但本杰明·科尔曼宣布废除讲述个人心灵悔悟经历的惯例,仅要求候选人公开承认威斯敏斯特信条。选举牧师时,以前只允许有权领受圣餐的成年男性进行投票。但本杰明·科尔曼提议,只要出钱支持过公理会的教徒,都有权投票选举牧师。这些规定的深远影响几乎不言而喻。现在,个人可以在教堂内自由发表观点。但在过去,很多牧师只能由有权领受圣餐的人选出,并且教堂排除了所有个人忏悔经历与自己期待不符的候选人,为牧师们赋予了排除异己、统摄信徒思想的能力。当时,英克里斯·马瑟和科顿·马瑟认为,托马斯·布拉特尔及其朋友们的做法击中了教堂的命脉。这一点完全正确。1700年1月5日,科顿·马瑟在日记中写道:"我看见魔鬼开始摇晃新英格兰的教堂。在波士顿,倡导革新的人建了一座新教堂。他们花了一整天时间蛊惑我们,简直狂妄无知,固执己见。他们口中充满邪恶的诽谤,有他们在的地方就有谎言……因此,我在书房里特地为这一天祈祷,向上帝呼告。"

托马斯·布拉特尔建的新教堂如果能获得其他公理会教堂的认可,那么将成为公理会自由主义的先驱,其影响力不可低估。在旧的神权政治统治下,《剑桥纲领》中的条款足以迫使地方执法官镇压异端。1699年,如果事态一切照旧,那么毫无疑问,约翰·莱弗里特、本杰明·科尔曼、威廉·布拉特尔和托马斯·布拉特尔等人要么被驱逐出新英格兰殖民地,要么受到重罚,就像威廉·瓦萨尔、罗伯特·蔡尔德及其同伴②的下场一样。但随着旧特许状被撤销,《剑桥纲领》也作废了。尽管英克里斯·马瑟竭尽全力想争取一份与《剑桥纲领》差不多的纲领,但英王威廉三世一直不赞同神权政治,没有理睬英克里斯·马瑟的提议。因

---

① 威斯敏斯特信条(Westminster Creed)是1643年,根据英格兰王国议会的命令,在威斯敏斯特大教堂,一百二十一位牧师、三十位议员和八位苏格兰代表召开神学会议,制定了英格兰王国基督教新教公认的信条。1647年,英格兰王国议会通过了威斯敏斯特信条。

② 由于宗教、政治等观点不合,这些人遭到了新英格兰殖民地政府的驱逐或惩罚。

哈佛学院

此,英克里斯·马瑟和科顿·马瑟只好退而求其次,拒绝与新上任的牧师交换布道坛,想趁机在教会礼节方面为难新牧师。从神权政治的角度看,他们可能认为,世界末日已经到来。1700年,威廉·布拉特尔和托马斯·布拉特尔与英克里斯·马瑟和科顿·马瑟达成和解,同意相互布道。但回顾整起事件,不难看出,神权政治遭受了致命打击。

与此同时,在哈佛学院的日常运转中,自由派的力量不断增强。当初,马萨诸塞湾殖民地依据1650年宪章建立了哈佛学院。但随着特许状的撤销,1650年的宪章也失去了效力。尽管哈佛学院的状况看上去和以前一样,但实际上已经岌岌可危。神权主义者想获得一部新宪章,但事情并不像他们想象的那么容易,因为新宪章必须规定,没有资格领受圣餐的人不得从事任何教学活动,违规者一律开除。但英王威廉三世坚决不同意驱逐圣公会信徒。要知道,圣公会信徒一直受到马萨诸塞湾殖民地政府的压迫,从而导致了英王查理二世与马萨诸塞湾殖民地政府之间的争吵。作为自由主义的拥护者和英格兰王国的统治者,英

理查德·库特

王威廉三世绝不会向神权政治妥协。1699年，英克里斯·马瑟和科顿·马瑟向英格兰议会提交了议案，建议规定哈佛学院设立宗教考试，并且提道："为了确保神圣的宗教在我们及我们的后代中传承，宪章中应该规定，哈佛学院的院长或教职人员只能由信奉新教教义的人担任。新教教义得到了刚踏上北美洲的殖民者的支持和拥护，也是迄今为止新英格兰所有行业的人支持和拥护的。"英格兰上议院和下议院通过了英克里斯·马瑟和科顿·马瑟的提议。然而，当时的王室总督贝洛蒙特伯爵理查德·库特投了反对票。此外，哈佛学院院长英克里斯·马瑟长居校外，引来了剑桥当地师生的不满。英克里斯·马瑟似乎更喜欢波士顿的教堂，而不是哈佛学院的事务。不久，旧南区教堂的牧师塞缪尔·威拉德被委任为哈佛学院的副院长。塞缪尔·威拉德似乎更愿意担任神职工作，不太愿意管理哈佛学院。与英克里斯·马瑟一样,塞缪尔·威拉德的离校也引发了人们的争议。但我认为,英克里斯·马瑟与哈佛学院格格不入。1685年到1700年,哈佛学院的氛围变得越来越自由。威廉·布拉特尔和约翰·莱弗里特成了哈佛学院的精神领袖。英克里斯·马瑟感到越来越不适应哈佛学院的工作。与此同时,塞缪尔·威拉德的性格和思想更契合哈佛学院的自由氛围。因此,英克里斯·马瑟的缺岗经常遭到人们的抱怨,但塞缪尔·威拉德的失职总被人们忽视。随后,英克里斯·马瑟向英格兰议会表示,"如果你们不满意我的表现,那么请找人代替我"。结果,令英克里斯·马瑟感到恼怒的是,英格兰议会将他的话当真了。1701年9月,塞缪尔·威拉德接替了英克里斯·马瑟。为了减轻对英克里斯·马瑟的打

塞缪尔·威拉德

击，塞缪尔·威拉德的头衔是副院长。关于这件事，塞缪尔·休厄尔的日记中有几条有趣的记录。当时，英格兰议会刚刚宣布了哈佛学院院长的调整，塞缪尔·休厄尔是议会议员。塞缪尔·休厄尔写道："科顿·马瑟走进威尔金先生的商店，劈头盖脸地指责我，说我对待他的父亲比对待黑人还残酷。他的声音很大，街上的行人都能听到……我早上读到一句话，'神施加给人的折磨可以让人的心灵得到升华'。现在，我觉得这句话是一剂心灵补药。"日记后面还跟了一条备注："1701年10月9日，我给英克里斯·马瑟送去了一块肥美的鹿腿肉。我希望借此表明，我没有把他当黑人对待。"科顿·马瑟希望，塞缪尔·威拉德去世后或辞职后，自己能当选哈佛学院的院长，但他没有看清时局，也没有尽职尽责，而是选择生闷气。作为哈佛学院董事会成员，长时间不参加会议会被视为放弃了职位。1702年，约瑟夫·达德利抵达波士顿，奉命接替了贝洛蒙特伯爵理查德·库特，出任马萨诸塞湾殖民地总督。约瑟夫·达德利之前一直到埃德蒙·安德罗斯，英克里斯·马瑟一直待在英格兰。约瑟夫·达德利与约瑟夫·达德利和科顿·马瑟之间的仇恨由来已久，可以说他们的根本利益存在冲突。在旧神权的捍卫者和"托利主义"的创立者之间，任何时候都毫无情面可言。此外，不管是宗教改革还是政治改革，自然选择的法则总会让反对者联合起来对抗神权政治。约瑟夫·达德利和约翰·莱弗里特联手。1707年9月，塞缪尔·威拉德去世后，哈佛学院董事会立即选择约翰·莱弗里特接任塞缪尔·威拉德。在约翰·莱弗里特的支持下，哈佛学院董事会向英格兰议会提交了一项决议，宣布1650年的宪章依然有效。更确切地说，哈佛学院董事会制定了一部宪章，并且宪章的核心条款和1650年的宪章一样。约瑟夫·达德利立刻签字，新宪章生效。英格兰王室的枢密院依然可以推翻新宪章，但它没有这样做。马萨诸塞湾殖民地经历了大变革后，哈佛学院顺利进入发展新篇章。在抵制教条或传统的过程中，哈佛学院逐渐摆托了束缚。

马萨诸塞湾殖民地发生大变革时，康涅狄格殖民地的情况也发生了变化。当时，康涅狄格河两岸的城镇联合，诞生了康涅狄格殖民地。和马萨诸塞湾殖民地不同，康涅狄格殖民地的建立体现了一种更自由的政治原则。多切斯特、剑桥和沃特敦的大批居民认为马萨诸塞湾殖民地的神权政治过于专制，于是迁到了康涅狄格河流域。在康涅狄格殖民地，政治权利不止局限在公理会成员。与马萨诸塞湾殖民地的参事委员会相比，康涅狄格殖民地的参事委员会权力大得多。康涅狄格殖民地的一些城镇实现了完全自治。从一开始，康涅狄格殖民地就比马萨诸塞湾殖民地更民主、更自由。

与此同时，纽黑文的联合政体近似马萨诸塞湾殖民地的政体，但神权化和贵族化色彩更浓厚。然而，纽黑文和康涅狄格殖民地的联合并不是简单的正负中和，而是会形成像马萨诸塞湾殖民地那样的政权。在纽黑文，支持神权政治的人大举迁入新泽西，也有一些人回到了马萨诸塞湾殖民地，留在长岛海峡岸边的大部分人反对纽黑文的神权政治。整体上看，1670年到1690年，康涅狄格殖民地居民的思想比马萨诸塞湾殖民地居民的思想更自由。

但进入19世纪后，我们很难否认，虽然康涅狄格殖民地和马萨诸塞湾殖民地民众的智力水平都很高，但马萨诸塞湾殖民地的社会体制更自由。换句话说，

纽黑文

马萨诸塞湾殖民地迅速接纳了新思想，尤其是有关神学方面的思想。在摆脱神权政治束缚时，马萨诸塞湾殖民地更加果断。北美洲殖民者接受"一神论"[①]思想的过程足以证明这一点。对一些人来说，"一神论"思想的兴起似乎是人类向前迈了一大步。但另外一些人认为，"一神论"思想是人类为了走捷径，坠入了怀疑的深渊。然而，所有人都必须承认，与康涅狄格殖民地的缓慢接受相比，"一神论"思想在马萨诸塞湾殖民地迅速传播。显然，与旧观念决裂时，马萨诸塞湾殖民地非常果断。对比耶鲁学院和哈佛学院的历史，我们也能看到二者在除旧布新方面的明显差异。不可否认，耶鲁学院相对比较保守。什么导致了耶鲁学院的保守特点呢？这是一个很有意思的追问。如果康涅狄格殖民地的发展比马萨诸塞湾殖民地更保守，那么是什么社会因素促成了这一差异呢？很少有人给出这一问题的确切答案，但指出一些事实或许有助于解答这一问题。

任何社会体制的发展都遵循一个普遍规律，即随着规则和限制的增多，社会体制会变得越来越僵化，个体会受到越来越多束缚。因此，在追求某个既定目标时，社会体制往往会阻碍自身发展，导致既定目标很难顺利达成。换句话说，既定目标变得不那么重要了，维护社会体制的正常运转成了重中之重。在教会中，这一点至关重要。神职人员往往故意夸大教会的重要性，因为他们是教会中的一员。舆论也赋予教会特殊的神圣性。神职人员认为，制定法律和条例是教会的职责所在，所有信徒必须遵守教会制定的一系列规则，否则就会受到惩罚。在马萨诸塞湾殖民地，教会的僵化体制可以归咎于1648年制定的贻害无穷的《剑桥纲领》。《剑桥纲领》规定，地方执法官有权惩治任何违反教会教条或规范的人。《剑桥纲领》带来的恶果之一是，浸礼会[②]和贵格会的信徒遭到了起诉，在波士顿的年鉴上留下了不光彩的一笔。但值得注意的是，由于马萨诸塞湾殖民地的政治权利只限于公理会成员，因此，越来越多民众开始反对公理会。在这种社会环境下，马萨诸塞湾殖民地从未失去良性刺激。各利益集团相互较量，社会矛盾越来越尖锐。1699年，哈佛学院试图强制推行宗教考试，但计划落空。

---

① "一神论"是指上帝一位论，主张上帝只有一位，反对三位一体说。
② 浸礼会是指17世纪从英国清教徒分离出来的一个宗教派别，该教派反对婴儿受洗，主张成年人洗礼。

在马萨诸塞湾殖民地命运的转折期，人们见证了哈佛学院一步步成为彻底的反神权主义阵营的过程。与此同时，康涅狄格殖民地一直走得很平稳，几乎没有发生内部动荡。当然，有一段时间，康涅狄格殖民地对埃德蒙·安德罗斯的统治怨声载道，但整个社会机制没有发生变化，不像马萨诸塞湾殖民地那样，在1685年后遭到了重创。我认为，康涅狄格殖民地没有出现暴乱的原因就在此。此外，康涅狄格殖民地的教会也相对温和。18世纪初，康涅狄格殖民地的神职人员及民众很容易顺应内心的冲动，去改善，或者更准确地说，去界定和规范教会组织。当时，许多有识之士意识到，如果教会的组织机制更完善，那么教会的影响力也会更大。结果，1708年5月，塞布鲁克召开一场教会会议。会上颁布了著名的教义——《塞布鲁克纲领》。

《塞布鲁克纲领》规定，"在治理各自管辖的城镇时，牧师和教会"应该"设立一个教堂协会，如果条件允许，可以设立多个教堂协会，目的是彼此提供必要帮助"。以前，行使教会权力的组织由个人或个别教堂自愿选出。现在，教会的权力全部由一个常任理事会掌控，并且常任理事会由新设立的教堂协会商议后任命。牧师一旦违反常任理事会的法令，就会被开除教籍或逐出公理会教堂。常任理事会可以邀请附近一个或多个教堂协会参加会议。《塞布鲁克纲领》还规定，每年选举殖民地总督和立法机关的时候，康涅狄格殖民地要召开一次由教堂协会代表组成的全体会议。

康涅狄格殖民地政府采纳了《塞布鲁克纲领》，并另附条款称："对英明严谨的教会来说，即使无法加入教堂协会，也可以凭良心进行传教、做礼拜。"这项条款既审慎又开明，意在杜绝任何不公正迫害。《塞布鲁克纲领》实施后，康涅狄格殖民地的公理会制度逐渐变成了长老会制度，无疑是向保守主义转变的重要一步。历史表明，任何教会组织想要压制异己，都必须借助整体力量胁迫个体。历史还表明，与中世纪的教皇相比，伊斯兰教的哈里发①的力量更强大，因为哈里发的权力至高无上，而教皇可能会受到主教会议的限制，或者各国君

---

① 哈里发是阿拉伯语中"继承"一词的音译。632年，伊斯兰教创始人穆罕默德去世后，其继任者称作"哈里发"。后来指阿拉伯政权中对最高统治者的称呼。

伊丽莎白一世

主的抵制。英格兰国教的最高领袖,如英格兰女王伊丽莎白一世或英王查理二世,他们拥有的权力不需要赘述。长老会制度下的教会议会拥有的权力也不必多说。然而,从长老会制度再回到独立的公理会制度,要想削弱长老会制度的强权统治,并不是一件容易的事。因此,有趣的是,当托马斯·布拉特尔修建了教堂,马萨诸塞湾殖民地朝更独立的方向大步迈进时,康涅狄格殖民地迈出了保守的一步,坚定地走向长老会制度。这一点值得关注。拥有了绝对权力后,长老会制度的影响并没有总是表现在外在行动上,更多地表现为一种潜移默化的影响,尤其是对舆论的引导。我猜想,上文提到的社会情形中,我们至少可以解释一个事实,即一个世纪后,马萨诸塞湾殖民地的诸多教堂接受"一神论"思想后,仍然实行的是公理制度①。此外,康涅狄格殖民地很难跨出极端的一步。在康涅狄格殖民地,尽管很多教堂中充斥着各种偏离古老教义的思想,但很少有教堂公开承认"一神论"思想。

受《塞布鲁克纲领的》影响,康涅狄格殖民地的公理会教堂很容易和长老会教堂联合。近代以来,公理会教堂和长老会教堂的关系越来越亲善。因此,在康涅狄格殖民地及与其西部接壤的地区,当人们想表达"公理会的"意思时,往往会用"长老会的"这样不准确的词。如果奥利弗·克伦威尔的属下听到这样的字眼,可能会吓得汗毛都竖起来。

18世纪初,康涅狄格殖民地还发生了一件值得纪念的事情,即耶鲁学院的建立。当时,康涅狄格殖民地的城镇与剑桥之间的距离比现在远得多。因此,人

耶鲁学院徽章

---

① 公理制度是一种基督教新教组织管理教会的制度,以各个堂区的会众为单位,直接选聘牧师管理教会,不设教会总机构。

伊莱休·耶鲁

们觉得应该在离家更近的地方建立一所新学院。在布兰福德开会时,十名牧师提出了新建学校的动议。其中九位牧师毕业于哈佛学院。他们从自己家中拿来了约四十本厚重的对开书,建立了学院图书馆。社会各界的捐赠陆续到来。1701年,通过一项建校决议,新学院的董事会成立。董事会中的所有成员都是神职人员,并且年龄都不小于四十岁。起初,新学院坐落在塞布鲁克,但最初几年的课程都是在基林沃斯开展的。在基林沃斯,亚伯拉罕·皮尔逊牧师出任新学院的第一任院长。1716年,新学院搬到了纽黑文。1718年,为了纪念伦敦商人伊莱休·耶鲁的捐赠,学院改名为"耶鲁学院"。伊莱休·耶鲁的父亲曾是纽黑文最早的拓殖者。当时,耶鲁学院的建立给康涅狄格殖民地带来了一股保守思潮。一方面,耶鲁学院开设了古典课程,使许多无法去剑桥上学的人有机会接触古典课程。另一方面,耶鲁学院遏制了康涅狄格殖民地神职人员的自由化倾向。但在哈佛学院,自由思想开始愈演愈烈。建校之初,耶鲁学院就像一个隔离体。在马萨诸塞湾殖民地,许多人不愿意接受约翰·莱弗里特、威廉·布拉特尔和托马斯·布拉特尔的自由主义思想,于是将情感寄托在了耶鲁学院,不仅慷慨捐赠,还将自己的儿子送到耶鲁学院读书。因此,通过《塞布鲁克纲领》继续留任的牧师完全把控了耶鲁学院,耶鲁学院的保守主义倾向也越来越明显。就社会环境而言,当时,马萨诸塞湾殖民地的总督虽然总是激起民愤,但不断向殖民地输送欧洲人的先进思想。我们可以看到,马萨诸塞湾殖民地的社会环境更容易改变民众的思想,而不是墨守成规,尽享安逸。

18世纪初,新英格兰的教堂普遍萎靡不振,民众的精神信仰陷入低潮。这样形容一点都不为过。英格兰的教堂情况与新英格兰非常相似。法兰西王国的情况更糟糕。造成这种局面的原因复杂多样,其中一个原因是,超自然主义受到了科学真理的批判,巫术迷信迅速消失,大量思想肤浅的人转向唯物论。在法兰西王国,教堂成为独裁者的帮凶,完全丧失了信誉。当时,几乎所有伟大的思想家都开始攻击教堂。17世纪,英格兰的民智得到极大提升,享乐主义开始盛行,神圣的灵魂遭到了嘲笑。在反对宗教改革的斗争中,宗教沦为了政治工具,无疑削弱了宗教的精神力量。不断扩大的商业活动对宗教改革也产生了影响。当人们的兴趣越来越多时,就会暂时遗忘对信仰的追求。由于上述原因,宗教成为社会结构中最薄弱的一个环节。

然而,无论做何解释,一个不争的事实是,18世纪早期,教会遭到了冷遇。新英格兰的所有神职人员及教徒对此感同身受,一直在寻找教会遭受冷遇的深层原因,以及解决问题的最佳方法。在众多原因中,《妥协契约》可能对教会产生了消极影响。在生活中,最严肃的事情可能是心灵的忏悔和皈依。一个人可以凭借忏悔和皈依得到领受圣餐的资格。但《妥协契约》允许所有受过洗的人,只要不做坏事,都可以参加圣餐仪式。因此,婴儿的受洗礼有了神奇的魔力,领受圣餐变成了形同虚设的礼节。的确,在刚开始的时候,支持《妥协契约》的人允许受过洗的信徒拥有投票权和任职权,但无权领受圣餐,除非他们说出内心的悔悟并得到其他人的认可。后来,北安普敦牧师所罗门·斯托达德宣布,只要幼年受过洗的人,不需要其他任何条件,都可领受圣餐。此时,危机才真正到来。

但所罗门·斯托达德的规定并没有得到执行。最终,所罗门·斯托达德的外孙通过他的文章和布道,化解了危机。所罗门·斯托达德的外孙是世界上少有的奇才之一,智力水平可能是西半球迄今为止最高的。他就是1703年出生在康涅狄格殖民地东温莎的乔纳森·爱德华兹。乔纳森·爱德华兹继承了父亲蒂莫西·爱

乔纳森·爱德兹

布莱兹·帕斯卡

德华兹和母亲埃丝特·斯托达德的优点。小时候,他才智出众,执着追求神性生活。十六岁时,与法兰西数学家布莱兹·帕斯卡一样,在文章《自然笔记》中,他表现得非常早熟。他的《自由意志论》及其他成年后的作品表现出一种形而上学的思想,可以与哲学家康德或乔治·贝克莱相提并论。在他的诸多思考中,一些崇高的思想总是贯穿一种持续不断的想象力,让人不禁想到荷兰哲学家巴鲁赫·斯宾诺莎。的确,乔纳森·爱德华兹在我们脑海中出现的次数越多,他就显得越高大,越不可思议。在基督教神学作家中,乔纳森·爱德华兹可以和圣·奥古斯丁、托马斯·阿奎纳及约翰·加尔文并列。同时,他不但智力超群,而且品格高尚。他身上集聚了所有他人引以为傲的男子气概,宅心仁厚,重情重义,不需

威廉·佩恩

要能言善辩就能成为一名优秀的牧师。当时,与威廉·佩恩一样,乔纳森·爱德华兹的思想中也出现了神秘主义倾向。如果说才智普通的人很少具有神秘主义倾向,那么我认为,智商超群的人几乎都具有神秘主义倾向。当一个人深入探究了神秘的自然后,如果没有表现出神秘主义倾向,那么我相信,他的研究是徒劳的,他寻找真理的路也会就此中断。伴随深邃的理性思维,乔纳森·爱德华兹身上有一种"灵性意识",正如巴鲁赫·斯宾诺莎或德意志诗人诺瓦利斯体现出的那样。他从神秘主义观点出发,阐释了世俗男女可以通过改变灵魂靠近神性生活,但首先要提升内心的旨归,最后使心灵弃恶扬善。这种构想可能不是乔纳森·爱德华兹的独创,因为基督教早期的基本教义就是讲灵魂从世俗向耶稣转化的。但后来,这种心灵的救赎方式从未受到人们的重视。正如加尔文主义[①]将个人解释为天堂的神力和地狱的魔力互相较量的主体,增强了个体灵魂的重要性那样,乔纳森·爱德华兹也全面阐述了在灵魂皈依的过程中,人需要面对的残酷现实,同时将心灵救赎设想成一种前途未卜的震颤状态,使灵魂皈依过程呈

巴鲁赫·斯宾诺莎

① 加尔文主义是法国著名宗教改革家、神学家约翰·加尔文主张的思想,他强调个人必须依靠信心或信仰获得救赎。

现出无限的悲怆感。他认为，皈依者和未皈依者的区别比上帝的选民与弃民的区别更重要，搞清楚皈依者和未皈依者的区别非常难。因此，在18世纪的大部分时间里，新英格兰神学家一直在努力解决这个难题。由于乔纳森·爱德华兹的出现，困扰人们的主要问题不再是"我是否能成为上帝的选民"，而是"我是否将灵魂交给了基督"。显而易见，这种新视角及其形成的心理很快激发了新英格兰人的宗教意识。不久，在奋兴会①中，新英格兰人的宗教意识体现了出来。从严格意义上讲，奋兴活动源自新英格兰。有时，宗教的奋兴现象会达到猖獗的程度，但一开始主要局限在原始的异教徒中。近代的奋兴会不但带有强烈的宗教情感，而且其信徒的受教育程度普遍很高。这种情况最早出现在新英格兰。奋兴的基本特征是恐惧，激发信徒的罪恶感，使信徒不断怀疑自己能否真正获得救赎。由此可见，一旦信徒达到奋兴状态，类似《妥协契约》的教规就没有用了。但要达到奋兴状态，必须将教会的属灵气氛烘托起来。为此，乔纳森·爱德华兹不断进行布道，因为他和威廉·佩恩一样，认为与精神力量相比，形式礼节无足轻重。

有时，宗教奋兴似乎是一种原始的迷信残留，正如1727年地震后，人们蜂拥闯入波士顿教堂那样。但1734年，马萨诸塞殖民地的北安普敦出现了更高层次的奋兴活动。当时，已经在北安普敦布道八年的乔纳森·爱德华兹接任了自己外祖父的神职。宗教奋兴蔓延到了整个康涅狄格河谷，并且持续六个月，引起了英格兰国内的注意。不久，本杰明·科尔曼邀请乔治·怀特菲尔德来新英格兰布道。当时，二十六岁的乔治·怀特菲尔德刚担任英格兰国教的牧师。他才智平庸，不具备学者或思想家的显著特征，但具有卓越的演讲能力。1740年，他在新英格兰各地布道，有时在教堂，有时在户外，有时听众多到一万五千人。后来，他前往北安普敦朝圣，拜访了最近一次奋兴活动的布道者。他从来没有见过像乔纳森·爱德华兹这样的伟人。同时，他悦耳的声音让听他布道的乔纳森·爱德华兹潸然泪下。

---

① 奋兴会是18世纪在美国、英格兰等地兴起的一个基督教新教派别，其信徒鼓吹对上帝的狂热崇拜。

乔治·怀特菲尔德

乔治·怀特菲尔德离开北安普敦后,来自新泽西的长老会牧师吉尔伯特·坦南特以乔治·怀特菲尔德为榜样,效仿乔治·怀特菲尔德的布道。吉尔伯特·坦南特来到波士顿,花了三个月时间在波士顿周边布道。当时,听众众多,吉尔伯特·坦南特的布道效果震撼无比。来自长岛绍斯霍尔德的詹姆斯·达文波特是纽黑文牧师约翰·达文波特的重孙,很受乔治·怀特菲尔德及其他奋兴会布道者的敬重。但他过于热情,甚至到了怪异的程度。据说,有一次,他的布道持续了近二十四小时。由于声音和动作过于夸张,他后来竟然患上了脑热病。说话的时候,他似乎从来没有节制,并且行为怪异,非常自负。怪异行为大多是精神病患者的特征。如果所到城镇民众的宗教热情不高，詹姆斯·达文波特就会直接骂当地的牧师，指责牧师们不信仰上帝，误导了盲目的信徒。他警告人们，当地牧师的布道会危及他们的灵魂。在波士顿，他谩骂指责当地牧师。结果，波士顿牧师们开会商议，决定不让他使用教堂的讲坛。然而，詹姆斯·达文波特毫不畏惧，继续指责牧师们。在科珀山或波士顿公园，詹姆斯·达文波特向数以千计信众布道。譬如，在一次布道中，他说道："仁慈的上帝啊，我不会向您含糊其词，因为您最清楚我的本意。在波士顿及新英格兰，大多数牧师都没有皈依。他们正将盲目的信众带入地狱。"由于这些布道之辞，詹姆斯·达文波特遭到起诉。但考虑到他的精神异常，法庭宣布他无罪。

当时形成的一种布道方式类似于一个世纪前，安妮·马尔伯里·哈钦森夫人及其唯信仰论朋友在波士顿进行的布道。唯信仰论者遭到反对的主要原因

安妮·马尔伯里·哈钦森夫人布道

托马斯·普林斯

之一是，他们声称上帝之光照进了他们的大脑，使他们看到了大多数基督徒看不到的真相。基于这种信念，唯信仰论者大肆抨击等级最高的神职人员，说他们是契约下的奴隶。当时，许多牧师认为，吉尔伯特·坦南特、詹姆斯·达文波特及乔治·怀特菲尔德的追随者们的行为和唯信仰论者一样，都容易挑起宗教纷争。毋庸置疑，这是奋兴运动导致的直接后果。奋兴布道者的宣讲引来了大量批评声，包括上述观点。许多人开始怀疑，奋兴会能否真正为人们带来福音。人们的怀疑引发了激烈的争论，几乎每个教堂中都有支持奋兴会的人和谴责奋兴会的人。在这种情况下，奋兴会逐渐走向衰落。1744年，托马斯·普林斯牧师写道："过去两年，在上帝的启示中，主灵精神好像逐渐消失。第一年，我几乎听不到呐喊声，即'我该怎么做才能得到救赎'。目前，教堂中还没有新的皈依者，上帝似乎不再恩赐波士顿了。"当托马斯·普林斯沮丧地

爱德华·霍利约克

表达这种想法时,乔治·怀特菲尔德回到了新英格兰。但乔治·怀特菲尔德不再像以前那样受人关注,也无法继续引起轰动。当时,他受邀前来管理托马斯·布拉特尔的教堂。邀请一位英格兰国教牧师管理教堂足以显示该教堂的开放程度。此外,哈佛学院院长爱德华·霍利约克及全体教员通过了一项决议及全体教员通过了一项决议,谴责乔治·怀特菲尔德巡回传教的方式。剑桥的神职人员也拒绝让乔治·怀特菲尔德使用讲坛。因此,乔治·怀特菲尔德只能在剑桥的公园中向众多信徒布道。

在马萨诸塞湾殖民地,奋兴会遭到的反对只局限在神职人员和教授当中。但在康涅狄格殖民地,奋兴会遭到了殖民地政府的打压。乔治·怀特菲尔德、吉尔伯特·坦南特和詹姆斯·达文波特在康涅狄格殖民地到处传教，皈依信众数以百计。詹姆斯·达文波特一如既往地抨击当地循规蹈矩的牧师。这些行为遭到了殖民地政府的干预。在斯特拉特福德，詹姆斯·达文波特因聚众扰乱公共秩序、毒害民众思想、煽动民众喧哗闹事等罪名被捕。在审讯詹姆斯·达文波特期间，一大群皈依者扬言要冲进拘押詹姆斯·达文波特的地方救他。为了平息骚乱，殖民地政府不得不动用武装人员。在布道时，与詹姆斯·达文波特有相同经历的还有本杰明·波墨罗伊。后来，本杰明·波墨罗伊被免职，还被停发了薪酬。

由此可见，大觉醒运动造成的后果之一是，挑起了旧贵族牧师集团与较民主牧师间的争论。较民主的牧师代表是乔治·怀特菲尔德及其朋友们。接下来，我们要叙述北安普敦的情况。如果忽略北安普敦的情况，那么本章的完整性将大打折扣，因为北安普敦是乔纳森·爱德华兹布道的地方。大觉醒运动在北安普敦酝酿并形成。我们很清楚，乔纳森·爱德华兹宣扬的教义断然否决了《妥协契约》，但《妥协契约》中最极端的条款就是乔纳森·爱德华兹的外祖父在北安普敦提出的。1749年，乔纳森·爱德华兹已经在北安普敦定居二十二年，一直深受当地教民的爱戴。但他对领受圣餐者实行了严格限制，很快失去了民心。针对乔纳森·爱德华兹的恶意抨击甚嚣尘上。最终，北安普敦教区解雇了乔纳森·爱德华兹，还召开了大会进行投票，决定不再让乔纳森·爱德华兹在北安普敦的教堂里布道。最后，乔纳森·爱德华兹被调到了伯克希尔，对斯托克布里奇的印第安人进行布道。在伯克希尔待了六年后，乔纳森·爱德华兹出任了普林斯顿学院的院长。五十五岁那年，他在普林斯顿去世。

《妥协契约》的崩溃让婴儿受洗礼失去了光环。大多数比较民主的奋兴会信徒涌向了浸礼会教堂，导致新英格兰地区的浸礼会信徒迅速增加。显而易见，大觉醒运动大大加强了新英格兰地区的宗教信仰，尽管其中充满情感宣泄。与《妥协契约》主宰的旧时代相比，新的皈依理念将灵魂提升到了更高的境界。在干瘪的教条纲领下，17世纪的宗教思想行将就木，没有任何感情。但大觉醒运动为新英格兰的宗教注入了热血。可以说，大觉醒运动具有的激发力类似于英格兰的韦斯利兄弟在布道时传递出来的力量。但需要记住的是，韦斯利兄弟布道早期，约翰·韦斯利深受新英格兰奋兴会的影响。我们如果详阅所有相关史料，就会发现，在一定程度上，大觉醒运动中的劝诫与自省、祷告与眼泪、喜悦与赞颂影响了19世纪人们的灵魂，并且使人们的灵魂变得更加温柔细腻，远远超越了18世纪人们的灵魂。

第 7 章

诺里奇沃克和路易斯堡

约1861年,当美国国务卿威廉·H.苏厄德谈到奴隶制和自由之间"无法化解"的矛盾时,人们普遍认为,这一新表达既恰当又生动。同样,为了争夺北美殖民地,法兰西王国和英格兰王国持续了七十年的矛盾可谓"无法化解"。法兰

威廉·H.苏厄德

西王国和英格兰王国之间的矛盾是新法兰西专制主义与新英格兰个人自由主义之间的较量,是天主教的专制统治与清教徒实行自治之间的冲突。与北美洲一样,欧洲的各政治派别争斗不休,互不相让。在北美洲,即使英格兰王国和法兰西王国相安无事,但只要有印第安人在,英格兰人和法兰西人之间的流血冲突就在所难免。诺里奇沃克发生的一切就是最好的佐证。

1713年签订的《乌得勒支条约》结束了旷日持久的西班牙王位继承战争。根据《乌得勒支条约》,法兰西王国将阿卡迪尔地区割让给了大不列颠王国①。经过多次易主,阿卡迪尔地区最终落到了英格兰人手中。但阿卡迪尔地区的界线在哪里?阿卡迪尔地区通常包括新斯科舍、新布伦瑞克和缅因的部分地区。英格兰人认为,《乌得勒支条约》将阿卡迪尔所有地区割让给了大不列颠王国。

《乌得勒支条约》签订

---

① 1707年,英格兰和苏格兰合并为大不列颠王国,直到《1800年联合法案》通过后,大不列颠王国与爱尔兰王国才合并。1801年,大不列颠王国被大不列颠与爱尔兰联合王国取代。

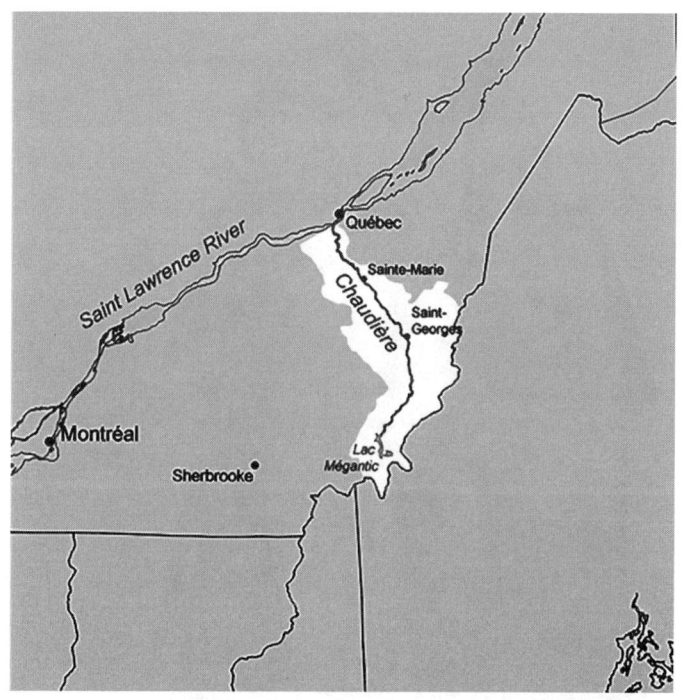

肖迪埃尔河示意图

但法兰西人认为,自己只割让了新斯科舍,并且警告英格兰人不要霸占阿卡迪尔的其他地区。于是,双方声称,阿卡迪尔问题应该由一个特别委员会解决。但如何解决阿卡迪尔问题困难重重,英格兰人和法兰西人都不愿轻易指派委员会。因此,最后只能靠残酷的七年战争平息争端。

法兰西人认为,新法兰西与新英格兰的领土界线是肯纳贝克河,并且认为这条界线至关重要,因为新英格兰的定居点已经沿着北美东海岸线迅速向东北方向扩张,而且肯纳贝克河的源头有很多纵横交错的水系,包括与肖迪埃尔河上游相连的众多溪流、湿地及小湖泊。最终,在魁北克对岸,肖迪埃尔河流入圣劳伦斯河。尽管通过肯纳贝克河入侵加拿大的路线非常难走,正如半个世纪后本尼迪克特·阿诺德证实的那样,但法兰西人依然觉得有必要在肯纳贝克河流域建立防线。因此,法兰西人一如既往地与居住在肯纳贝克河沿岸的阿尔冈昆人结盟。

阿布纳基人

　　肯纳贝克河沿岸的阿尔冈昆人通常被视为阿布纳基人或东方人,其文明程度与马萨诸塞湾的印第安人差不多,但大大超过了新斯科舍地区的密克马克人。阿尔冈昆人有许多部族和分支,如肯纳贝克族、培诺伯斯科特族等。这些部族名称作为地名,一直保留在地图上。然而,阿尔冈昆人中最重要的一支是扼守肯纳贝克河上游诺里奇沃克地区的印第安人。诺里奇沃克地区印第安人的村落紧邻河道,四周有栅栏,距肯纳贝克河河口一百二十多英里。从普利茅斯或波士顿出发前往诺里奇沃克,就像一头扎进了荒野。但诺里奇沃克地区的印第安人并不野蛮,因为塞巴斯蒂安·拉莱曾不遗余力地向诺里奇沃克地区的印第安人传教,让他们信仰耶稣,接受洗礼。塞巴斯蒂安·拉莱是一个有趣的人,出生在法兰西的勃艮第,即人们熟知的布朗什-孔泰大区。1689年,三十二岁的塞巴斯蒂安·拉莱和弗兰特纳克伯爵路易·德·布德一起来到加拿大。起初,他在加拿大的几个地方奔波传教,最远到达了加拿大西边的伊利诺伊河流域。1693年后,他开始在诺里奇沃克的印第安部落中传教,直到去世。他熟练掌握了印第安语,不仅会说易洛魁人的休伦语,还会说至少三种阿尔冈昆人的方言。此外,他还掌握了印第安文字。诺里奇沃克地区印第安人的村庄呈正方形封闭结构,四边长约五十米,分别建有两米七至三米的木栅栏围墙,每道围墙中间有一个大门,大门前后是两条十字交叉的道路。围墙内建有二十六间棚屋,围墙外几米处的地方有一座小教堂。总之,与两个世纪前雅克·卡蒂埃造访奥雪莱嘉相比,诺里奇沃克的印第安村落简陋不堪,更不能与塞缪尔·德·尚普兰在1615年攻下的奥内达加的印第安村落相比。因此,塞巴斯蒂安·拉莱除了传教,还会干很多事。譬如,他会做木匠活,还懂一点儿园艺。他对症下药,根除了许多令他无法忍受的印第安人的观念,倾尽全力满足印第安人的精神需求。除了宣扬天主教,他还兼任语言学家和

塞巴斯蒂安·拉莱在印第安人中传教

腓力国王战争中印第安人袭击白人定居点

外交官,利用闲暇时间编纂阿布纳基人的词汇表。平时,他的语言天赋都用在了教化当地的印第安人上。他还教印第安人如何与英格兰人打交道。

《乌得勒支条约》签署前,四十年来,皮斯卡塔夸河和肯纳贝克河之间的地区见证了多场残酷战争。第一场战争是1675年到1676年的腓力国王战争①,其余两次是英法之间的威廉国王战争②和安妮女王战争③。战争导致诺里奇沃克

---

① 腓力国王战争是印第安人同英格兰殖民者在北美洲爆发的一场种族冲突。1675年夏,印第安人首领率领印第安人向新英格兰殖民地发动了袭击,该冲突持续近一年,双方伤亡惨重。最终,英格兰殖民者取得胜利。
② 威廉国王战争也称"第二次印第安人战争",是欧洲本土奥格斯堡同盟战争(1689—1691)在北美洲的一个战场,发生在英格兰国王威廉三世统治时期而被称为"威廉国王战争"。
③ 安妮女王战争又称"第三次印第安人战争"(1702—1713),是英、法两国为争夺北美大陆控制权而进行的一场战争。

边境地区成为一片废墟。但1713年后,随着新一波定居点向北美洲东北方向延伸,诺里奇沃克地区的旧村落逐渐恢复,新村落不断出现,树林中随处可见开辟出的空地,空地上建有英格兰人的小木屋,屋顶不时冒着青烟。当时,印第安人对欧洲人的拓殖活动惶恐不安,甚至非常恼怒。这是情理之中的事情。印第安人认为,英格兰人正在蚕食他们的土地。但英格兰人辩称,他们的土地都是从印第安酋长手中买来的,理应归他们所有,并且印第安酋长对土地价格很满意。然而,印第安人理解的土地所有权与土地转让和英格兰人完全不同。对印第安人来说,卖一块土地意味着对方可以在这块土地上捕鱼打猎,或者任意通行不受阻拦。当时,他们还没有意识到,在土地买卖中,买家有权赶走卖家。塞巴斯蒂安·拉莱趁机提醒印第安人,印第安酋长经手的任何土地交易都是无效的,因为土地是部落财产,必须留给部落的子孙后代。塞巴斯蒂安·拉莱的提醒与印第安人的想法不谋而合。但英格兰人认为,只要买了土地,他们就有权驱逐印第安人。因此,在阿布纳基人的村落附近,当英格兰人盖起农舍甚至堡垒时,阿布纳

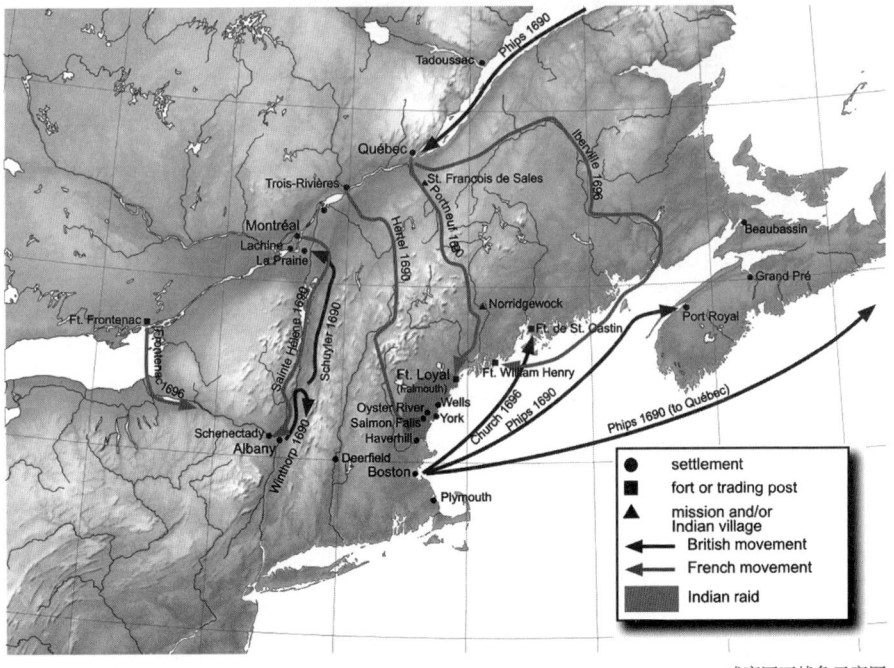

威廉国王战争示意图

菲利普·德·里戈

基人虽然怒不可遏,但不敢轻举妄动,除非有法兰西人的帮助。在和平时期,阿布纳基人希望通过法兰西人攻打英格兰人的想法很难实现。

法兰西人虽然一向言语谨慎,从不明目张胆破坏国际规则,但暗地里经常怂恿印第安人攻打英格兰人。加拿大总督沃德勒伊侯爵菲利普·德·里戈曾明确表示,暗地里与印第安人结盟没有什么不妥,因为印第安人一旦向英格兰人开战,法兰西人就可以将责任推得一干二净。

1717年,在肯纳贝克河口附近的阿若锡克岛,马萨诸塞湾殖民地总督塞缪尔·舒特召开了会议。会上,印第安人表示非常渴望和平,任由塞缪尔·舒特怎么言语羞辱都不愿意发动战争。一向傲慢自大且不讲求策略的塞缪尔·舒特吃了闭门羹。为了削弱塞巴斯蒂安·拉莱对印第安人的影响,一个叫"约瑟夫·巴克斯特"的新教牧师从梅德菲尔德来到诺里奇沃克布道。约瑟夫·巴克斯特和塞巴斯蒂安·拉莱经常用拉丁文写信，抨击对方的政见和信仰，相互嘲笑各自的写作风格。面对这种争吵，约瑟夫·巴克斯特显然逊色不少。肯纳贝克河沿岸的争斗集中体现了英格兰王国和法兰西王国之间的较量。一方面，新英格兰的殖民者寻求自治，不断向新英格兰边境地区扩张，迅速扩大农业生产。另一方面，统治着少量殖民者的法兰西贵族和传教士显得寡不敌众，利用外交手段控制了野蛮的印第安人，让印第安人遏制英格兰人的扩张。的确，这场斗争是一场争夺土地的斗争，斗争双方手段残忍，将所有文明战争的规则抛之脑后。当时，英格兰人和法兰西人一直谴责对方的所作所为，但他们自己的行为并不比对方高尚。现在，英格兰作家依然对法兰西人的残暴行为表示震惊。法兰西人怎么能派印第安人焚烧英格兰人的定居点，屠杀英格兰妇女和儿童呢？1689年，易洛魁人突袭新法兰西，上演了历史上最可怕的一场入侵，这不正是纽约地区的英格兰总督一手所为吗？无论是清教徒还是天主教徒，他们的良心好像丝毫没有受恐怖袭击的影响，都理所当然地认为自己是在与魔鬼斗争，用武器消灭魔鬼并没有什么不妥。

在肯纳贝克河流域，新法兰西殖民地政府要解决的主要问题是阻止英格兰人的扩张。要想解决这一问题，最容易的办法是煽动印第安人烧杀劫掠英格兰人。这是加拿大总督沃德勒伊侯爵菲利普·德·里戈公然宣称的政策。塞巴斯蒂安·拉莱是这项政策的忠实执行者。塞巴斯蒂安·拉莱发现诺里奇沃克的印第安人胆小怕事，于是派人到蒙特利尔，召集来了一大群来自不同印第安部落的勇士，其中包括渥太华人、卡纳瓦加人和休伦人等。当所有印第安勇士疯狂跳起战舞的时候，诺里奇沃克的印第安人变得狂热起来，残忍的一面被激发了出来。这一幕发生在1721年。随后，令人震惊的杀戮开始了。在北美洲早期的殖民历史上，焚烧房舍、屠杀妇女儿童、活活烧死俘虏的场面多次重现。因此，对波士顿的英格兰人来说，首要任务是制止印第安人的恐怖行为，同时避免与法兰西人作战。讲求实际的英格兰人明白，擒贼先擒王。在制止印第安人恐怖行为的过程中，即使死了一两个法兰西人，也是法兰西人玩火自焚的结果。然而，对英格兰人来说，知道该做什么不难，难的是如何做成，因为英格兰总督与新英格兰议会势同水火。譬如，有一次，诺里奇沃克的印第安人向塞缪尔·舒特抱怨，说他们遭到了不法商人的无耻利用，上当受骗了。听完印第安人的抱怨后，塞缪尔·舒特承诺会在诺里奇沃克边境地区设一些诚实守信的贸易点，进行公平买卖。然而，将相关议案提交给新英格兰议会后，他遭到了新英格兰议会的断然否决，没有得到一分钱拨款。最后，当印第安人放火焚烧英格兰人的房屋时，当气愤的塞缪尔·舒特挥臂打人时，蛮横的新英格兰议会除了阻挠还是阻挠，不仅不愿意将购买军备物资的钱交给塞缪尔·舒特，还坚持由议会委员会指挥打仗。新英格兰议会的愚蠢举动和独立战争时期大陆议会的做法几乎一样。不久，新英格兰议会的做法惹恼了塞缪尔·舒特。一气之下，塞缪尔·舒特驾着马车来到河边，渡船返回了伦敦。当时正值1723年新年。塞缪尔·舒特走的时候没有人知道他的行踪。早上醒来时，英格兰人惊讶地发现塞缪尔·舒特已经走了。

于是，副总督威廉·达默接替了塞缪尔·舒特的位置。威廉·达默虽然是新英格兰本地人，但依然受到新英格兰议会的掣肘。他的日子并不好过。有一次，新英格兰议会执意开除两名能力较强但不得人心的军队指挥官，但威廉·达默不答应。新英格兰议会威胁说，如果不赶走这两名指挥官，就不批准任何拨款和补给。在英格兰人和法兰西人争夺地盘的七十年里，这类情况经常出现。了解这些情况后，我们就能理解为什么新英格兰殖民地政府必须靠征收印花税抵御新英格兰边境地区印第安人的入侵了。

几经周折，陆军上校托马斯·韦斯特布鲁克率领的英格兰远征军最终启程。英格兰远征军沿培诺伯斯科特河向上游驶去，经过了班戈，捣毁了法兰西人的一个定居点。1724年，一支约二百人的军队沿肯纳贝克河逆流而上，迅速攻占了诺里奇沃克，杀死了许多负隅顽抗的印第安人。剩下的印第安人都逃跑了。在战斗中，塞巴斯蒂安·拉莱头部中弹身亡。英格兰作家试图将塞巴斯蒂安·拉莱污蔑成杀人犯，但法兰西人称赞塞巴斯蒂安·拉莱是殉道者。从客观的历史角度来看，塞巴斯蒂安·拉莱既不是杀人犯也不是殉道者。他忠于自己的职责，但在选择政治或军事手段方面不够谨慎。此外，他称不上殉道者，因为他不是为了宗教信仰而死，而是为了法兰西王室死在了一场普通战斗中。

塞巴斯蒂安·拉莱被残害

由此开始的战斗持续了近四年。战争期间，诺里奇沃克的印第安人几乎遭到灭顶之灾。与此同时，法兰西人的传道活动受到致命打击。在缅因边境地区，新法兰西殖民地政府的影响力大不如前，并且遭受了无法弥补的损失。

当时，英格兰人将越境的印第安人视为狼或豹子，一旦发现就会将其猎杀。很多英格兰自耕农应征入伍，前往荒郊野外寻找印第安人的足迹。新英格兰殖民政府为应征入伍的自耕农提供了薪酬，每天的工资为半克朗。克朗并不值钱，半克朗相当于二十五美分。但每杀死一个印第安人，就会得到一百英镑奖金。虽

约翰·洛威尔残杀印第安人

然薪酬少得可怜,但一百英镑奖金极具诱惑力。在带头猎杀印第安人的英格兰人当中,就有约翰·洛威尔。约翰·洛威尔来自梅里马克河旁的邓斯特布尔,父亲曾在奥利弗·克伦威尔手下当兵。1725年1月,他从怀特山的荒野中带来了一块印第安人的头皮,第一次赢得了一百英镑。马萨诸塞湾殖民地的森林中经常有巡逻的护林员,因为阿尔冈昆人经常前来偷袭英格兰人。1725年2月月底的一天,约翰·洛威尔一行人走在一片大湖的岸边。这片湖在今天缅因州的弗赖堡境内,紧邻新罕布什尔州,在多弗尔以北六十英里处,现在依然叫"洛威尔湖"。在湖岸边,约翰·洛威尔等人碰到了十个正在篝火边酣睡的印第安人。于是,他们立刻杀了印第安人,随后领到了一千英镑奖金。当时,十个被杀的印第安人正准备去洗劫英格兰人的一个村庄。因此,这笔奖金看起来确实物有所值。几个星期后,约翰·洛威尔带领四十六个人想再碰碰运气。当他们即将到达上一次屠杀印第安人的大湖旁时,有几个人生病了。约翰·洛威尔不得不派人照顾生病的人。

继续前行的人数减少到三十四人。1725年5月的一个早晨，天还没有亮，约翰·洛威尔等人就落入了皮阔凯特人的埋伏。在极其不利的条件下，他们浴血奋战了一整天。黄昏时分，皮阔凯特人撤退了。战死的皮阔凯特人的头皮成了约翰·洛威尔等人的战利品，但约翰·洛威尔等人也付出了惨重代价。约翰·洛威尔和其他十一人被杀，死亡人数超过三分之一。其中一个胆小的英格兰人逃了回来，向之前生病的人和留下照顾病人的人描绘了战斗场面。没有参战的英格兰人认为走为上策，于是丢下简陋的驻地迅速向南逃命。午夜时分，战场上幸存的英格兰人开始撤退，由赛斯·怀曼带领。撤退队伍中有一名来自安多弗的牧师，叫"乔纳森·弗赖伊"，年仅二十一岁，刚从哈佛学院毕业。他和自己的同伴一样，热衷猎杀印第安人。在战斗中，他受了重伤。躺在地上奄奄一息时，他央求同伴继续赶路，不要为了他丢了性命。他告诉其中一个人："告诉我的父亲，还有几个小时我

皮阔凯特人

就死了，告诉他，我绝不怕死。"幸存的英格兰人将乔纳森·弗赖伊独自留在森林里。乔纳森·弗赖伊从此音信全无。后来，此次行动中幸存的英格兰人获得了兰开斯特和康涅狄格河之间的山脊地带的大片土地。当时，那里还是一片荒地。彼得沙姆和其他山区城镇就是这样形成的。

半个世纪以来，人们一直铭记着这场战斗，直到独立战争爆发。约翰·洛威尔一直是新英格兰农民喜欢吟颂的对象。许多民谣描述了约翰·洛威尔的事迹，一些民谣和英格兰古代的狩猎民谣一样长。如下面几行民谣：

> 战斗刚开始，约翰·洛威尔就大喊一声：
> "拼了，我勇敢的英雄，印第安人像骤雨般出现！"
> 看啊，印第安人多如牛毛，
> 约翰·洛威尔等人几乎无法开火，也没有击中印第安人。
> 我们敬爱的约翰·洛威尔死在了印第安人中间，
> 印第安人杀了罗宾斯，重伤了年轻善良的乔纳森·弗赖伊。
> 乔纳森·弗赖伊是英格兰人的牧师，杀了许多印第安人，
> 当子弹擦肩而过时，他勇敢地割下了印第安人的头皮。

英格兰人非常同情年轻牧师乔纳森·弗赖伊和美丽的苏珊娜·罗杰斯。苏珊娜·罗杰斯是博克斯菲尔德一名牧师的女儿，与乔纳森·弗赖伊订了婚。后来，她写了一篇颂歌悼念乔纳森·弗赖伊。颂歌开头如下：

> 帮帮我吧，缪斯女神，助我下笔成言。
> 当眼泪化为潮水，汹涌而下直到流干，
> 不光从我的眼睛里，还从
> 那勇敢倒地的朋友的双眸中，
> 乔纳森·弗赖伊，年轻的牧师，
> 在绽放的青春里化作永恒。

无论是诺里奇沃克印第安人的惨死,还是约翰·洛威尔的英勇之举,都发生在第二次殖民地战争和第三次殖民地战争之间所谓的和平时期。

现在,我们暂时略过中间二十年,叙述一起重要的历史事件——奥地利王位继承战争在北美洲的分战场。1740年,普鲁士国王腓特烈二世占领了西里西亚,奥地利王位继承战争爆发。1748年,《亚琛和约》①的签订标志着奥地利王位继承战争的结束。

布雷顿角东南边的一个要塞地势开阔,曾经是英格兰人的避风港。经历了阿卡迪亚地区的多次兴衰变迁后,这个要塞最终落入法兰西人手中。法兰西人

普鲁士国王腓特烈二世

① 1748年10月18日,法国、英国、荷兰和奥地利在第二次亚琛和会中签订了《亚琛和约》,和约规定,英国需把北美路易斯堡及其附近地区归还给法国。

路易斯堡

以法兰西国王的名字命名了要塞,称"路易斯堡"。《乌得勒支条约》签订后,法兰西人拒绝交出布雷顿角岛,理由是从严格意义上说,阿卡迪亚的名字只指新斯科舍地区,不包括毗连的岛屿。1720年起,法兰西人开始在路易斯堡修筑防御工事,共花费了一千多万美元,将路易斯堡建成了世界上最坚固的要塞。就连魁北克或直布罗陀也无法与路易斯堡相提并论。以加拿大、法兰西王国及西印度群岛的地理位置作参照,路易斯堡正好处在三者中间,阻断了英格兰人沿圣劳伦斯河北上的路线。此外,路易斯堡充当了法兰西人的物资大本营。从路易斯堡出发,法兰西军队可以威胁到波士顿或大西洋沿岸其他英格兰人的定居点。

1744年,法兰西王国和大不列颠王国卷入普鲁士王国和奥地利之间的战争。消息一传到北美洲,路易斯堡的指挥官让-巴蒂斯特-路易斯·普雷沃·迪凯纳勒就派军向新斯科舍地区的英格兰海港发动了突袭,夺取了一些防守薄弱的英格兰海港。法军攻占了坎索地区的一个小港口。但攻占皇家港时,英军斗志昂扬,法军一无所获。1744年秋天,一些从坎索地区押解到路易斯堡的英格兰俘虏被送了回去。这些人带来了一些有关路易斯堡的情报。马萨诸塞湾殖民地总督威廉·雪利认为可以突袭路易斯堡，试图一举拿下路易斯堡。然而，想攻占路易斯堡的第一个英格兰人并不是威廉·雪利，而是1722年从哈佛学院毕业的威廉·沃恩。威廉·沃恩的父亲曾是新罕布什尔殖民地的副总督。在达马里斯科塔河流域，威廉·沃恩拥有大片土地，经营着木材和鱼类生意。但危险随时会降临，路易斯堡的法兰西人可能会破坏英格兰人的渔场。威廉·沃恩很勇敢，甚至有些鲁莽。他认为路易斯堡必有一战，越早攻占路易斯堡越好。他的计划太大胆了，以至于历史学家弗朗西斯·帕克曼将自己书中有关该内容的章节概括为"一个狂妄的计划"。幸运的是，威廉·雪利是一个有勇有谋的人。和威廉·沃恩商议后，他通知马萨诸塞湾殖民地议会，说自己有一个非常重要的提案，希望马萨诸塞湾殖民地议会在审议前发誓保密提案内容。威廉·雪利非常机智，经验丰

威廉·雪利

富,巧妙地避免了与马萨诸塞湾殖民地议会之间的分歧,使马萨诸塞湾殖民地议会通过了提案。但考虑到攻打路易斯堡时,英格兰海军不能给予协助,马萨诸塞湾殖民地议会又投票否决了提案,原因是这样做不切实际。威廉·雪利毫不气馁,据理力争。最终,在众多商人的鼎力相助下,威廉·雪利以一票优势成功获得了马萨诸塞湾殖民地议会的支持。接下来,他要寻求其他殖民地的帮助,

指挥远征军的威廉·佩珀雷尔

但只有新罕布什尔殖民地、康涅狄格殖民地和罗德岛殖民地积极响应他。康涅狄格殖民地和新罕布什尔殖民地各提供了五百人,罗德岛殖民地提供了战用单桅帆船。马萨诸塞湾殖民地召集了三千人。与此同时,威廉·雪利派威廉·佩珀雷尔指挥远征军。威廉·佩珀雷尔是基特里的一个富有商人,曾当过治安法官,也当过不同等级的军官,指挥远征军前的头衔是上校。他才华并不出众,但精力充沛,善于判断,并且做事老练。现在,他成了陆军中将。康涅狄格殖民地的罗杰·沃尔科特被授予了少将军衔,任远征军副指挥。威廉·佩珀雷尔凭借准确的判断力,对此次行动能否成功心存疑虑。令人敬仰的乔治·怀特菲尔德受邀在一面战旗上题字,他建议写拉丁文 "Nil desperandum Christo duce",意思是"在基督的带领下,希望会有的"。这句话表明乔治·怀特菲尔德也不看好此次远征。

马萨诸塞湾殖民地政府完全可以临时拼凑一支海军舰队,因为几乎每个港口都有人愿意出钱武装民船,或给远征军提供装备。为了攻占路易斯堡,英格兰人调集了一支舰队,其中包括一艘新造的拥有二十四门炮的中型船和十二艘小型船,大部分小型船是拥有八到二十门炮的单桅帆船。让这支舰队攻打路易斯堡简直滑稽可笑,因为一艘法兰西战舰就能轻易消灭这支舰队。四千人登陆布雷顿角,却没有足够的舰队保证他们撤退,远征军很容易断粮或被俘。因此,远征军必须有更多船。为此,威廉·雪利写信求助驻扎在安提瓜岛的英格兰海军舰队将领彼得·沃伦。彼得·沃伦愿意援助远征军,但遭到了战争委员会的否决,于是只能作罢。睿智的威廉·雪利之前写信给外交大臣纽卡斯尔公爵托马斯·佩勒姆-霍利斯,信中谈到了路易斯堡对英格兰人的渔场和阿卡迪亚港口

彼得·沃伦

托马斯·佩勒姆-霍利斯

威廉·佩珀雷尔

构成的巨大威胁。纽卡斯尔公爵托马斯·佩勒姆-霍利斯对北美洲的事务知之甚少。一天,他听说安纳波利斯必须加强防御,回应道:"安纳波利斯!安纳波利斯!噢,对,安纳波利斯要设防。一点也不错。但安纳波利斯在哪里?"幸运的是,纽卡斯尔公爵托马斯·佩勒姆-霍利斯身上的斗志胜过了见识,他立即给彼得·沃伦写信,命彼得·沃伦的舰队前往波士顿,支援威廉·雪利的远征。最终,彼得·沃伦率一艘战舰和两艘拥有四十四门炮的中型舰出海。在航行途中,彼得·沃伦遇到了一艘波士顿小船。得知威廉·佩珀雷尔的舰队已经起航,他改变

英格兰人在路易斯堡登陆

航线向坎索的远征军驶去。威廉·佩珀雷尔也许有些冒失，但事实上，他的轻率成就了这场战役，因为法兰西人毫无防备。法兰西人即使听到了英格兰人试图攻占路易斯堡的传闻，也总是嗤之以鼻，认为没有人敢攻打路易斯堡。路易斯堡的炮台上至少有一百五十门重炮。相比之下，英格兰民兵携带的都是一些杀伤力较小的武器。然而，英格兰舰队是一支强大的后援力量。路易斯堡有五百六十名法兰西正规军及一些瑞士雇佣军，还有约一千四百名加拿大民兵，共计两千人。

  1745年5月1日，英格兰人在路易斯堡登陆，迅速展开围攻。1745年5月2日，威廉·沃恩率领四百人从山麓后面抵达了法兰西人的军火库，立即点燃了所有弹药。大火夹杂着沥青、柏油和其他可燃物，卷起滚滚浓烟，烟雾弥漫在路易斯堡上空。法兰西人慌了神。实际上，着火的军火库旁边是一处号称大炮台的防御工事，上面架有三十门重炮。当翻滚的浓烟笼罩了炮台时，惊慌失措的法兰西人竟然没有发射一颗炮弹就逃了。因此，威廉·沃恩发现炮台没有动静，派人前去侦察了一番，然后进入了路易斯堡。由于法兰西人逃跑得太匆忙，威廉·沃恩率领的人缴获了大量枪支弹药。此外，炮台上的大炮都没有用大钉封口。通过枪炮工程师赛斯·波墨罗伊的修理，所有大炮都派上了用场。因此，英格兰人用法兰西人的大炮轰炸了路易斯堡。

但凡法兰西人防御得当，英格兰人根本不可能攻下炮台。事实上，炮台失守的那一刻，法兰西人的结局已经注定。英军步步紧逼，不到一个星期就想迫使法兰西人投降。然而，1745年5月19日，一艘法兰西战舰到达路易斯堡海域，战舰上满载武器弹药。靠近海岸时，法兰西战舰遇到了一艘英格兰小型船。英格兰小型船不断后退，诱使法兰西战舰驶进了英格兰舰队的包围圈。很快，法兰西战舰被团团包围，战舰上所有武器都落入了英格兰人手中。不久，八艘装有七十四门大炮的英格兰战舰前来增援，掩护英军在不同据点建立了新炮台。1745年6月中旬，路易斯堡几乎没有完好的房子。房子上满是枪炮的痕迹。英格兰舰队包围了路易斯堡的港口，放下一千驾云梯等待进攻。英军兵力大大超过了法军兵力。终于，1745年6月17日，路易斯堡的法兰西人缴械投降。威廉·沃恩和威廉·雪利的远征计划成功了。消息一传出，欧洲人都震惊了。人们第一次意识到，在北美洲，

英格兰人围攻路易斯堡

一支新的军事力量正在崛起。英格兰军队竟然攻占了当时世界上最坚固的要塞。随后,威廉·佩珀雷尔被封为准男爵,成为北美洲当时唯一获得准男爵头衔的英格兰人。威廉·沃恩也晋升为海军上将。波士顿的路易斯堡广场就是为了纪念此次胜利建的。约二十年前,哈佛学院图书馆东面耳堂重建时,我在一个角落里发现了一个铁制十字架,高约三十英寸。这个十字架曾经立在路易斯堡的集市上,后来被当成战利品带到了剑桥镇。我觉得将这个十字架藏起来挺可惜的,于是为其镀了金,竖在了哈佛学院图书馆的南入口。几年后的一个晚上,几个故意破坏公物的人假扮成学生,偷走了沉甸甸的十字架。

第 8 章

战前序曲

《亚琛和约》签订后,北美洲的战事并没有平息,但英格兰人和法兰西人暂时得到了喘息机会。很多悬而未决的问题正在酝酿一场大战。在《亚琛和约》中,无论是北美洲东部的阿卡迪亚地区,还是西部的俄亥俄河流域,都没有划清新英格兰和新法兰西的界线,尤其是俄亥俄河流域。一场风暴即将席卷北美洲。截至1748年,勒内-罗贝尔·卡弗利耶的殖民计划实现了大部分。在密西西比

为纪念《亚琛和约》创作的油画

河河口，法兰西人建了一块繁华的殖民地。密西西比河河口和加拿大之间零散分布着的一些相距较远的定居点维持了两地之间的联系，譬如卡斯卡斯基亚、卡霍基亚、伊利诺伊地区的沙特尔堡，以及底特律。

狭长的边界线上分布着数量不多的军事据点。法兰西人逐渐感觉到形势对自己不利。每年，英格兰殖民者都会逼近新法兰西的边境。法兰西人军事据点不足的劣势越来越明显。从勒内–罗贝尔·卡弗利耶时代起，北美洲发生了巨大变化。以前，宾夕法尼亚地区只包括特拉华河沿岸，马里兰地区和弗吉尼亚地区都只局限在沿海地区。然而，截至1748年，英格兰殖民者向北美洲内陆地区大肆推进。与此同时，越来越多欧洲移民来到北美洲，占据并活跃在阿巴拉契亚山脉中部地区。1776年，在北美洲三百万人口中，至少有六分之一是1720年后从爱尔兰北部移居北美洲的长老会信徒。与长老会信徒同时来到北美洲的还有德意志新教徒。当时，大部分新移民离开原来的沿海定居点，来到北美洲西部边区安家落户，即宾夕法尼亚地区、马里兰地区、弗吉尼亚地区和卡罗来纳的阿勒格尼地区。新移民中出现了最吃苦耐劳、最具进取心的开拓者，如丹尼尔·布恩、詹姆

丹尼尔·布恩穿越坎伯兰峡谷西进

乔治·华盛顿

斯·罗伯逊和胡格诺派教徒约翰·塞维尔。在西进过程中，我们发现，许多法兰西新教徒打着圣·乔治的旗号组织在一起。1748年，新英格兰的居民迅速蔓延到阿巴拉契亚山区。很多流动性较强的人，如猎人、皮毛贩运商和其他拓荒者，越过阿巴拉契亚山脉，出现在了北美洲西部地区。为了开拓俄亥俄河流域的土地，一群人定居在弗吉尼亚地区。在弗吉尼亚地区，北美洲殖民史上最重要的一些人出现了，包括乔治·华盛顿的两个兄弟。一些开拓者继续迁往北美洲西部的荒野地区，后来开拓出了肯塔基州和田纳西州。新的拓殖阶段出现在1751年后。与此同时，由于皮毛生意越来越赚钱，很多人加入了打猎者的行列。于是，一些不安于现状的人陆续离开农田，穿过风景如画的峡谷，徒步走在广阔的山坡草甸，身边流淌着一条条西部河流。

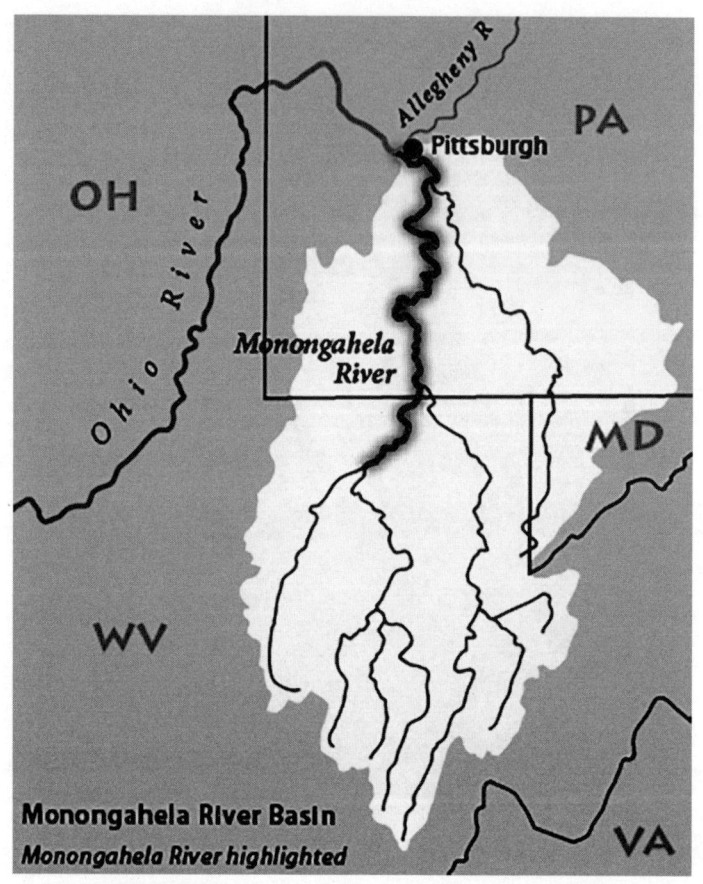

阿勒格尼河与莫农格希拉河的交汇点及匹兹堡示意图

当时，北美洲的新英格兰殖民地逐步向新法兰西中部地区扩张。在大西洋沿岸到密西西比河流域之间，一直有两条重要的军事或贸易通道。其中一条从奥尔巴尼到尼亚加拉河，然后向西到伊利湖南北侧，另一条从费城或巴尔的摩到匹兹堡，然后沿俄亥俄河南下。因此，英格兰人如果能控制尼亚加拉河，同时控制阿勒格尼河与莫农格希拉河的交汇点，即现在匹兹堡所在的位置，就能直捣新法兰西狭长边界线的中心地带，将路易斯安那和加拿大分割开。但加拿大的法兰西人更有远见，逐渐意识到了令人担忧的局势。18世纪初期，法兰西人对印第安部落的影响相对减少，但一直与加拿大北部的阿尔冈昆人保持着盟友关系，其中包括新斯科舍地区的密克马克人和苏必利尔湖附近的奥吉布韦人。

有一段时间，法兰西人甚至影响了易洛魁联盟。耶稣会教徒凭借雄辩能力让莫霍克人皈依了天主教。在离蒙特利尔不远的考福纳瓦格，耶稣会教徒建立了定居点，并且通过尚普兰湖，连通了偏远的西北地区和纽约地区的贸易。此外，他们还从事大量间谍活动，不断向加拿大的法兰西人报告纽约地区的局势。1722年，纽约殖民地总督威廉·伯纳特得知这些情况后，审时度势，打算在奥斯威戈建一座要塞。为此，他想从易洛魁联盟手中购买一块土地。由于纽约殖民地议会一如既往地阻挠威廉·伯纳特的计划，威廉·伯纳特自掏腰包解决了资金问题。修筑奥斯威戈要塞成了北美洲殖民史上非常重要的一件事，因为奥斯威戈要塞将北美洲西北部主要的皮毛生意从圣劳伦斯河流域转移到了莫霍克河流域，大

威廉·伯纳特

威廉·约翰逊与印第安人

大加强了英格兰人对哈得孙河到伊利湖之间的易洛魁联盟的控制。1738年,威廉·约翰逊的到来进一步扩大了英格兰人对北美洲皮毛生意的影响。威廉·约翰逊是一个了不起的爱尔兰人,在皮毛生意中发了财。在莫霍克河流域,他亲自建了两个贸易据点,名气越来越大。莫霍克人像尊重酋长一样尊重威廉·约翰逊。通过威廉·约翰逊和奥尔巴尼的斯凯勒家族及奥斯威戈贸易据点施加给印第安人的影响,一旦英格兰人和法兰西人发生冲突,英格兰人完全可以控制尼亚加拉河。

然而，以前被人们称为"西部门户"的匹兹堡山区地带的地理位置非常重要。英格兰人已经开始从匹兹堡山区地带向西推进，结交了俄亥俄河流域的一些印第安部落，包括德拉瓦人和萧尼人，以及休伦人的一支残部。休伦人的残部与德拉瓦人和萧尼人都有联系，被称为"怀恩多特人"。此外还有一群从易洛魁联盟中分离出来的印第安人，据说他们主要由塞内卡人组成，但偏远地区的居民都叫他们"明戈斯人"。明戈斯人的西边还分布着迈阿密人和伊利诺伊人。17世纪末，这些部落曾遭到易洛魁联盟的骚扰，沦为了易洛魁联盟的附庸。只要有机会，易洛魁联盟就会强调迈阿密人和伊利诺伊人与自己的关系。除了伊利诺伊人，法兰西人对印第安人的影响并不大。此外，在俄亥俄河流域，英格兰商人总

迈阿密人

罗兰-米歇尔·巴林

是设法讨好当地的印第安人,与印第安人关系很好,尤其是俄亥俄河上游的印第安人。如果按照当时的局势发展,显而易见,英格兰人会很快控制伊利湖南岸的奥斯威戈到卡霍基亚的大片区域,正如法兰西人一直固守着蒙特利尔到苏圣玛丽之间的区域一样。换句话说,英格兰人将控制从大西洋沿岸到密西西比河流域之间的两大重要通道,将新法兰西一分为二。

1749年,加拿大总督拉加利索涅尔侯爵罗兰-米歇尔·巴林清楚意识到了局势发展,派一支二百五十人的队伍前去勘察尼亚加拉河到俄亥俄河之间的地区,同时以法兰西国王的名义占领了这些地区,弄清楚了当地印第安人对法兰西人的态度。指挥勘察队的是一名叫"塞洛隆·德·比安维尔"的法兰西骑士。勘察队沿圣劳伦斯河逆流而上,到达了弗兰特纳克堡,然后乘独木舟渡过安大略湖,沿尼亚加拉河河岸走到了尼亚加拉大瀑布上游。随后,勘察队继续乘独木舟前行,抵达了伊利湖。接下来七天,勘察队艰难穿行在茂密的丛林中,走到了丛林尽头。丛林尽头出现了一片宁静的湖泊。渡过肖陶扩湖,勘察队踏上了现在的詹姆斯敦所在地,然后又穿过了一片树林,站在了阿勒格尼河岸边。勘察队到达阿勒格尼河岸边的时间是1749年7月29日。随后,勘察队以法王路易十五的名义占领了自己走过的地区。法兰西人在树上钉了一个盖有法兰西王室纹章的锡盘,然后在树根处埋了一张铅牌,牌子上刻着: 塞洛隆·德·比安维尔在此埋下铅牌,"以表明法兰西国王拥有前述俄亥俄河及其所有支流,以及上述支流两岸的所有地区的控制权,正如历任法兰西国王享有或应该享有的那样。这些领土都是法兰西国王通过武力或条约获得的,尤其是《里斯威克条约》《乌得勒支条约》和《亚琛和约》。"可以看到,几个世纪以来,法兰西人都是通过这种方式占领

《里斯威克条约》签订

北美洲土地的。沿阿勒格尼河而下，勘察队在多个地方埋下了铅牌，最后一个地方在大迈阿密河河口处。后来，法兰西人埋的一些铅牌逐渐被挖出并被保存在了博物馆中。一路上，勘察队经过了一些印第安村落。村庄里的印第安人彬彬有礼，但眼神中流露出怀疑和不满。在俄亥俄河上游的印第安村落中，英格兰人和印第安人的感情明显很深。当勘察队抵达大迈阿密河岸边时，塞洛隆·德·比安维尔改变了路线，决定沿大迈阿密河而上。不久，勘察队遇到了迈阿密人的一个村子。村里的酋长是英格兰人的好朋友，英格兰人都叫他"老英格兰"。但奇怪的是，法兰西人叫他"小姐"或"姑娘"，可能因为他太胆小，或指他的身材比其他印第安人矮小。但这位酋长骗人的能力非常了得。以前，酋长的家在莫米河岸边，离韦恩堡不远。现在，他搬到离俄亥俄河更近的地方，显然是想跟英格兰人做生意。于是，塞洛隆·德·比安维尔向这位酋长送上大礼，劝他带着族人搬回莫米河。酋长收下礼物后满口答应，但他不仅没有撤离，还召集了更多族人。英格兰人将迈阿密人居住的这个地方称为"匹克维勒尼"。作为西部重要的印第安人村落，匹克维勒尼完全由英格兰人控制。对法兰西人来说，匹克维勒尼就像眼中的一颗钉子。有段时间，加拿大总督一直试图赶走匹克维勒尼的印第安人。终于，1752年夏天，来自格林湾的法兰西年轻商人查尔斯·德·朗格拉德带领一群奥吉布韦人和渥太华人，前去攻打匹克维勒尼，并且突袭成功，残忍杀害了许多反抗者，烧毁了匹克维勒尼。但事情并没有结束。最后，奥吉布韦人和渥太华人吃了匹克维勒尼的那位酋长。

"西部门户"的地理位置至关重要。但奇怪的是，坐拥"西部门户"的英格兰人并没有修筑防御工事。事实上，弗吉尼亚地区和宾夕法尼亚地区都宣称拥有"西部门户"，但两地的殖民地议会谁也不愿意出钱修筑防御工事，担心防御工事修好后被别人占领。这一问题致使一些行动被迫搁置。与此同时，加拿大新任总督迪凯纳侯爵米开朗基罗·德·梅内维尔明白，新法兰西必须做出选择，要么控制"西部门户"，要么眼睁睁看着加拿大和路易斯安那分离。结果，1753年春天，迪凯纳侯爵米开朗基罗·德·梅内维尔派保罗·马林·德拉马尔格带领一支一千五百人的部队，从尼亚加拉河西边不远的地方出发，横渡伊利湖，在普雷斯克岛登陆，到达了现在伊利镇所在的地方，然后建了一座坚固的堡垒。随后，保罗·马林·德拉马尔格带领的部队在森林中砍出了一条道路，抵达了弗伦奇克里克河。"弗伦奇克里克"的意思是法兰西人的河。在弗伦奇克里克河岸边，保罗·马林·德拉马尔格带领的部队建了第二座堡垒——勒鲍夫堡。保罗·马林·德拉马尔格带领的部队乘舟顺弗伦奇克里克河一路行驶到了阿勒格尼河，打算继续航行前往墨西哥湾。就在此时，保罗·马林·德拉马尔格身患重病。接替保罗·马林·德拉马尔格的是杰出老将勒加德尔·德·圣皮埃尔。

通过上述行动，新法兰西殖民地的实力与日俱增。虽然法兰西部队沿途碰到的印第安人都是英格兰人的朋友，但印第安人的政治立场往往摇摆不定——趋炎附势是他们的主要特点。印第安人与查尔斯·德拉图尔一样，做事情只遵循一个原则，即见风使舵。印第安人愿意接受匹克威克①的劝告："谁叫得声音最大，就跟着谁喊。"一个身披羽毛的印第安酋长被英格兰人称为"半个王"，他的行为充分表现了这一点。一次，他装出一副要打仗的样子出现在村口，但很快决定不打了，因为谨慎即大勇，毕竟一千五百名法兰西士兵不容小觑。于是，一些印第安部落纷纷捎信给法兰西人，企图讨好法兰西人。

迪凯纳侯爵米开朗基罗·德·梅内维尔打算将第三座堡垒建在韦南戈，因为韦南戈是弗伦奇克里克河汇入阿勒格尼河的地方。于是，夏贝尔·德·琼凯尔指挥一支法兰西部队前往韦南戈，占领了韦南戈的英格兰贸易据点，并开始修筑工事。1753年12月月初，法兰西人一直没有停止修筑工事。一天晚上，夏贝尔·德·琼凯尔正和朋友们围坐在一起吃晚饭，几个客人找上门来。带路的是一个经商多年的商人，叫"克里斯托弗·吉斯特"。还有一个叫"戴维森"的印第安语翻译和一个法语翻译，以及四个护林员。他们都是跟随弗吉尼亚地区的民兵少校来的。这位年轻高大、气宇不凡的少校是乔治·华盛顿。实际上，就像迪凯纳侯爵米开朗基罗·德·梅内维尔在蒙特利尔紧盯着俄亥俄河流域一样，弗吉尼亚全地区的总督罗伯特·丁威迪在威廉斯堡一直紧盯着俄亥俄河不放。罗伯特·丁威迪听说了法兰西人渡过伊利湖向"西部门户"逼近的事。但想要赶走法兰西人

---

① 匹克威克是英国作家查尔斯·狄更斯的长篇小说《匹克威克外传》中的主人公。

罗伯特·丁威迪

并不容易,并且还要防止法兰西人与印第安人结盟。因此,罗伯特·丁威迪需要派一个睿智的人前往韦南戈。乔治·华盛顿曾在托马斯·费尔法克斯勋爵手下勘测过新英格兰的边境地区,借机学会了印第安语。此外,罗伯特·丁威迪相信乔治·华盛顿具有敏锐的洞察力和战胜一切的勇气。在这一点上,罗伯特·丁威迪没有看错。

乔治·华盛顿等人吃饱喝足后,法兰西人变得有些奇怪,一边彬彬有礼地微笑,一边向乔治·华盛顿坦言,他们要将英格兰人从北美洲赶出去。虽然法兰西人的兵力比英格兰人稍逊一筹,但法兰西人快速出击的能力足以弥补这一劣势。因此,法兰西人对驱逐英格兰人一事充满信心。第二天,乔治·华盛顿前往勒鲍夫堡，会见了法兰西部队指挥官勒加德尔·德·圣皮埃尔，同时转交给勒加德尔·德·圣皮埃尔一封罗伯特·丁威迪的信。信中，罗伯特·丁威迪很客气地说，他对法兰西人在和平时期公然侵占英格兰殖民地一事感到吃惊。勒加德尔·德·圣皮埃尔对乔治·华盛顿非常恭敬，但直言他必须将信送到蒙特利尔并得到迪凯纳侯爵米开朗基罗·德·梅内维尔的回复后才能离开韦南戈。后来，乔治·华盛顿回到了弗吉尼亚。一路上危机重重，可谓九死一生。当得知乔治·华盛顿得到的结果与自己预料的一样时，罗伯特·丁威迪决定从弗吉尼亚地区和其他殖民地调集军队，立即占领"西部门户"。但与加拿大专制总督相比，罗伯特·丁威迪的劣势暴露无遗。罗伯特·丁威迪必须说服弗吉尼亚殖民地的议会，并且通知其他殖民地的总督。其他殖民地的总督又必须说服自己殖民地的议会。结果可想而知，罗伯特·丁威迪错过了时机。当时，乔治·华盛顿已经将现在的匹兹堡所在地选为一处军事要塞，但当他率领的人刚到那里安营扎寨，一支实力更强的法兰西部队就将他们赶了出来。随后，法兰西人修建了坚固的堡垒，称"迪凯纳堡"。愤怒的罗伯特·丁威迪写信感叹道："如果议会不是在1753年

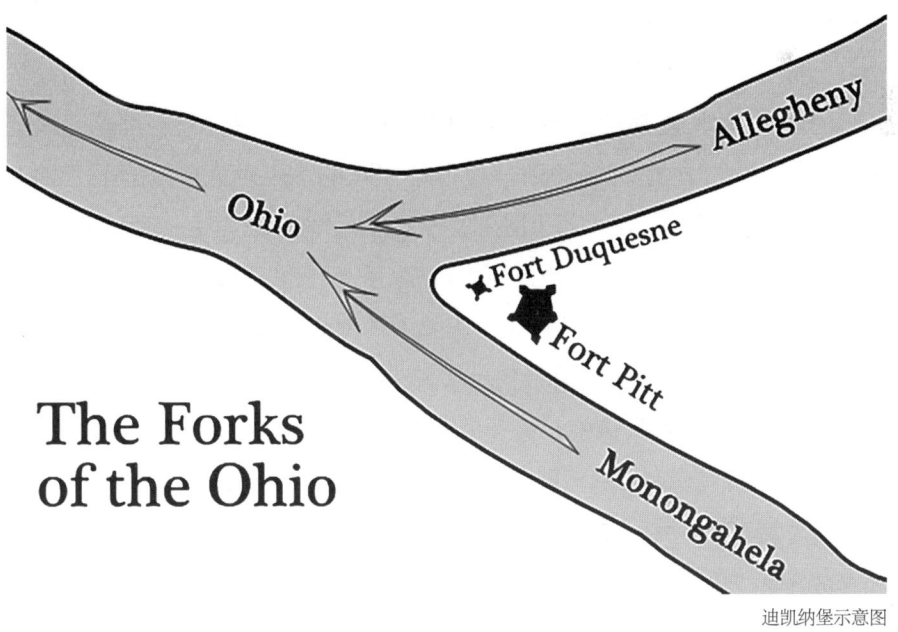

迪凯纳堡示意图

12月，而是在1753年11月商议拨款事宜，那么我们很可能在法兰西人到来前建好堡垒并加固防御。但这些事没钱根本做不了。由于没有钱，我只能用自己的钱资助英格兰军队。如果纽约地区的独立商团早一点到来，那么其他地方的人也会早一点明白，如果他们提供一定人手，我就有信心赶走法兰西人或在弗伦奇克里克河边建一座堡垒。"读到这类信时，我们发现，在与新法兰西斗争的整整七十年中，新英格兰遇到的阻力总是相同的。毫无疑问，在庞蒂亚克战役中，新英格兰殖民地政府应该一开始就采取类似征收印花税的行动。虽然征收印花税不得民心，但其初衷是阻止残酷的战争。

事实上，1754年5月，罗伯特·丁威迪派出的军队只剩约书亚·弗赖伊带领的一支约三百人的部队。乔治·华盛顿担任约书亚·弗赖伊部队中的副指挥官。在距迪凯纳堡约一百四十英里的威尔斯河附近，约书亚·弗赖伊身患重病，不得不放弃指挥。因为携带了大炮和货车，还要在原始森林和崇山峻岭间开辟道路，所以部队的行军速度非常慢，有时，一天最多能行进一英里。虽然困难重重，但乔治·华盛顿带着约一百五十人翻山越岭，驻扎在了一处叫"大草原"的地方。与此同时，绰号是"半个王"的印第安人酋长派人送来情报，说法兰西人正在路上拦截他。接下来的两三天，乔治·华盛顿时刻提防着法兰西人的突袭。从得到的情报分析，一支法兰西部队似乎就潜伏在附近。不久，"半个王"来到乔治·华盛顿的营地。种种迹象表明，法兰西人即将发动突袭。于是，乔治·华盛顿决定先发制人。结果，他的部队很快在一处山涧中发现了法兰西人，并且与法兰西人展开了一场短暂战斗。法兰西少尉朱蒙维尔爵士约瑟夫·库伦·维利耶和九个法兰西人战死，其余二十二人被俘。战斗结束后，一些法兰西俘虏谎称自己是来给乔治·华盛顿送信的。实际上，他们是法兰西部队的侦察小分队，专门负责盯防附近的英格兰人，然后将英格兰人从新法兰西赶出去。事后，法兰西王国称乔治·华盛顿背信弃义，强烈抗议英格兰人的做法。谣言四起，目的是让人们知道，乔治·华盛顿先向投降的法兰西人开了火。然而，准确来说，整起事件其实是在没有宣战的情况下，两支结怨已久的部队之间的一次偶然冲突。双方都不愿发动战争，但都想给对方点儿颜色看看。

约瑟夫·库伦·维利耶战死

此次冲突结束后,乔治·华盛顿在"大草原"修筑了简易的防御工事,称其为"特尼斯蒂堡"。几天后,约书亚·弗赖伊的死讯传来。不久,弗吉尼亚地区和南卡罗来纳地区的其他部队陆续赶到特尼斯蒂堡。至此,除了"半个王"和其他部落的一百五十个印第安人,乔治·华盛顿还指挥着一支约三百人的部队。

与此同时,加拿大的法兰西人也没有闲着,不断向迪凯纳堡增派部队。现在,迪凯纳堡的驻兵已经达到一千四百人。法兰西少尉朱蒙维尔爵士约瑟夫·库伦·维利耶的弟弟库隆·德·维利耶率领一支约六百人的部队沿莫农格希拉河逆流而上,寻找乔治·华盛顿。库隆·德·维利耶抵达"大草原"时,天下着雨。在"大草原",法兰西人和英格兰人展开战斗。战斗一直持续到了夜幕降临。当时,英格兰人几乎弹尽粮绝。因此,乔治·华盛顿接受了法兰西指挥官提出的议和条件。法兰西人允许英格兰人敲着鼓、高举彩旗离开,但英格兰人要释放法兰西少尉朱蒙维尔爵士约瑟夫·库伦·维利耶手下的所有俘虏。就这样,英格兰人撤离了战场。这场战斗并不血腥。乔治·华盛顿的印第安朋友,即号称"半个王"的印第安酋长对此嗤之以鼻,认为法兰西人表现得像个胆小鬼,英格兰人也是一群傻瓜。1754年7月4日,乔治·华盛顿神情沮丧,回到了弗吉尼亚。英格兰人的败局似乎已经无法挽回。在第一次爆发的武装冲突中,法兰西人来势汹汹。"西部门户"成了法兰西人的囊中之物。在新法兰西的土地上,英格兰人的红色旗帜无处飘扬。但年轻气盛的乔治·华盛顿已经显露出坚毅果敢的品质。他可能会安慰自己,认为更好的机会即将来临。

然而,在乔治·华盛顿得到更好的机会前,英格兰人注定会吃尽苦头。法兰西人占据迪凯纳堡并打败英格兰人后,俄亥俄河流域的大多数印第安部落立即投靠了法兰西人,并且向英格兰人发难。因此,罗伯特·丁威迪准备立即发动攻势,痛击法兰西人。但他发现自己处处受到弗吉尼亚殖民地议会的阻挠。狡猾的种植园园主不愿意将钱交给罗伯特·丁威迪,担心罗伯特·丁威迪将钱据为己有。弗吉尼亚殖民地议会经常直接拒绝罗伯特·丁威迪的拨款请求。有时,弗吉尼亚殖民地议会也会拨一点儿钱,但这些钱根本不够。有时,弗吉尼亚殖民地议会虽然拨了足够的钱,但会将某个长期得不到解决的问题附加在拨款议案后面作为条件。弗吉尼亚殖民地议会清楚,这样做会让罗伯特·丁威迪愤然动用否决权。在宾夕法尼亚殖民地,议会拒绝拨付任何军费,目的是逼迫总督在对私人土地征税的棘手问题上作出让步。此外,宾夕法尼亚殖民地议会还在考虑要不要花时间招募军队,与法兰西人争夺迪凯纳堡,因为一旦迪凯纳堡落入弗吉尼亚殖民地手中,宾夕法尼亚殖民地将血本无归。由此可见,这些殖民地议会根本不会顾全大局,并且已经习惯与总督争执。在大多数议员眼中,反对总督是殖民地议会存在的唯一目的。很多议员并没有将法兰西人当成对手,也不知道受印第安人侵略的滋味如何。相反,马萨诸塞湾殖民地和纽约殖民地的议会表现得更积极,因为它们很清楚跟法兰西人与印第安人打仗会发生什么。此外,新英格兰殖民地总督们的热情大大超过了低效的议员们,尤其是马萨诸塞湾殖民地的威廉·雪利。作为资深律师,威廉·雪利理解力强,眼光独到。除了罗伯特·丁威迪,没有哪位总督像威廉·雪利一样,能敏锐地意识到威胁新英格兰的将是一场什么样的战争。

事实上,只有人们回过头重新看的时候,一些东西才能被看清楚。当时,各

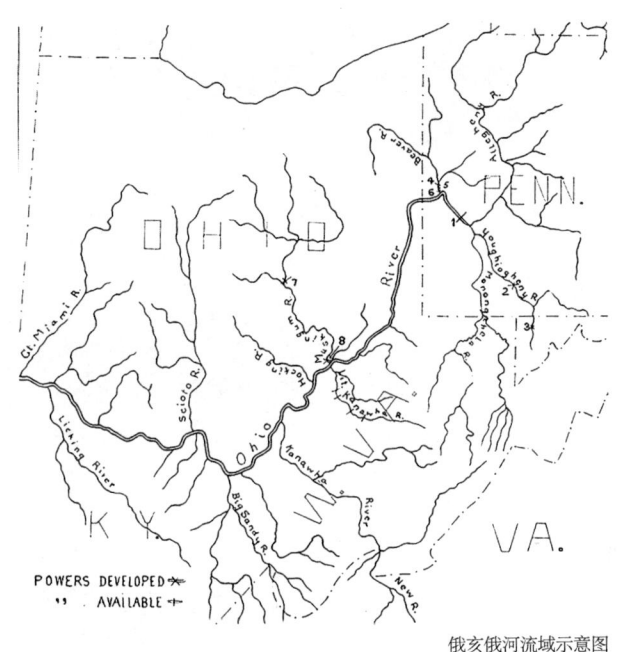

俄亥俄河流域示意图

英属北美殖民地已经不知不觉变成北美洲的一个整体，面临着共同的危机。随着大批苏格兰人、爱尔兰人和德意志人的迁入，英格兰人面临的危机越来越明显。在俄亥俄河流域，英属北美殖民地的人口急剧膨胀，局势发展已经超出狭义上的新法兰西和新英格兰之间的矛盾，变成了新法兰西和整个英属北美殖民地之间的矛盾。在这种情况下，接下来的战争必将影响整个北美洲，波及面南至路易斯安那和佐治亚，北达纽约和加拿大。但英格兰人一直闭门自守，各自为政，从未考虑过数量和内线作战的优势，宁愿将胜利拱手让给处于劣势的法兰西人，也不愿意精诚团结，共同面对危机。显然，当务之急是切实推进各英属北美殖民地之间的联合。一旦爆发战争，易洛魁联盟的协助至关重要。因此，英属北美殖民地有必要知道印第安人能提供多少援助。于是，1754年夏天，在奥尔巴尼，各英属北美殖民地代表开会商议局势。这是英格兰人在北美洲召开的第二次代表大会——第一次是1690年在纽约召开的。在奥尔巴尼代表大会上，即使大战在即，也只有纽约殖民地、宾夕法尼亚殖民地、马里兰殖民地和其他四个殖民地派代表参加了会议。尽管如此，此次会议仍然意义非凡。最值得铭记的是本

本杰明·富兰克林

杰明·富兰克林起草的"联邦计划"。如果各英属北美殖民地采纳了本杰明·富兰克林的计划,那么二十年后的独立战争可能不会发生。该计划旨在建立真正的联邦,并且联邦政府将直接和民众打交道,而不是像大陆会议那样只和各殖民地政府打交道。这很像我们现在的政府。本杰明·富兰克的计划是建立一个具有征税权力的政府,税款只用于北美洲大陆,但各殖民地的自治权不受影响。英格兰王室可以委任一位总督,作为最高行政长官只负责北美洲的事务。

"联邦计划"遭到了各英属北美殖民地的委婉拒绝,甚至被视为笑柄。当时,还没有人看到建立联邦的意义所在。只有经历长期的苦难后,北美洲的殖民者才能懂得联邦政府的重要性。"联邦计划"遭到否决后,英属北美殖民地的处境愈发尴尬,因为大战来临之际,北美洲没有一个英属殖民地有能力保护英格兰人。

当然，很少有人预见战争或关心局势发展。当时，威廉·雪利认为，如果英格兰殖民者做不到统一征税，那么英国议会必须承担征税的职责，这意味着新英格兰人要向英格兰王室直接纳税。威廉·雪利承认，除了殖民地议会，其他权力机构恐怕无法让人们心甘情愿缴税。此外，他认为印花税可能行得通，毕竟印花税没有引起大多数人的反感。因此，十一年后的英属北美殖民地议会准备出台印花税法案。此前，英属北美殖民地的人们不得不在战争的泥潭中苦苦挣扎。

英属殖民地总督和加拿大总督回国汇报情况时，两国国内出现了一些骚动。在大不列颠王国，两支五百人组成的军团在少将爱德华·布拉多克的指挥下，乘船前往弗吉尼亚。当法兰西宫廷得知消息后，一支三千人组成的军队在迪斯考男爵让·埃德曼的指挥下前往加拿大。由于迪凯纳侯爵米开朗基罗·德·梅内维尔的健康状况堪忧，新一任也是最后一任加拿大总督沃德勒伊侯爵皮埃尔·德·里戈随着迪斯考男爵让·埃德曼的军队出发。沃德勒伊侯爵皮埃

沃德勒伊侯爵皮埃尔·德·里戈

理查德·豪

尔·德·里戈是加拿大前任总督沃德勒伊侯爵菲利普·德·里戈的儿子。在欧洲海域，法兰西远征军可谓险象环生。布雷斯特的军队集结时，英格兰王室发现了前往北美洲的法兰西远征军，于是派出了一支由十八到二十艘船组成的舰队前去拦截法兰西远征军，并且扣押驶往北美洲的所有法兰西船。然而，大部分法兰西远征军摆脱了英格兰舰队的追捕，但有三只舰船因天气原因掉队，在纽芬兰岛的开普雷斯附近被英格兰舰队追上。当英格兰战舰"敦刻尔克"号和法兰西战舰"阿尔希德"号并排航行时，英格兰舰队的旗舰突然升起红色旗帜，发出了开战信号。于是，"阿尔希德"号的船长大喊："这是要休战，还是要打？""敦刻尔克"号的船长理查德·豪回答："我不知道，不过你最好准备应战。"话音刚落，"敦刻尔克"号和其他英格兰战舰就火炮齐发。"阿尔希德"号与另一艘法兰西战舰被迫投降。此次冲突相当于乔治·华盛顿和法兰西少尉朱蒙维尔爵士约瑟夫·库伦·维利耶的那次交火。

1755年2月,爱德华·布拉多克来到威廉斯堡罗伯特·丁威迪的住所。1755年春天,爱德华·布拉多克和罗伯特·丁威迪扩军备战,试图一举拿下迪凯纳堡,重新占领"西部门户"。爱德华·布拉多克早已声名远播,是一位英格兰悍将,勇猛、倔强但不失率真。但他头脑愚笨,既不懂取长补短,又不善打破成规。在北美洲,他犯的第一个错误也是最严重的错误是低估了印第安人。然而,许多指挥官也犯了同样的错误,甚至不少作家也是如此。印第安人的战术向来不招人喜欢,尤其是一打就藏。英格兰人讥讽不愿意抛头露面的印第安人胆小怕事。实际上,在很大程度上,印第安人的战术适应了北美洲的自然条件。因此,经过几千年战火的考验,印第安人的战术是"适者生存"的产物。欧洲人刚踏上美洲时,不需要考虑人数或环境就能对印第安人发动大规模袭击。譬如,佩科特人和斯坦福德的印第安人,以及纳拉干西特人,他们都是这样灭绝的,因

纳拉干西特人

为欧洲人占据了武器优势。但随着武器差异的消除，欧洲人逐渐感受到了印第安人的可怕。慢慢地，欧洲人发现印第安人的战术很有用。于是，为了赢得战争，欧洲人不再排成纵队和横队作战，而是分散开来从树后或土堆后攻打印第安人。有趣的是，后来，随着武器威力变强，精准度提升，战场变得越来越危险，欧洲人只好选择印第安人的战术，如毫无章法地散乱作战，使用不同的伪装做掩护等。18世纪，没有哪支军队像北美洲的欧洲正规军那样，根本无法适应印第安人的战术，因为欧洲军队接受的是欧洲人的战争指导，习惯了欧洲的作战方法。在回复本杰明·富兰克林的信中，爱德华·布拉多克的愚蠢可见一斑。一次，本杰明·富兰克林告诉爱德华·布拉多克，绝对不要轻视印第安人。但爱德华·布拉多克说："对你的民兵团来说，印第安人确实是可怕的对手。但对训练有素的英格兰正规军来说，印第安人丝毫不可怕。"

关于爱德华·布拉多克傲慢无礼、脾气暴躁的传闻很多。但我们可以设想一下，当需要迅速集结军队作战时，如果遇到重重阻力，威廉·雪利和罗伯特·丁威迪也会非常生气，因此，爱德华·布拉多克发火就不足为奇了。爱德华·布拉多克多次痛斥殖民地议会，经常破口大骂缺少热情的议员。有时，他生气的原因很明显，尤其是议员们不想作战，只想与总督抬杠的时候。

在亚历山德里亚的军营中，精力充沛的威廉·雪利与爱德华·布拉多克商议了一项综合作战计划，包括尼亚加拉河、尚普兰湖和东北边境地区的军事行动，以及阿勒格尼山区的军事行动。现在，我们只讲述阿勒格尼山区的战斗。

作战前夕，爱德华·布拉多克犯了路线错误。对英格兰正规军来说，四轮马车是不可缺少的。在宾夕法尼亚地区，四轮马车是常见的交通工具。沿宾夕法尼亚铁路的路线不仅比横穿弗吉尼亚的路线短，并且在行军初期，沿途的居民可以提供四轮马车。如果选择沿宾夕法尼亚铁路的路线，宾夕法尼亚居民可能会对夺取迪凯纳堡感兴趣。然而，爱德华·布拉多克决定横穿弗吉尼亚地区。这个选择进一步印证了宾夕法尼亚居民的猜测，即迪凯纳堡一旦被攻破，就会落入弗吉尼亚居民手中。不久，本杰明·富兰克林四处劝说宾夕法尼亚居民，用自己的信用担保，为作战部队招募了很多马匹和四轮马车。

坎伯兰堡

随后，爱德华·布拉多克派出了几支特遣队。特遣队沿波托马克河两岸前行，抵达了威尔斯河附近俄亥俄公司的一处贸易据点。后来，贸易据点修筑了堡垒，起名"坎伯兰堡"。两个英格兰军团和从弗吉尼亚招募来的九个各五十人的民兵连在坎伯兰堡集结，总兵力达一千四百多人。但爱德华·布拉多克既看不起民兵，也看不起游击队和印第安人雇佣军。他用几句客套话召来了印第安酋长斯卡罗亚迪和远近闻名的拓荒者布莱克·杰克，但态度依然傲慢无礼。结果，斯卡罗亚迪和布莱克·杰克气得一走了之。

虽然爱德华·布拉多克有很多缺点，但说他没有做任何防备就中了印第安人的埋伏显然有失公允，有些夸大其词。不过，只要能引起公众兴趣的事件都容易出现不实言论。爱德华·布拉多克虽然屡次犯错，但绝不是一个傻瓜。在行军途中，英军的侧翼部队始终分散在主力部队两边，主力部队排成纵队，缓慢向前挺进。同时，树林深处有许多四处走动的侦察人员。主力部队由两千两百多名士兵组成，有时队列长达四英里。行军道路几乎称不上马道，平均宽度不足四码。1755年6月10日，英格兰军队出发。1755年6月18日，英军只从坎伯兰堡走出了三十英里。当时，主力部队后方的殿后部队受到伤员的拖累，几乎寸步难行。因此，爱德华·布拉多克决定将大部分四轮马车和其他辎重留给殿后部队，派一支一千两百人的先头部队快速向迪凯纳堡挺进。虽然军队人数减少，但道路依旧崎岖难走。先头部队到达特特尔河时，已经是1755年7月7日。特特尔河汇入莫农格希拉河的地方在迪凯纳堡南边八英里处。与此同时，正如爱德华·布拉多克预料的那样，英军先头部队的行踪已经被法兰西人和印第安人的侦察兵发现并受其监视。法军指挥官孔特勒克爵士克劳德-皮埃尔·佩科迪控制着迪凯纳堡。达尼埃尔·利纳德·德·博热任法军副指挥官。法军有五六百人，一部分是

达尼埃尔·利纳德·德·博热

庞蒂亚克

正规军,另一部分是加拿大民兵。此外,法军还得到了八百名印第安人的援助。其中一些印第安人来自加拿大东北部,已经接受洗礼成为基督徒,还有一些是查尔斯·德·朗格拉德带领的奥吉布韦人,剩下的是渥太华人。渥太华人的首领是精明残暴的庞蒂亚克。在迪凯纳堡,得知爱德华·布拉多克的部队已经抵达特特尔河河口处时,达尼埃尔·利纳德·德·博热主动请缨出战,准备伏击英军。他带了约二百五十名法兰西士兵和六百多个印第安人,悄悄穿行在特特尔河和迪凯纳堡之间的丛林里。但伏击并没有成功,因为英军根本没有进入埋伏圈。爱德华·布拉多克意识到,在特特尔河和迪凯纳堡之间沿莫农格希拉河右岸前行危险极大。因此,英军先头部队渡过了莫农格希拉河,沿莫农格希拉河左岸行进了五六英里后,再次渡河爬上了一块坡地,沿一条通向迪凯纳堡的小路行进。

霍雷肖·盖茨

当时,英军先头部队一直保持着之前的队形,部队前面是几个来自弗吉尼亚的向导,然后是托马斯·盖奇带领的先遣队。先遣队中的两个中尉霍雷肖·盖茨和查尔斯·李后来叛变。托马斯·盖奇后面是约翰·圣克莱尔率领的后勤部队。几门大炮和装有火药与器械的四轮马车跟在后勤部队后面。后勤部队后面是主力部队。主力部队的两侧和尾部分别有侧翼部队严加保护。如果这支英军懂得如何分散兵力和掩护作战,那么结局可能会不一样。因此,爱德华·布拉多克惨败的主要原因是英军内部过失,而不是法军的埋伏。

当时,在林间窄道上,英军和法军的先遣队指挥官相遇。托马斯·盖奇手下的一名轻骑兵仓皇跑过来。英军中有人瞥见林中一个脖子上带有鲜红颈甲的法兰西年轻人一路飞奔而至,看到英格兰人后转身招手。达尼埃尔·利纳德·德·博热战死前,这短暂的一瞥永远定格在了历史上。第三轮子弹齐发时,达尼埃尔·利纳德·德·博热倒地身亡。托马斯·盖奇手下的士兵冷静开火,值得称赞,但收效甚微,因为法军已经兵分两路,跑到了英军左右。随后,子弹从树后和灌木丛中喷射而出,英格兰士兵仓皇逃窜。英军阵形整齐,容易暴露,被打得七零八落。此外,英军鲜艳的红上衣也非常显眼。英格兰士兵无论多么快速地装弹开枪,都看不见射击目标。一名英格兰军官经历了战役最惨烈的阶段,最后

托马斯·盖奇

几乎被身边倒下的士兵压在了身下。战役结束后,他说自己在整场战斗中没有看见一个印第安人。四面八方都是烟雾,英格兰士兵几乎一直对着烟雾射击。大炮不停轰炸,许多树干断成了两截。很多英格兰士兵疯狂射击,甚至射中了自己的同伴。来自弗吉尼亚的民兵用印第安人的方式分散作战,几乎没有伤亡,并且超常发挥。一些英格兰士兵试图分散作战,但爱德华·布拉多克只要一看到分散战术,就会用剑敲打士兵们的脑袋,逼士兵们回到队列中。爱德华·布拉多克表现得非常英勇,一直在前方阵地上杀敌。先后有四匹马在他的胯下中弹而死。最后,他从第五匹马上摔了下来。子弹射穿了他的肺。在战斗中,乔治·华盛顿也十分英勇。他骑的两匹马死在了战场上。他的上衣背面的一块布也被子弹打烂

爱德华·布拉多克被子弹击中,跌落下马

爱德华·布拉多克战死

了。冥冥之中，他好像受到了神的保护。无须详细描述当时的战斗场景，只需说一下伤亡情况。英军作战兵力总计一千三百七十三人，伤亡四百五十九人。此外，八十六名英格兰军官中，只有二十三人毫发无损地逃了出来。与残酷的现代战争一样，这场战役也十分惨烈。英军表现得十分愚蠢。一群勇敢的人绝望地排着队等待死神降临，却不知道如何防御。战死前，英勇的爱德华·布拉多克昏倒在地

253 | 第 8 章 战前序曲

上,嘴里嘟囔着:"谁能想到这个结局?"停了一会儿,他又说:"下次我们就知道怎么打了?"

从战场上逃出来后,年轻的乔治·华盛顿声名鹊起。作为英军中的后起之秀,他的前途一片光明。托马斯·邓巴率领的殿后部队退回到坎伯兰堡,不久便放弃了征战。托马斯·邓巴的这一举动非常不明智,遭到了后人的强烈谴责,因为他给印第安人留下了可乘之机。由于1754年到1755年发生的事情,在俄亥俄地区的印第安人中,英格兰人失去了影响力。在"大草原",乔治·华盛顿遭受的厄运大大降低了印第安人对他的忠诚度。与此同时,爱德华·布拉多克的傲慢令印第安人感到不满。最后,英军的迅速覆没使印第安人坚信圣劳伦斯河流域的法兰西人才是救世主。

因此,大战爆发前,英格兰人的处境十分艰难。这场大战最终结束了法兰西人在北美洲的统治。但需要记住的是,目前,英格兰人与法兰西人还没有公开宣战,上述所有事件都发生在所谓的和平时期。

第9章

克朗波因特战役、威廉·亨利堡战役和泰孔德罗加战役

1755年春天，在威廉斯堡，当爱德华·布拉多克讨论夏季作战计划时，威廉·雪利亲自前来与他制订了一套涉及范围很广的作战体系。爱德华·布拉多克带兵进攻迪凯纳堡。威廉·雪利率军经莫霍克河流域和奥斯威戈要塞向尼亚加拉河挺进，他率领的部队主要由新英格兰的民兵组成。与此同时，威廉·约翰逊指挥的部队将从法兰西人手中夺取尚普兰湖的控制权。罗伯特·蒙克顿率领的部队将出征阿卡迪亚边境地区。威廉·雪利亲自率军征战尼亚加拉河，但他需要物色一名指挥官攻打克朗波因特。威廉·雪利擅长与殖民地议会打交道。他政见保守，经验丰富，善于克制，知道什么样的要求合理，也知道如何提要求会让人难以拒绝。在任命指挥官方面，他必须应对新英格兰地区的四个殖民地议会和纽约地区的议会。他很清楚，从任何一个殖民地中选择一名指挥官都会得罪另外三个殖民地。然而，任命威廉·约翰逊担任指挥官得到了众人的认可，因为英军需要易洛魁人的帮助，而威廉·约翰逊对易洛魁人的影响众所周知。此外，克朗波因特是莫霍克人的聚居地。鉴于上述原因，威廉·雪利派威廉·约翰逊率军攻打克朗波因特。事实证明，威廉·雪利的选择是对的。易洛魁联盟和纽约地区的人都很高兴威廉·约翰逊担任指挥官，新英格兰地区的四个殖民地议会也没有反对，但康涅狄格殖民地议会坚持让菲尼亚斯·莱曼担任副指挥。事实证明，对菲尼亚斯·莱曼的任命也是明智之举。由于必须与殖民地议会沟通协调，威廉·约翰逊的出发时间拖了很久。一切准备就绪后，大半个夏天过去了。

约翰·斯塔克

1755年8月,当威廉·约翰逊率军前往哈得孙河上游时,爱德华·布拉多克惨败的消息传来。威廉·约翰逊隐约觉得此次作战凶多吉少。与此同时,加拿大北部传来情报,称加拿大总督派八千人驻守尚普兰湖。

威廉·约翰逊率领的部队兵力不足,并且大部分士兵是新英格兰地区的民兵,许多人从来没有参加过战争。这支部队通过此次历练,在1775年及以后的战役中发挥了重要作用。这支部队中不乏一些日后非常重要的人物,如赛斯·波墨罗伊、以色列·帕特南和约翰·斯塔克。现在,他们与战友们浴血奋战。未来,独立战争的序幕一旦拉开,他们就会成为叱咤战场的人物。

威廉·约翰逊的部队走得缓慢,沿途不断出现延误,主要是由于缺乏调兵遣将的经验。大炮、弹药及行军水壶经常落在路上，四轮马车也总是无法按时到达指定地点。导致这种情况的原因要么是路途太远，要么是驾驶四轮马车的人嫌报酬太少，不愿听从指挥。运到军中的大量子弹装不进膛。此外，由于食物供给不及时，士兵们经常忍饥挨饿。这些因后勤不力导致的问题屡见不鲜。1755年8月的第三个星期，威廉·约翰逊的部队抵达哈得孙河的一处据点。当时，那里还有一座没有竣工的堡垒，起初叫"莱曼堡"，后来改名"爱德华堡"。在莱曼堡，三百个莫霍克人加入了威廉·约翰逊的部队。从莱曼堡到克朗波因特有两条路，一条通过乔治湖，另一条通过伍德溪。伍德溪是一条流入尚普兰湖狭长湖口的溪流。在泰孔德罗加，两条路合并。泰孔德罗加位于克朗波因特以南约二十五英里处。经过讨论，威廉·约翰逊决定横渡乔治湖。当时，乔治湖的法兰西名字是"圣体湖"。威廉·约翰逊将圣体湖改成了英格兰国王的名字，多少有宣示主

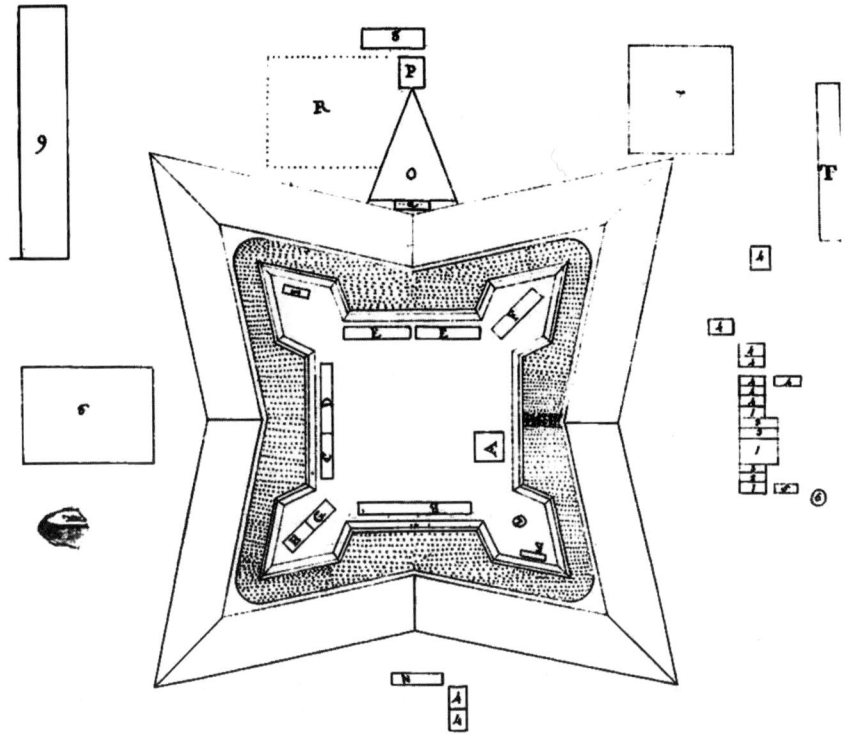

莱曼堡示意图

权的意思。五百名士兵留下来修建莱曼堡，另外两千名士兵跟随威廉·约翰逊抵达了乔治湖湖口，并在乔治湖湖口安营扎寨。

与此同时，法军指挥官迪斯考男爵让·埃德曼率领三千五百多人抵达克朗波因特，决定继续向前寻找英格兰人。到达泰孔德罗加时，迪斯考男爵让·埃德曼从一个英格兰俘虏口中得到了一条消息。英格兰俘虏称，莱曼堡只有五百名英格兰士兵，剩下的英格兰士兵不知为何撤回奥尔巴尼去了。迪斯考男爵让·埃德曼以为莱曼堡很容易攻克，于是率军沿尚普兰湖全速南下，抵达了南湾。南湾的源头在伍德溪和乔治湖之间。在南湾，迪斯考男爵让·埃德曼径直向莱曼堡进发。在距莱曼堡不到四英里的地方，迪斯考男爵让·埃德曼截获了一封信，从信中得知英军的主力部队其实驻扎在乔治湖湖口。与迪斯考男爵让·埃德曼一起的还有勒加德尔·德·圣皮埃尔手下的六百个印第安人，他们一致表示要攻打户外营寨，而不是堡垒。实际上，印第安人讨厌大炮。有人反对称，户外营寨的兵力看上去比堡垒里的多。印第安人回应说，英军是一群残兵败将，除了逃跑什么都不会，并且得意地提到了遭遇惨败的爱德华·布拉多克。一些印第安酋长还一边手舞足蹈地叫着，一边向迪斯考男爵让·埃德曼保证，营寨中的英格兰士兵越多，他们能带回来的头皮就越多。于是，迪斯考男爵让·埃德曼虽然不太确定输赢，但下令直接攻打乔治湖湖口的英军。

此时，在威廉·约翰逊的营帐中，侦察兵报告说大批法兰西人正在逼近。由于低估了法军人数，威廉·约翰逊最初的命令是派两支五百人的部队分别从两个不同的方向夹击法军。经验丰富的莫霍克酋长亨德里克·西亚诺金得知威廉·约翰逊的命令后，捡来两根结实的木棍，放在手中怎么掰也掰不断。随后，他将两根木棍分开，结果每根木棍都轻松掰断了。威廉·约翰逊见状说："有道理！传令下去，让两支部队从一个方向攻击法军。"但即使如此，亨德里克·西亚诺金依然不同意。他说："如果想打败法军，现在的兵力依然不够。但如果只是去送死，人员损失就太大了。"结果，迪斯考男爵让·埃德曼得知英军先头部队的消息后，布下了埋伏，沉重打击了英军。在此次战斗中，亨德里克·西亚诺金和许多著名的英格兰将领身亡。

亨德里克·西亚诺金

打了胜仗后，迪斯考男爵让·埃德曼率领的法军士气大振，认为英格兰人的胆量的确如传言的那样。于是，迪斯考男爵让·埃德曼继续攻打威廉·约翰逊部队的营地。但威廉·约翰逊部队的营地固若金汤，不仅有土木工事，还有很多树干做防御。法军拼尽全力想一举拿下威廉·约翰逊部队的营地，但最后还是无果而终。经过多次进攻，法军已经筋疲力尽。与此同时，英格兰士兵跳出战壕，发动了猛攻。法军死伤惨重，勒加德尔·德·圣皮埃尔也战死了。当初，正是勒加德尔·德·圣皮埃尔与乔治·华盛顿在勒鲍夫堡的一面之交拉开了大战序幕。迪斯考男爵让·埃德曼受伤后被俘。威廉·约翰逊手下的莫霍克人想烧死迪斯考男爵

迪斯考男爵让·埃德曼被俘

让·埃德曼,但威廉·约翰逊彬彬有礼地向迪斯考男爵让·埃德曼保证说:"他们不会烧死你的,除非他们先烧死我。"

　　与大多数其他战役一样,关于这场战役的争议很多,但这里不再详述。威廉·约翰逊的部队主要将胜利归功于菲尼亚斯·莱曼,并指责威廉·约翰逊对菲尼亚斯·莱曼不公平。我认为,这一评价总体上站得住脚。当时,威廉·约翰逊声名鹊起,得到了很多奖赏。英格兰人十分想在爱德华·布拉多克战败后找回点颜面。威廉·约翰逊被授予准男爵头衔。然而,如果威廉·约翰逊乘胜追击,彻底击溃法军,那么乔治湖湖口的战役不失为重要一战。由于没有乘胜追击,威廉·约翰逊遭到了很多谴责。但他迟迟未动的原因很难解释，并且类似的情况很常见。乔治湖湖口的战役胜利后，英格兰人得意了一段时间。在尼亚加拉河附近，威廉·雪利遭遇了失败。他率军穿过纽约地区的荒山野岭，抵达了奥斯威戈，然后从奥斯威戈乘船行驶五六天就能到达尼亚加拉河。但弗兰特纳克堡驻扎了一千四百多名法兰西士兵，兵力与威廉·雪利率领的总兵力差不多。威廉·雪利如果留下足够的人驻守奥斯威戈要塞，就没有兵力实施作战计划了。但如果他率全部兵力向西压进，那么弗兰特纳克堡的法军一定会占领奥斯威戈要塞，切断他的粮草供应。威廉·雪利陷入两难境地，最后不得不放弃作战计划。

1755年冬天很快来临。弗吉尼亚和宾夕法尼亚边境地区的居民经历了前所未有的苦难。印第安人的火把和斧头频繁挥向弗吉尼亚和宾夕法尼亚边境地区的英格兰人，英格兰人却无法集结兵力应对印第安人的恐怖袭击。殖民地议会激烈争吵了一整个冬天，依然没有找到解决办法。

最终，1756年5月，大概是"大草原"发生的小冲突结束两年后，大不列颠王国对法兰西王国宣战，打响了近代史上最难忘的一场战争。1618年到1648年，

乔治湖湖口战役，英军击败法军

奥地利女大公玛丽亚·特雷莎

经历了三十年战争的考验，欧洲形成了合理的权力布局。但普鲁士国王腓特烈二世上台后，试图建立一个现代德意志国家，不仅打破了欧洲各国之间的权力平衡，还亲手缔造了一个反对自己的强大联盟。占领西里西亚后，奥地利成了德意志人永远的敌人。为了收复西里西亚，奥地利女大公玛丽亚·特雷莎发动了一场战争，但以奥地利的失败告终。不甘心失败的奥地利女大公玛丽亚·特雷莎准备再战，并且找到了一个令人生畏的盟友，即俄国女沙皇伊丽莎白·彼得罗芙娜。由于多方面的原因，俄国女沙皇伊丽莎白·彼得罗芙娜一直想教训一下普鲁士王国。普鲁士国王腓特烈二世出言不逊,戳中了俄国女沙皇伊丽莎白·彼得罗芙娜的软肋,导致所有矛盾激化成了俄国女沙皇伊丽莎白·彼得罗芙娜不可遏制的怒火。除了俄国,法兰西王国也与奥地利结盟,因为法兰西王国预感到普鲁士王国比奥地利危险得多。面对强大的对手,普鲁士王国选择与大不列颠王国结盟成了万全之策。从狭义上讲,与普鲁士王国结盟可以使英王乔治二世更好地保护汉诺威王朝的领地。从广义上讲,当欧洲战场牵制住法军的大部分力量时,英属北美殖民地就可以获得发展机会。因此,大不列颠王国的国库成了普鲁士国王腓特烈二世的主要经济依靠。普鲁士国王腓特烈二世将每一分钱都用

俄国女沙皇伊丽莎白·彼得罗芙娜

到了刀刃上。他单枪匹马,奋勇杀敌,成功打败了俄国、奥地利和法兰西王国联盟。他取得的一些胜利令人称奇。当他牵制三个对手时,英格兰人继续争夺海外殖民地的控制权,在北美和印度力压法兰西人,占据了明显优势。

然而,与此同时,英属北美殖民地还没有收到新的军事联盟带来的好处,因为法兰西首相新选派的北美洲法军总指挥运气出奇的好。这位法军总指挥就是蒙特卡姆侯爵路易·约瑟夫。委派蒙特卡姆侯爵路易·约瑟夫指挥北美洲的法军绝对是经得起时间检验的明智之举。1712年,蒙特卡姆侯爵路易·约瑟夫出生在法兰西尼姆近郊,从小受良好教育,熟读希腊文及拉丁文的经典著作与哲学著作,并且酷爱文学,曾经立志当一名学者。闲暇时,他总会专心阅读和研究文

蒙特卡姆侯爵路易·约瑟夫

学。在奥地利王位继承战争中,他表现突出,很多人认为他是法军中能力最强的将领之一。来到北美洲前,他将家人留在了尼姆近郊坎迪亚克的庄园中,包括他的母亲、妻子和六个孩子。蒙特卡姆侯爵路易·约瑟夫是一个家庭观念很重的人,很依恋家人。在北美洲征战的日子里,我们可以从他的日记和信件中感受到他对家人浓浓的爱。

在海上航行的六个星期中,蒙特卡姆侯爵路易·约瑟夫历经坎坷,不时还有生命危险。在一封写给妻子的信中,他描述道:"船的前甲板总是没入水中,后甲板一直遭到海浪的拍打,折断了两次。从1756年4月22日到1756年5月4日晚上,我们周围弥漫着大雾,寒气逼人,还有很多冰山。1756年4月30日,雾气稍微消散了些,我们有幸数到了十六座冰山。前一天,一大块冰漂到船首的斜桅杆下面,擦船而过,幸好舵手及时发现'拉起了纵帆前缘',不然一定会船毁人亡。说完困难和不幸后,再告诉你一些愉快的经历。我们钓到了鳕鱼。鳕鱼味道鲜美,口感细腻,鳕鱼的头、舌头和肝都是很不错的食材。但我不建议为了鳕鱼漂洋过海。我的身体和之前一样健康。我发现了一个不错的饮食方法,即每顿少吃一点,不吃晚饭,不时喝点茶,多吃柠檬。然而,我厌倦了海洋,唯一能让我高兴的就是和你重逢。到那时,我将不再出海。我不知道你什么时候能看到这封信,但我会让第一艘回法兰西的船捎上它,然后继续给你写信,直到重逢。我知道读到一封自己爱人寄来的信是一件很愉快的事,因此,我想我最爱的人一定会乐意读这些枯燥的文字。复活节那天,我们听了弥撒曲。如果是前一周,我们根本听不了弥撒曲,因为船颠簸得很厉害,我几乎站不稳。如果我站起来,风浪就会迅速抽打我。复活节前一周的经历令我难以忘怀。"

抵达蒙特利尔后,加拿大总督沃德勒伊侯爵皮埃尔·德·里戈极不热情地接待了蒙特卡姆侯爵路易·约瑟夫。原来,沃德勒伊侯爵皮埃尔·德·里戈渴望军功卓著,无论是指挥大规模战役,还是调动加拿大民兵或法兰西正规军,都自以为所向披靡。此外,他喜欢控制一切,但面对一个意志坚定、精力充沛的总指挥,他无法继续一意孤行。这一点他心知肚明。沃德勒伊侯爵皮埃尔·德·里戈是加拿大本土人,出生在他父亲担任加拿大总督期间。在加拿大出生的法兰西人对来自欧洲的法兰西人存有一丝嫉妒,正如在新英格兰出生的英格兰人对英格兰本土人的感情那样。有时,蒙特卡姆侯爵路易·约瑟夫和沃德勒伊侯爵皮埃尔·德·里戈之间的隔阂会对法军的军事行动造成不利影响。

然而,蒙特卡姆侯爵路易·约瑟夫到达蒙特利尔后不久,就因重创英军声名鹊起。在一定程度上,这场失败是英军自己造成的。我们已经看到,由于驻守在弗兰特纳克堡的法军,威廉·雪利的部队在奥斯威戈无功而返。当然,如果不能攻破弗兰特纳克堡,那么英军在尼亚加拉河流域的任何征战都会以失败告终。回到纽约后,威廉·雪利和威廉·约翰逊吵了一架。他们的吵架反映出了英军对威廉·雪利的不满。纽约地区有权势的人给英格兰大臣写信,要求撤换威廉·雪利,委任一位新的总指挥。于是,英格兰内阁派劳登伯爵约翰·坎贝尔出

劳登伯爵约翰·坎贝尔

詹姆斯·阿伯克龙比

任北美洲英军总指挥。但由于劳登伯爵约翰·坎贝尔迟迟没有出发,英格兰内阁先派出了詹姆斯·阿伯克龙比。然而,詹姆斯·阿伯克龙比还没准备好就任,英格兰内阁只能派出丹尼尔·韦布。结果,在筹备新的奥斯威戈战役时,威廉·雪利不得不将指挥权交给丹尼尔·韦布。但随后,丹尼尔·韦布将指挥权交给了詹姆斯·阿伯克龙比。最后,詹姆斯·阿伯克龙比还要将指挥权交给劳登伯爵约翰·坎贝尔。正如林肯所言,中途频繁换马不利于组织快速、统一的军事行动。新上任的总指挥成为英军当时最大的败笔。威廉·雪利虽然不是专业军人,但反应敏捷,有勇有谋。劳登伯爵约翰·坎贝尔呆滞刻板,优柔寡断,是一个容易半途而废的人。本杰明·富兰克林用了一个恰当的比喻形容劳登伯爵约翰·坎贝

奥斯威戈

尔,说劳登伯爵约翰·坎贝尔就像小酒馆广告栏中贴的圣乔治,总骑在马背上,但从未向前跑。

威廉·雪利本来打算出征奥斯威戈,希望从奥斯威戈进攻弗兰特纳克堡。但丹尼尔·韦布和詹姆斯·阿伯克龙比的陆续到来延迟了他的作战计划。1756年7月下旬,劳登伯爵约翰·坎贝尔到达北美洲,决定集中力量拿下泰孔德罗加。当时,法军已经在泰孔德罗加建新的堡垒。至于安大略湖的奥斯威戈,劳登伯爵约翰·坎贝尔认为现有的驻防已经足够,没有向奥斯威戈增派兵力。时机就这样悄

悄溜走了。劳登伯爵约翰·坎贝尔的决定很不明智。法军如果占领了奥斯威戈，不仅会阻断英军进攻尼亚加拉河的通道，还能让泰孔德罗加和克朗波因特两地的法军集中兵力攻打英军。劳登伯爵约翰·坎贝尔抵达奥尔巴尼后，由于英格兰国王的愚蠢命令，北美洲的所有军事行动陷入停滞状态。原来，英格兰国王命令殖民地拥有将军和上校军衔的军官一律降为上尉。这项命令将英属北美殖民地的英军放在了英格兰少校的统率下，引发了很多人的不满。与此同时，劳登伯爵约翰·坎贝尔突然想起了奥斯威戈要塞，于是命丹尼尔·韦布火速增援奥斯威

奥斯威戈要塞守军向法军投降

戈要塞,但已经无济于事。当丹尼尔·韦布到达莫霍克河谷与安大略湖之间的一处空地时,也就是后来建立斯坦威克斯堡的附近,靠近现在的罗马市,他震惊地发现,蒙特卡姆侯爵路易·约瑟夫已经占领奥斯威戈。实际上,结果早在预料之中。当劳登伯爵约翰·坎贝尔犹豫不决时,蒙特卡姆侯爵路易·约瑟夫却在积极备战。他从弗兰特纳克堡出发,包围了奥斯威戈要塞,然后发动了猛烈的进攻。驻守奥斯威戈要塞的一千四百名英格兰士兵及二三百名非武装人员全部投降,沦为战俘。法军缴获了一百多门轻型加农炮。当时还发生了一件事,预示着可怕的未来。蒙特卡姆侯爵路易·约瑟夫手下的一些印第安人开始动手残杀英格兰战俘。蒙特卡姆侯爵路易·约瑟夫许下慷慨承诺后,才劝阻了印第安人的残忍行为。蒙特卡姆侯爵路易·约瑟夫算了一下,用来赎回战俘的物品估价约有一万或一万两千里弗①。

　　1756年冬天发生了许多游击战,这里不再叙述。1757年夏天,英军的作战看似很不顺利。摧毁奥斯威戈要塞后,法军的前哨更加靠近易洛魁联盟的据

---

① 里弗是法国大革命前流通的一种货币,1795年,法郎正式替代里弗成为本位货币。

点。只要法军坚守住弗兰特纳克堡,英军就无法顺利到达尼亚加拉河。再加上迪凯纳堡,法军成功占领了北美洲大陆的腹地。奥斯威戈要塞的沦陷对印第安人的影响很大。一天,苏必利尔湖附近的一群印第安人前来面见蒙特卡姆侯爵路易·约瑟夫,说:"我们想看一看将英格兰人踩在脚下的法兰西人。我们原以为会看到一个高大的巨人,脑袋直冲云霄。但今天一见,天哪!原来你的身材这么矮!但看到你的眼睛时,我们仿佛看到了松树的伟岸和鹰的激情。"

当时,在尚普兰湖或布雷顿角岛附近,英军还没有排兵布阵。于是,劳登伯爵约翰·坎贝尔下令,攻克路易斯堡是重中之重。为此,他集结了一万多人马和十七艘轻型战舰。结果,整个夏天过去了,英军的战舰纹丝未动,因为劳登伯爵约翰·坎贝尔听说法军派来的舰队比自己的舰队多一艘战舰。他可能研究过英格兰儿歌,歌词写到一位尊贵的法兰西国王带着四万将士上了山又下山。

劳登伯爵约翰·坎贝尔成事不足,败事有余。为了攻打路易斯堡,他大张旗鼓地积极备战,撤回了哈得孙河沿岸的驻军。于是,蒙特卡姆侯爵路易·约瑟夫萌生了南下攻占奥尔巴尼的想法。1757年7月,蒙特卡姆侯爵路易·约瑟夫在泰孔德罗加集结了一支由法兰西人和加拿大本地人组成的军队,人数达七千六百人,另外还有一千八百个印第安人。这支军队异常庞大,很难管理。在北美洲,爱德华·布拉多克惨败和奥斯威戈要塞沦陷的消息已经传遍印第安部落。聚集在尚普兰湖和乔治湖之间的印第安人来自遥远的爱荷华地区,个个穿着艳丽,说着白人听不懂的话,即使是熟悉北美洲丛林的人也听不懂他们的话。爱荷华地区的印第安人此次前来是为了杀戮和掠夺钱财,他们对此毫不避讳。法兰西人说,这么坦率的人还是第一回见。爱荷华地区的印第安人将烤好的整只野牛排成长列,然后瞬间吃光,令人瞠目结舌。野鸡好像张开翅膀飞进了他们的喉咙,一下就不见了。法兰西人看到他们吃人肉时,表情立即扭曲了。法兰西人必须严加看守装白兰地和朗姆酒的木桶,不然饥渴的印第安人会将木桶一一凿开。印第安人一旦喝得酩酊大醉,凶残的本性就会暴露无遗,会喋喋不休地争吵,或像猛兽一样用牙齿相互撕咬。对法兰西人来说,控制爱荷华地区的印第安人绝非易事,因为他们如果不能吃俘虏或喝朗姆酒,就会勃然大怒,一哄而散去做其他事情。在泰孔德罗加，法军需要爱荷华地区的印第安人的协助，就像在现代战争中，骑兵不可或缺一样。在荒野中，法军的眼睛就是爱荷华地区的印第安人。

唯一与蒙特卡姆侯爵路易·约瑟夫率领的法军抗衡的是驻守在爱德华堡的两千六百名英格兰士兵和乔治湖南端的一千两百名守军。爱德华堡英军由丹尼尔·韦布直接指挥。之前，在乔治湖南端，威廉·约翰逊打败了迪斯考男爵让·埃德曼。爱德华堡虽然很重要，但设防薄弱，不得不说这是劳登伯爵约翰·坎贝尔的又一败笔。得知法军即将发动进攻后，丹尼尔·韦布打算将爱德华堡的驻军调到乔治湖，但很快就打消了这个念头，因为他必须防止法军趁机借道南湾南下，然后从自己右侧绕过，偷袭奥尔巴尼。当时，权宜之计是撤回兵力较弱的先头部队，在爱德华堡集结军队。但丹尼尔·韦布好像没有这样做，只派了一千人到乔治湖。乔治湖的英军总数达两千两百人。这支英军驻守的地方被威廉·约翰逊称为"威廉·亨利堡"。威廉·亨利堡防御坚固，四面布满了巨大的树干。

1757年8月1日，蒙特卡姆侯爵路易·约瑟夫率领七千名法兰西士兵和一千六百个印第安人，前去攻打威廉·亨利堡，同时留四百人驻守泰孔德罗加。

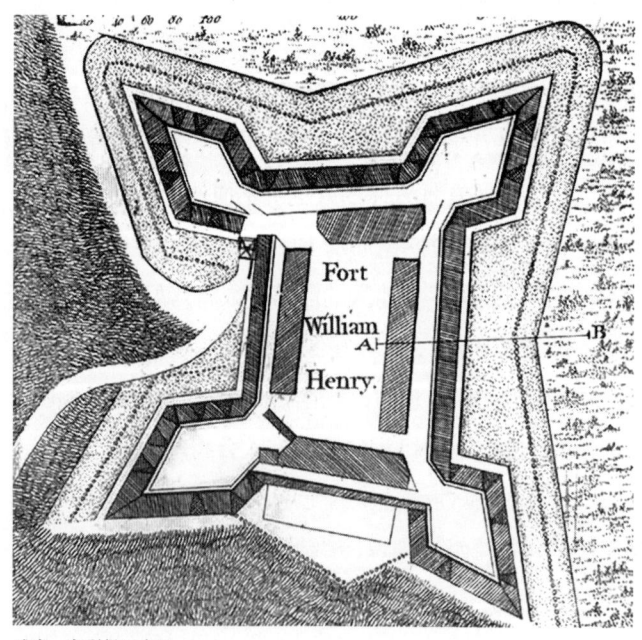

威廉·亨利堡示意图

威廉·亨利堡向路易·约瑟夫投降

到达威廉·亨利堡后,他向英军指挥官乔治·门罗送上了招降书。但乔治·门罗断然拒绝。不久,蒙特卡姆侯爵路易·约瑟夫只能发起常规突围,兵分多路,并且架设了炮台轰炸威廉·亨利堡。与此同时,法军截获了丹尼尔·韦布的一封信。信中,丹尼尔·韦布向乔治·门罗透露,他无法增派援军,除非有更多援军抵达爱德华堡。对此,他已经派人沿哈得孙河而下,前去求援。读完丹尼尔·韦布的信后,蒙特卡姆侯爵路易·约瑟夫将信塞进了口袋。两三天后,当威廉·亨利堡的驻防工事遭到严重损毁时,蒙特卡姆侯爵路易·约瑟夫派人将丹尼尔·韦布的信送给了乔治·门罗,信中还夹带了一面休战旗,赞扬乔治·门罗勇气可嘉。乔治·门罗拒收休战旗,继续英勇抵抗,直到第八天即将结束。威廉·亨利堡的重机枪全部熄火。三百名英格兰将士战死。大部分士兵因染上天花动弹不得。在这种情况下,乔治·门罗只能投降。威廉·亨利堡的英军撤退,并获准保留一门

蒙特卡姆侯爵路易·约瑟夫试图阻止印第安人的屠杀行为

加农炮彰显自己的英勇。签订投降协议前,蒙特卡姆侯爵路易·约瑟夫召集所有的印第安酋长开会,让印第安酋长庄重承诺不虐待战俘。印第安酋长们一律许下承诺,并郑重宣布决不让年轻的印第安人劫掠或虐待战俘。然而,英军刚离开威廉·亨利堡,一群残暴的印第安人就前赴后继地杀死了所有伤残士兵。

这次经历仿佛让老虎尝到了血腥味。由于印第安人太多,法军根本无法控制印第安人。印第安人清楚自己身上的力量,由于浑身的杀气得不到宣泄,他们愤怒至极。根据投降协议,第二天一早,英军的残兵排成长队,由加拿大民兵护送前往爱德华堡。英军刚出发,一群印第安人就挥着战斧割下了十七名伤员的头皮。当时派来保护英军的还有一支法军,但依然寡不敌众。英军出发不久,另一群印第安人就从树丛中又迅速窜出,抓走了七十或八十名英格兰士兵。被拖入林中的英格兰士兵遭到了印第安人的屠杀。在前往爱德华堡的途中,印第安人的残暴行为如影随形,杀戮不断。即使蒙特卡姆侯爵路易·约瑟夫勃然大怒,再三阻挠,也无济于事。据说,印第安人拖走了六七百名英格兰士兵,但蒙特卡姆侯爵路易·约瑟夫救出了其中的四五百人。英军具体的死亡人数无从得知,但后来很多年中,威廉·亨利堡一直是英格兰人恐惧的地方。蒙特卡姆侯爵路易·约瑟夫心中的隐痛一直挥之不去。虽然他不需要对印第安人的残暴行为负责,但一些法兰西军官胆小怯懦,非常害怕印第安人,生怕印第安人将怒气撒到自己身上。总之,威廉·亨利堡战役是北美洲历史上最残酷的战役之一。

接下来的战役打响前,大不列颠王国发生了巨大变化。大不列颠王国的军事指挥权落到了威廉·皮特身上。迄今为止,威廉·皮特是世界上最伟大的首相

威廉·皮特

之一，屡建奇功。他与普鲁士国王腓特烈二世联合，使法兰西王国陷入险境。威廉·皮特具有超强的领导能力。他挑选的人总能顺利完成作战计划。他从不囿于细枝末节，但能通过细节洞察大义。大不列颠王国称霸海洋、英属北美殖民地占领密西西比河河谷、神圣罗马帝国建立新教帝国等事件都是威廉·皮特的杰作。除了非凡的智力，他身上还折射出崇高的人性光辉。这种魅力似乎能使所有英格兰人听他指挥。据说，接触过威廉·皮特的人都变得越来越文明、越来越勇敢。当时，面对腐败现象，大多数政治家都是睁一只眼闭一只眼。英格兰国内的道德水准并不高，但无论在公共领域还是私人生活领域，威廉·皮特都表现得非常廉洁。人们相信他是公正无私的，他也从未让人失望。随着18世纪民主思潮的兴起，威廉·皮特也成为一名民主主义者。奥利弗·克伦威尔去世后，英格兰人第一次感觉到一位可以代表整个国家的领袖出现了。在北美洲，民众对威廉·皮特的爱戴几乎和英格兰国内一样。因此，当威廉·皮特想调用新英格兰殖民地的两万士兵时，几乎没有人提出反对意见。

威廉·皮特一上任，就撤换了无能的劳登伯爵约翰·坎贝尔，然后派杰弗里·阿默斯特前往北美洲指挥作战。杰弗里·阿默斯特手下有一位叫"詹姆斯·沃尔夫"的年轻将领，下一章我们将谈到他。威廉·皮特本来想撤换詹姆斯·阿伯克龙比，但考虑到詹姆斯·阿伯克龙比的影响力，不得不放弃这一想法。结果，詹姆斯·阿伯克龙比继续指挥哈得孙河的英军。但威廉·皮特派乔治·豪子爵协助詹姆斯·阿伯克龙。詹姆斯·沃尔夫称乔治·豪子爵是英军中的豪杰。毫无疑问，乔治·豪子爵个性鲜明，能力出众。乔治·豪子爵有两个弟弟，一个是著名的海军上将理查德·豪，另一个是几年后在北美洲指挥英军的陆军总指挥威廉·豪。三兄弟都是英王乔治一世的外孙，父亲是伊曼纽尔·豪子爵。当时，他们是在位的英王乔治二世的外甥。他们的母亲和英王乔治二世是同父异母的兄妹。三兄弟从小研读兵书，与北美洲的殖民者非常亲密，尤其是乔治·豪子爵。派乔治·豪子爵前往北美洲说明威廉·皮特充分相信乔治·豪子爵的能力。由于领导层发生了变动，北美洲英军的优势还没有突显出来。我们看到，英军再次付出了惨重的代价。

威廉·豪

　　1758年6月月底，詹姆斯·阿伯克龙比率军进驻乔治湖南端。1755年，威廉·约翰逊曾在乔治湖南端打败迪斯考男爵让·埃德曼。但1757年8月，威廉·亨利堡发生了惨案。在乔治湖南端，詹姆斯·阿伯克龙比派驻了六千名英格兰士兵和九千名地方民兵，共计一万五千人，是当时北美洲有史以来兵力最多的一支英军。摆在詹姆斯·阿伯克龙比面前的任务是威廉·约翰逊没有完成的任务，即进攻蒙特卡姆侯爵路易·约瑟夫驻守的泰孔德罗加。1758年7月4日，一切准备就绪。1758年7月5日清晨，英军乘平底舟和独木舟从乔治湖出发。后来，许多文人描述了当时的壮观场面。不久，正如威廉·皮特预料的那样，乔治·豪子爵成了英军中的精神领袖。上到将领,下到列兵,乔治·豪子爵和所有人打成了一片。凭借敏锐的洞察力,乔治·豪子爵很快适应了新环境,因此,到达北美洲不久,他就抓住机会了解了荒野作战的情况。随后,他开始减少辎重,裁剪军服。英军的长衣变成了短夹克。为了防止在丛林中被划伤,英格兰士兵穿上了皮制护腿。此外,英格兰士兵背着防水的帆布包,包里装有随时可以煮着吃的食物。在所有行动中,乔治·豪子爵总是身先士卒。

1758年7月6日正午,英军船队到达乔治湖北端。乔治湖北端的湖面突然变窄,湖水汇入一条弯曲的河流,河道与尚普兰湖连接。英军迅速登陆,开始沿河流西岸行进。罗伯特·罗杰斯率领两支突击队开路。但不久,突击队被困在了

罗伯特·罗杰斯

密不透光的树林中，很快迷失了方向。一个叫"朗吉"的法兰西军官带领一支三百五十人的部队，从一处高地监视着英军。这处高地位于弯曲河道与鳟鱼溪之间。还没等法军从高地上撤下来，英军就切断了法军的退路。但法兰西军官朗吉擅长在丛林中作战，试图取道鳟鱼溪北岸，然后绕回泰孔德罗加。于是，法兰西军官朗吉率领的三百五十人与乔治·豪子爵率领的英军游荡在树林中。虽然是正午，但树林中几乎像夜晚一样。很快，法军也迷失了方向。走在英军最前面的是乔治·豪子爵和以色列·帕特南。突然，树林中传来沙沙声，然后是一声尖叫："是谁？""法兰西人。"回应很快，但法兰西军官朗吉手下一些士兵的眼睛更快，即使漆黑一片，也能分辨出法军身上的白色和英军身上的绯红色。法兰西军官朗吉连发几枪，乔治·豪子爵应声倒下，不幸身亡。英军的命运随之逆转。这次突然交火以法兰西人的失败告终，大部分法兰西士兵被俘。直到英军走出树林后，各级官兵才得知乔治·豪子爵已经战死。据说，当时，整支英军士气大落，士兵们的希望变成了恐惧。乔治·豪子爵虽然来到北美洲的时间很短，但深得人心。一些英属北美殖民地的民众听到乔治·豪子爵的死讯后，不禁潸然泪下。后来，马萨诸塞湾殖民地在威斯敏斯特教堂为乔治·豪子爵立了一座纪念碑。

面对乔治·豪子爵的死，没有人比詹姆斯·阿伯克龙比更伤心，因为他一直期待乔治·豪子爵为他出谋划策。现在，法军近在咫尺，却没有人帮他了。穿过泰孔德罗加西北部的高地，有一处山脊。蒙特卡姆侯爵路易·约瑟夫用砍来的树干做防御，用树干修了一堵"之"字形的护墙。这样一来，英军靠近时，霰弹或步枪的火力就可以从护墙两侧将英军打散。护墙里面有开火用的平台。法兰西士兵站在平台上面时，护墙外除了能看到法兰西士兵的帽顶，什么也看不到。护墙前的地面上布满交错的大树枝，尖尖的枝条向外伸展。显然，带火枪的步兵无法攻下这片阵地。但有经验的将领绝不会认为这片阵地牢不可破。的确，蒙特卡姆侯爵路易·约瑟夫在守和退之间犹豫了很久。最终，他决定固守阵地，而不是退到克朗波因特。他的决定做得有点草率，因为詹姆斯·阿伯克龙比可能会用多种方式打败他。因此，蒙特卡姆侯爵路易·约瑟夫死守泰孔德罗加可能是个错误。首先，詹姆斯·阿伯克龙比可以撤回登陆的地方，然后架起加农炮轰炸法

泰孔德罗加战役

军阵地。但这只是一种通常能想到的防备之举。其次，泰孔德罗加紧靠一座山，詹姆斯·阿伯克龙比可以在山上筑几个炮台，将法军打得七零八落，迫使法军转移阵地。1777年，英军将领约翰·伯戈因就巧妙利用这座山占领了泰孔德罗加。从那时起，这座山被人们熟知，称"迪法恩斯山"。再次，詹姆斯·阿伯克龙比可以派部分英军佯攻蒙特卡姆侯爵路易·约瑟夫的阵地，率主力部队向克朗波因特挺进，然后走五英里后会发现湖面突然变窄，只要架设炮台，就能控制整片湖，从而切断蒙特卡姆侯爵路易·约瑟夫的退路。这样一来，只要等待蒙特卡姆侯爵路易·约瑟夫投降就可以了。由此可见，蒙特卡姆侯爵路易·约瑟夫能够侥幸逃脱完全是因为詹姆斯·阿伯克龙比太愚蠢。此外，在所有可能的作战方式中，詹姆斯·阿伯克龙比可以根据具体情况改变战术。将泰孔德罗加战役与邦克山战役和新奥尔良战役做个对比，会发现三场战役有一个相似之处。在邦克山，英军包围了美军，可以不失一兵一卒逼美军投降。但要想实现这一点，英军需要走水路占领查尔斯顿地峡。当时，指挥英军的是乔治·豪子爵的弟弟。他决心报仇雪恨，结果英军伤亡惨重。同样，在新奥尔良,英军将领爱德华·帕克南并不需要攻打安德鲁·杰克逊的战壕,因为他只需要沿密西西比河河岸继续前行,就可以攻下整片阵地。但他发动了鲁莽的强攻。安德鲁·杰克逊可能早就料到了这一点。

詹姆斯·阿伯克龙比有点急于求成,因为他听说法军的援军正在赶过来,所以采取了速战速决的打法。此外,他可能太过自信,认为在任何情况下,一个英格兰人能打败三个法兰西人。不管怎样,1578年7月8日正午前,詹姆斯·阿伯克龙比下达了作战命令。英格兰步兵迅速排开,开始冲锋,试图摧毁法军的防御工事。詹姆斯·阿伯克龙比的命令听起来有些难以置信,因为一旦发起冲锋,步兵的紧凑队形就会被地上的树干打乱。结果不出所料,英军乱作一团。紧接着,在两侧霰弹及火枪的猛烈夹击下,英军被迫还击。英军将士以惊人的勇气发动了一次次进攻。从1578年7月8日正午一直到夜幕降临,英军共发动了六次进攻,每次进攻都是孤注一掷。有几次进攻差一点跨过法军的护墙,但结果还是令人失望。英军越勇敢,伤亡就越惨烈。黄昏时分,双方停火。英军伤亡两千多人。

法军欢呼在泰孔德罗加取得胜利

即使战死了两千多将士,英军也没有理由撤退。当时,蒙特卡姆侯爵路易·约瑟夫已经无力还击,但詹姆斯·阿伯克龙比依然有实力向克朗波因特进发,切断蒙特卡姆侯爵路易·约瑟夫部队的物资供应。然而,詹姆斯·阿伯克龙比好像失去了理智,满脑子想的都是怎么逃跑,好像法军非常强大似的。逃回乔治湖南端时,他发现自己成了众人的笑柄。为了泄愤,人们给他起了各种绰号,如"胆小鬼""老太太""矮子阿伯克龙比太太"等。

　　乔治·豪子爵死后,英军好像失去了大脑,再次经历了黑暗的一天。在当时所有的战争灾难中,泰孔德罗加战役算得上最惨烈的一场战役。但物极必反,英军的厄运已经走到尽头。下一章充满英属北美殖民地的胜利欢歌,我们将讲述发生在路易斯堡、弗兰特纳克堡、尼亚加拉河、迪凯纳堡和魁北克的战役。

第 10 章

路易斯堡战役、迪凯纳堡战役和魁北克战役

从乔治·华盛顿在"大草原"与法军交火到1758年仲夏,四年过去了。截至目前,英军的作战几乎没有任何起色。新法兰西殖民地的边界地区有几处非常重要的战略据点。第一个战略据点是迪凯纳堡。迪凯纳堡扼守着一条通向西部边陲的中部要道。法兰西人抢在英格兰人前面占领了迪凯纳堡。爱德华·布拉多克率军试图夺取迪凯纳堡,却遭遇惨败。第二个战略据点是弗兰特纳克堡,位于安大略湖汇入圣劳伦斯河的湖口处,扼守着从北美洲东部前往尼亚加拉河的通道,进一步控制了通往西部的其他要道。目前,有两起事件可以证明弗兰特纳克堡的重要性。第一件是威廉·雪利慑于弗兰特纳克堡的存在,没有从奥斯威戈向尼亚加拉河进军。第二件是蒙特卡姆侯爵路易·约瑟夫从弗兰特纳克堡出发,攻克了奥斯威戈要塞,沉重打击了英格兰人。第三处战略据点是尚普兰湖南端的两个据点,分别是克朗波因特和泰孔德罗加。如果法兰西人控制了克朗波因特和泰孔德罗加,纽约地区就会很容易遭受攻击。反之,如果克朗波因特和泰孔德罗加落入英格兰人手中,加拿大就会遭到攻击。一开始,克朗波因特和泰孔德罗加就由法兰西人控制,英格兰人连续发动了三场战役都没能占领克朗波因特和泰孔德罗加。第一场战役中,威廉·约翰逊虽然取得了战术方面的胜利,但没有乘胜追击。第二场战役见证了威廉·亨利堡的惨剧。第三场战役中,由于指挥官的愚蠢,英军惨遭杀戮,詹姆斯·阿伯克龙比仓皇撤军。第四个战略据点是布雷顿角岛上防御坚固的路易斯堡。路易斯堡不仅对纽芬兰岛的渔业至

关重要，还影响着英格兰人在大西洋上的贸易往来，同时为法兰西人攻打新英格兰沿海地区提供了战略基地。此外，路易斯堡对进入圣劳伦斯河的舰队具有震慑作用。如果英军占领了路易斯堡，那么英格兰舰队就可以从路易斯堡出发，沿圣劳伦斯河攻打魁北克。1745年的战争中，在英格兰舰队的协助下，新英格兰民兵占领了路易斯堡。但战争结束后签订的《亚琛和约》又将路易斯堡归还给了法兰西人。

1758年仲夏，北美洲的英军好像从未打过胜仗。在冲突不断的战略据点，

路易斯堡

法兰西人占尽了优势。英军第一次打胜仗是在路易斯堡。路易斯堡位于布雷顿角岛南边的一个半岛上,东北面是一个深水海港,北面有一处炮台,海港入口处受到炮台岛的保护。此外,路易斯堡前方还有四处防御性棱堡,横跨整个半岛,从南到北依次是公主堡、皇后堡、国王堡和王储堡。路易斯堡后面是一片沼泽,根本无法穿过。沼泽南边是加伯鲁斯湾海岸,海岸周围的岩壁十分陡峭,军队几乎无法登陆。岩壁下的海水波涛汹涌,任何漂浮的舰船只要靠近就会面临重重危险。《亚琛和约》签订后,加拿大殖民地政府花重金加固了路易斯堡的防御工事。当时,驻守路易斯堡的是奥古斯丁·德·博斯切尼·德鲁库尔率领的法兰西正规军,共三千人左右,此外还有一些加拿大人和印第安人。同时,路易斯堡港口内停泊着五艘战舰、七艘轻型帆船。战舰和轻型帆船上可以架设五百四十支枪,运输三千名士兵。

1758年5月28日,英军从哈利法克斯港出发,试图攻破路易斯堡。运输英军的舰队由英格兰海军将领爱德华·博斯科恩指挥,共二十三艘战舰、十八艘轻型

爱德华·博斯科恩

杰弗里·阿默斯特

帆船和一支运输船队。船上的英格兰正规军有一万一千多人,民兵有五百人。英军由新任北美洲总指挥杰弗里·阿默斯特率领。1758年6月2日,英军抵达加伯鲁斯湾。侦察完加伯鲁斯湾海岸的岩壁后,英军没有找到路易斯堡后方的登陆点。攻克路易斯堡的希望十分渺茫。一些英格兰军官开始抱怨此次行动。但爱德华·博斯科恩和杰弗里·阿默斯特发现了一处看似可行的登陆点。于是,他们将登陆任务交给了年轻军官詹姆斯·沃尔夫。

加伯鲁斯湾海岸线附近有三四处可行的登陆点,但需要等到海水回落。按照计划,英军会在所有登陆点同时登陆。詹姆斯·沃尔夫带领的是最左边的一支部队,处在离登陆点最远的淡水湾。1758年6月2日,登陆计划已经确定。但直到1758年6月8日,当汹涌的海浪平静了一些后,英格兰舰队慢慢靠近海岸,开始实

詹姆斯·沃尔夫

施登陆计划。詹姆斯·沃尔夫出色地完成了登陆任务。虽然淡水湾有一千名驻守在战壕中的法军，以及架有八门加农炮的炮台，但詹姆斯·沃尔夫从法军左侧悄悄登陆，使英军处在了法军和路易斯堡之间。从那里不仅能进攻法军，还能切断法军的退路。英军发动进攻后，驻守淡水湾的法军仓皇逃走，撤到了法军营地。首战告捷后，所有英军安全登陆，准备采取进一步行动。不久，英军开始行进。路易斯堡北边炮台的物资运输受到英军阻碍，于是，法军放弃了炮台。路易斯堡海港的东侧从炮台一直延伸到与半岛相对的地方，形状像一把镰刀，并且路易斯堡就在对面的半岛上。前文提到的炮台岛位于路易斯堡海港的入口海域中间。考虑到强大的英格兰舰队，法兰西人认为派军驻守半岛对岸并不明智，因为半岛对岸很容易陷入孤军奋战的境地,于是将半岛对岸的驻军撤了回来。与此同时,詹姆斯·沃尔夫带领一千两百名士兵经过炮台后,沿镰刀形海岸向南行进,占领了法军放弃的据点。在詹姆斯·沃尔夫占领的据点,英军开始轰炸炮台岛。1758年6月25日,炮台岛的法军熄火撤退。

当时,英格兰战舰可以驶进路易斯堡的海港。为了避免遭遇惨败,在海港入口处,奥古斯丁·德·博斯切尼·德鲁库尔击沉了六艘法兰西战舰。与此同时,杰弗里·阿默斯特正在路易斯堡后方挖战壕、建围栏。英军越来越靠近路易斯堡,最终兵临半岛两侧的城墙下,向路易斯堡发动了猛攻,炮轰了路易斯堡内的街道。通过多次突袭,英军击沉或烧毁了法兰西舰船。最后,只剩五艘法兰西舰船完好无损。1758年7月21日,一颗炸弹落到了一艘法兰西舰船上,击中了舰

英军烧毁法兰西舰船

英军缴获法军舰船

船上的弹药库,舰船瞬间爆炸,火势甚至殃及了其他两艘舰船,一直烧到了岸边。当时,路易斯堡的大部分建筑都着火了,遭到围攻的法军一直在灭火。随后,六百名英格兰水手划船进入路易斯堡海港,截获了另外两艘法兰西舰船。装有七十四门大炮的法兰西舰船被烧毁,装有六十四门大炮的法兰西舰船作为战利品被英格兰水手拖走。1758年7月26日,随着路易斯堡前面的棱堡内的最后一杆枪熄火,法兰西人举起了白旗。1758年7月27日,路易斯堡的所有法军投降。这是英军在北美洲的第一次真正胜利,新英格兰海岸终于摆脱了法兰西人的威胁,英格兰舰队可以顺利前往圣劳伦斯河了。年轻的詹姆斯·沃尔夫成了众人心中的英雄,获得了胜利的荣耀。虽然杰弗里·阿默斯特和爱德华·博斯科恩的作战计划值得称赞,但詹姆斯·沃尔夫的所有行动体现出了罕见的军事才能。詹姆斯·沃尔夫不仅睿智机敏,坚毅自信,还充满能够感染全军的热情。他无论出现在哪里,都能成为最耀眼的明星。

为半岛对岸很容易陷入孤军奋战的境地，于是将半岛对岸的驻军撤了回来。与此同时，詹姆斯·沃尔夫带领一千两百名士兵经过炮台后，沿镰刀形海岸向南行进，占领了法军放弃的据点。在詹姆斯·沃尔夫占领的据点，英军开始轰炸炮台岛。1758年6月25日，炮台岛的法军熄火撤退。

当时，英格兰战舰可以驶进路易斯堡的海港。为了避免遭遇惨败，在海港入口处，奥古斯丁·德·博斯切尼·德鲁库尔击沉了六艘法兰西战舰。与此同时，杰弗里·阿默斯特正在路易斯堡后方挖战壕、建围栏。英军越来越靠近路易斯堡，最终兵临半岛两侧的城墙下，向路易斯堡发动了猛攻，炮轰了路易斯堡内的街道。通过多次突袭，英军击沉或烧毁了法兰西舰船。最后，只剩五艘法兰西舰船完好无损。1758年7月21日，一颗炸弹落到了一艘法兰西舰船上，击中了舰

英军烧毁法兰西舰船

英军缴获法军舰船

船上的弹药库，舰船瞬间爆炸，火势甚至殃及了其他两艘舰船，一直烧到了岸边。当时，路易斯堡的大部分建筑都着火了，遭到围攻的法军一直在灭火。随后，六百名英格兰水手划船进入路易斯堡海港，截获了另外两艘法兰西舰船。装有七十四门大炮的法兰西舰船被烧毁，装有六十四门大炮的法兰西舰船作为战利品被英格兰水手拖走。1758年7月26日，随着路易斯堡前面的棱堡内的最后一杆枪熄火，法兰西人举起了白旗。1758年7月27日，路易斯堡的所有法军投降。这是英军在北美洲的第一次真正胜利，新英格兰海岸终于摆脱了法兰西人的威胁，英格兰舰队可以顺利前往圣劳伦斯河了。年轻的詹姆斯·沃尔夫成了众人心中的英雄，获得了胜利的荣耀。虽然杰弗里·阿默斯特和爱德华·博斯科恩的作战计划值得称赞，但詹姆斯·沃尔夫的所有行动体现出了罕见的军事才能。詹姆斯·沃尔夫不仅睿智机敏，坚毅自信，还充满能够感染全军的热情。他无论出现在哪里，都能成为最耀眼的明星。

詹姆斯·沃尔夫本来想趁路易斯堡陷落，乘胜攻打魁北克，但奥古斯丁·德·博斯切尼·德鲁库尔的顽强防守拖延了时间。当时，进攻魁北克的时机已经错过。詹姆斯·沃尔夫生了一场大病，返回国内修养。与此同时，杰弗里·阿默斯特率军撤回哈得孙河，缓解了乔治湖的紧张局势。

当时，在詹姆斯·阿伯克龙比的军营中，士兵们怨声载道，士气低迷，因为他们对1758年7月8日的惨败耿耿于怀。1758年夏，大大小小的游击战持续不断。其间，以色列·帕特南曾被法军俘虏。法军将以色列·帕特南绑在柱子上准备烧死他。但就在火苗围着以色列·帕特南开始燃烧时，一名法兰西军官救了以色列·帕特南。不久，詹姆斯·阿伯克龙比手下的军官约翰·布拉德斯特里特中校取得了一次大捷，扭转了纽约边境地区的战局。约翰·布拉德斯特里特中校四十六岁，是英格兰本土人，但大部分时间生活在北美洲。他是威廉·雪利麾下的得力干将，参加过第一次攻陷路易斯堡的战役。在当前的战争中，他主要活动在奥斯威戈。当时，他坚信弗兰特纳克堡的防御力量薄弱，因为法军兵力紧缺，无暇

以色列·帕特南被一名法兰西军官救下

约翰·布拉德斯特里特攻打弗兰特纳克堡

顾及弗兰特纳克堡。因此，他提议攻占弗兰特纳克堡。乔治·豪子爵曾赞同了约翰·布拉德斯特里特中校的提议，但詹姆斯·阿伯克龙比不同意。最终，通过召开战争协商会议，约翰·布拉德斯特里特中校获准率兵三千人攻打弗兰特纳克堡。他率领的部队主要是纽约地区及新英格兰地区的民兵。穿过奥奈达人领地时，约翰·布拉德斯特里特中校发现，蒙特卡姆侯爵路易·约瑟夫取得泰孔德罗加大捷后，印第安人甚至易洛魁联盟开始质疑英格兰人。此时，英军必须采取一些行动，不然法兰西人在印第安部落中的影响力会越来越大。约翰·布拉德斯特里特中校率军一路行至被毁的奥斯威戈要塞，从奥斯威戈要塞乘船渡过安大略湖，直捣弗兰特纳克堡，并且一举拿下了弗兰特纳克堡。当时，弗兰特纳克堡的法军不到一百一十人。约翰·布拉德斯特里特中校缴获了七十门加农炮和迫击炮、九艘单桅战舰，以及大量军需品和皮毛。作为安大略湖胡岸的港口，如果不重建奥斯威戈要塞，那么英军的大量战利品就没有用武之地。但约翰·布拉德斯特里特中校没有时间和精力重建奥斯威戈要塞。当时，英军正在修建的要塞只有一座，即约翰·斯坦威克斯在安大略湖和莫霍克河河谷之间的分水岭处建的斯坦威克斯堡。目前，英军轰炸了弗兰特纳克堡的围墙，将能带走的战利品都运到了安大略湖对岸，然后销毁了不能运走的所有物品。约翰·布拉德斯特里特中校派一千名英格兰士兵驻守斯坦威克斯堡，自己率领其余士兵返回了哈得孙河。

通过弗兰特纳克堡战役，约翰·布拉德斯特里特中校给了法军致命一击。弗兰特纳克堡战役是继攻陷路易斯堡后英军对法军的第二次打击，仅次于路易斯堡战役。的确，弗兰特纳克堡战役只成功了一半，还有一半是重建奥斯威戈要塞，使奥斯威戈要塞成为通向尼亚加拉河的港口。斯坦威克斯堡建好后，英军可以继续控制易洛魁联盟的中心地带，但斯坦威克斯堡无法取代奥斯威戈要塞的港口地位。此外，英军打通了前往尼亚加拉河的路线。更重要的是，迪凯纳堡的物资运输线就此被切断。迪凯纳堡要想获取补给，必须依赖一条长运输线，

约翰·布拉德斯特里特

即从圣劳伦斯河到尼亚加拉河,再从尼亚加拉河穿过伊利湖到达普雷斯克岛和韦南戈,最后沿阿勒格尼河抵达迪凯纳堡。英军在弗兰特纳克堡缴获的战利品中,大部分物来是要运往迪凯纳堡的。约翰·布拉德斯特里特中校的漂亮一仗使迪凯纳堡命悬一线。下面我们来看看迪凯纳堡是如何被攻陷的。

在威廉·皮特派往北美洲的优秀将领中,有一位经验丰富的苏格兰人,叫约翰·福布斯。约翰·福布斯受过良好教育,参军前做过一段时间医生。他为人真诚,生活简朴,恪尽职守,并且聪明睿智,善于取长补短。在北美洲,他的人格魅力使他颇受爱戴,就像爱德华·布拉多克受很多人厌恶一样。约翰·福布斯性格坚强,但在北美打仗期间一直重病缠身。迪凯纳堡攻陷后的第二年春,即1759年春,他被疾病夺走了生命。他经常肠胃绞痛,平时必须躺在担架上被人抬着走。因此,迪凯纳堡战役可以说是一位奄奄一息的将领在指挥。但约翰·福布斯麾下有两名得力干将,一个是乔治·华盛顿,另一个是亨利·布凯。亨利·布凯是瑞士籍军官,多次参加欧洲大陆的战争,1756年开始在英军中服役。几年后,他在庞蒂亚克战役中一举成名。约翰·福布斯指挥的部队约有七千人,其中一部分是英格兰正规军,一部分是地方民兵,另一部分是宾夕法尼亚地区的德意志人组成的队伍,由亨利·布凯指挥。

迪凯纳堡战役中的第一个重要问题是路线选择问题。乔治·华盛顿倾向爱德华·布拉多克走过的旧路线。但亨利·布凯认为,从宾夕法尼亚山区向西推进更好一点。这条路线类似于现在从哈里斯堡到匹兹堡的铁路线。约翰·福布斯更青睐亨利·布凯选择的路线,于是采纳了亨利·布凯的建议。

约翰·福布斯的行军方式与爱德华·布拉多克截然不同。爱德华·布拉多克曾带着长长的队伍行走在绵延数英里的荒山野岭中。约翰·福布斯在行军途中开山辟路,隔不远就建一座碉堡,并且碉堡种类多样,有的是临时储物点,有的是弹药库。一路上,约翰·福布斯带兵又挖又砍,又炸又建。值得肯定的是,在阿勒格尼山区和劳雷尔山山脊上,约翰·福布斯的部队铺了一条简单的路。最终,在洛伊厄尔哈农河附近,约翰·福布斯的部队建好了最后一座弹药库,距迪凯纳堡约五十英里。这座弹药库将作为夺取迪凯纳堡的基地。

约翰·福布斯率军缓慢前行，因为他知道，沃德勒伊侯爵皮埃尔·德·里戈派休伦人、迈阿密人、渥太华人和波塔瓦塔米人协防迪凯纳堡，但要想与印第安人长期结盟，就必须让印第安人有杀戮或抢劫的机会。沃德勒伊侯爵皮埃尔·德·里戈希望英军快速行军，因为印第安人可能会耐不住性子打道回府。约翰·福布斯很清楚这一点，因此故意拖延时间。此外，他预料到推迟进攻会更有利于英军作战，因为一支七千人的部队一定会影响到周边的特拉华人、萧尼人和明戈人。他希望与这些印第安人联手攻打迪凯纳堡。

在士气大振的紧要关头，英军不能让法军有任何反败为胜的机会，因为实际影响印第安人的因素可能与事件本身的重要性无关。

当时，英军中有一名急躁冒失、不知轻重的苏格兰军官詹姆斯·格兰特。詹姆斯·格兰特总是盛气凌人，看不起地方民兵。在离迪凯纳堡不到五十英里的地方，除了跟镐和铁锹打交道，他没有其他事情可以做。因此，他找到亨利·布凯，要求带一千人前去侦察敌情。获得批准后，他带兵出发了，但一直没有回来。原来他遇到了法军，结果铩羽而归，损失了四分之一兵力。后来，他成了殖民地议员，并且在美国独立战争期间为英军效力。1774年，在英格兰下议院，詹姆斯·格兰特发表了令人印象深刻的演说，大意是说英属北美殖民地的民兵是一群乌合之众，一听到炮声撒腿就跑。但说完这些话后，他在长岛战役中遇到了威廉·斯莫尔伍德率领的马里兰民兵。结果，他率军猛攻了四个小时，没有攻下一寸阵地。的确，他应该改变对北美洲人的看法了。

1758年9月中旬，詹姆斯·格兰特在迪凯纳堡附近打了败仗。1758年10月，印第安酋长聚集在宾夕法尼亚殖民地的伊斯顿开会。此次会议是由约翰·福布斯和威廉·约翰逊促成的。需要记住的是，威廉·约翰逊的营地在莫霍克人的领地内。因此，莫霍克人坚决支持英军。但有时，易洛魁联盟的其他分支显得摇摆不定，如塞尼卡人曾投靠法兰西人。最近，约翰·布拉德斯特里特中校攻陷了弗兰特纳克堡，法军在塞尼卡人心中的形象一落千丈。如果塞尼卡人及北美洲西南地区的印第安人能再次投靠英军，那么法军驻守的迪凯纳堡就会岌岌可危。因此，威廉·约翰逊竭尽全力说服塞尼卡人。同时，传教士弗雷德里克·波斯

英军抵达迪凯纳堡

特也取得了一次重大的外交胜利。在伊斯顿会议上,他争取到了特拉华人、萧尼人和明戈人的支持。这一外交成果注定了迪凯纳堡战役的结局。法军四面受敌,缺乏物资。结果,新奥尔良和伊利诺伊的法兰西民兵坐船沿俄亥俄河逃走了。在秋日绚丽的森林中,底特律和格林湾的印第安人披着薄雾,踏上了回家的路。不久,法军指挥官带着驻防官兵沿阿勒格尼河逆流而上,到达了伊利湖,然后直奔蒙特利尔。当乔治·华盛顿和亨利·布凯抵达迪凯纳堡时,迪凯纳堡已经只剩下断壁残垣。由于冬季即将来临,英军没有时间重建迪凯纳堡,只能在皮毛商贩的小木屋周围建了栅栏,并将此地称为"匹兹堡",以纪念威廉·皮特。1759年,约翰·斯坦威克斯来到匹兹堡建了皮特堡。在死亡边缘徘徊了一个冬天后,1759年3月,约翰·福布斯病逝。他的遗体安葬在宾夕法尼亚殖民地的基督教教堂里。

攻陷"西部门户"让英格兰人看到了希望，宾夕法尼亚殖民地和弗吉尼亚殖民地的居民非常振奋，其他英属北美殖民地也欢欣鼓舞。但无论是迪凯纳堡战役还是其他战役，都无法保证英军最后的胜利，除非加拿大的法兰西人永远离开。威廉·皮特深谙一句军事格言："在战争中，除非全部消灭敌人，否则等于没有消灭。"1759年，威廉·皮特决心将所有法兰西人赶出北美洲。当时，欧洲和北美洲发生的战争只是一场更大战争的序幕。霍勒斯·沃波尔曾写道："每天早上，我们都强迫自己去问有没有胜利的消息，因为担心错过任何一场胜利。"1759年，法军节节败退。在明登，布伦瑞克公爵查尔斯·威廉·斐迪南将法军打得落花流水。在拉各斯湾，一支法兰西舰队遇到了爱德华·博斯科恩率领的

查尔斯·威廉·斐迪南

爱德华·霍克

英军,损失惨重。在基伯龙,爱德华·霍克歼灭了另一支法兰西舰队。法兰西勒阿弗尔地区遭到了英格兰海军上将乔治·布里奇斯·罗德尼的轰炸。在西印度群岛,英军占领了瓜德罗普,法军惨败。

在北美洲,一场声势浩大的战争即将爆发。英军在马萨诸塞殖民地招募了七千人。马萨诸塞殖民地一年的战争费用超过百万美金。此外,英军在康涅狄格殖民地招募了五千人,在新罕布什尔殖民地和罗德岛殖民地招募了一千人,在纽约殖民地招募了两千六百八十人,在新泽西殖民地招募了一千人,在宾夕法尼亚殖民地招募了两千七百人,在弗吉尼亚殖民地招募了两千人,在南卡罗莱纳殖民地招募了一千二百五十人。这些人加上两万两千名英格兰正规军和其他地方民兵,共计超过五万人。英属北美殖民地召集兵力的目的是推翻法兰西王国在北美洲的统治。

当时，在北美洲战场上，法军的调兵策略带有拿破仑·波拿巴时代之前的特点。18世纪的调兵策略有一些弱点，如作战兵力不够集中，并且总是以多路线围拢的方式攻打目标。19世纪，这种作战方式的缺陷非常明显。1759年，英军首次将魁北克列入作战计划中。因此，按照现代战术，英军应该将所有兵力集中在主攻目标上，不应该将精力浪费在次要目标上，如攻占尼亚加拉堡或重建奥斯威戈要塞，因为一旦实现主要作战目标，全线胜利就会随之而来。然而，当时，英军指挥官习惯分散打法，即使是能力出众的杰弗里·阿默斯特也缺少远见。杰弗里·阿默斯特的作战计划是先巩固西部的胜利，派人重建奥斯威戈要塞并攻下尼亚加拉堡，从而确保匹兹堡的安全。同时，在英格兰海军将领查尔斯·桑德

查尔斯·桑德斯

斯的配合下，詹姆斯·沃尔夫打算主攻魁北克。杰弗里·阿默斯特承诺要将尚普兰湖的法军赶出去，然后率军挺进蒙特利尔，攻下蒙特利尔后向魁北克进军，同时牵制法军，减轻詹姆斯·沃尔夫的作战压力。在这项作战计划中，英军的各个分战场确实取得了值得称赞的胜利，但没能配合主战场取得胜利。实际上，詹姆斯·沃尔夫根本不可能取胜。然而，正如战争中经常发生的那样，谋略上的不足往往会由某位天才出来弥补。

约翰·普里多率军从奥尔巴尼出发向西征战，威廉·约翰逊担任副指挥官。因为此次作战十分重要，所以约翰·普里多精心挑选了五千人。约翰·普里多率军进驻新建的斯坦威克斯堡，随后前往安大略湖。英军兵分两路，一路由弗雷德里克·哈迪曼指挥，负责重建和保护奥斯威戈要塞，另一路跟随约翰·普里多前

弗雷德里克·哈迪曼

去攻打尼亚加拉堡。设重兵把守奥斯威戈要塞是明智之举，因为不久，法军前来攻打奥斯威戈要塞。但攻打奥斯威戈要塞的法军只有一千人，因为魁北克的防守压力陡增，法军方面无法派出更多的人。这支法军由拉·科恩指挥，刚出现在奥斯威戈附近就被打得落花流水，伤亡惨重。

尼亚加拉堡位于尼亚加拉河河口，由勇猛的皮埃尔·普霍特率军把守。在交战中，约翰·普里多中弹身亡，英军指挥权落到了威廉·约翰逊手中。因为英军切断了法军东侧的支援，所以皮埃尔·普霍特的失败只是时间问题，除非法军西侧的民兵和印第安人能为皮埃尔·普霍特提供援军。当时，在底特律和苏圣玛丽之间，以及格林湾和伊利诺伊河流域，法兰西人集结了一支部队，兵力约一千一百多人，外加两百个印第安人。这支法军先后由保罗·马林·德拉马尔格、查尔斯-菲利普·奥布里和弗朗索瓦-马利·勒马尔尚·德·利涅里指挥。其中，弗朗索瓦-马利·勒马尔尚·德·利涅里是迪凯纳堡最后一任指挥官。最初，这支法军的目标是重夺匹兹堡，为1758年秋天的惨败报仇雪恨。但刚行进到普雷斯克岛和勒鲍夫堡，皮埃尔·普霍特就命这支法军驰援尼亚加拉堡。于是，这支法军朝尼亚加拉堡火速前进。但快到尼亚加拉堡的时候，这支法军遭到了威廉·约翰逊的袭击，全军覆没，一些军官沦为战俘。皮埃尔·普霍特别无选择，只能放弃尼亚加拉堡。1759年7月24日，在西部战场上，尼亚加拉堡的陷落给法军最后一击。

尼亚加拉河附近还有一支由杰弗里·阿默斯特率领的一万三千人的部队。杰弗里·阿默斯特率军从哈得孙河出发，朝泰孔德罗加挺进。在泰孔德罗加，蒙特卡姆侯爵路易·约瑟夫曾修筑了坚固的防御工事，使试图强攻泰孔德罗加的詹姆斯·阿伯克龙比损失了两千士兵。现在，英军将再次面对泰孔德罗加以前的防御工事。但蒙特卡姆侯爵路易·约瑟夫已经不再担任泰孔德罗加的法军指挥，被调回了魁北克，前去抵御詹姆斯·沃尔夫的部队。当时，指挥泰孔德罗加驻军的是弗朗索瓦-查尔斯·德·布拉马克。弗朗索瓦-查尔斯·德·布拉马克将能撤下的士兵都撤了，泰孔德罗加的防御工事里几乎空无一人。杰弗里·阿默斯特并不鲁莽，不是第二个詹姆斯·阿伯克龙比。他命部队停下，派人去侦察敌情。正当他仔细研究战局的时候，突然一声巨响，泰孔德罗加防御工事里的堡垒炸开了，碎石飞溅，就像焰火筒放出的烟花。这次爆炸使英军的作战计划成功了一半。原来，沃德勒伊侯爵皮埃尔·德·里戈已经交代弗朗索瓦-查尔斯·德·布拉马克，不要在泰孔德罗加或克朗波因特顽强抵抗，因为一旦败下阵来，撤退就来不及了。随后，弗朗索瓦-查尔斯·德·布拉马克从尚普兰湖地区撤出，回到黎塞留河驻守，这样做不仅可以继续抵抗英军，而且能确保撤退路线畅通。从法军的谨慎举动可以看出，过去一年中，法军指挥官对英军的态度发生了巨大变化，不再小看自己的对手。

此时，杰弗里·阿默斯特的缺点开始暴露出来。指挥打仗时，他十分谨慎，绝对不会做蠢事。但他采取的行动过于保守。他本来可以凭借强大兵力逼近弗朗索瓦-查尔斯·德·布拉马克的部队，却花了大量精力重建泰孔德罗加和克朗波因特的防御工事。这些事情完全可以打完仗后做。作为指挥官，杰弗里·阿默斯特的着力点应该是全力配合詹姆斯·沃尔夫，尽快攻克魁北克，因为魁北克才是整场战争的重中之重。一旦攻克魁北克，英军将取得全线胜利。杰弗里·阿默斯特如果不能积极配合詹姆斯·沃尔夫，那么接下来，他应该迫使蒙特卡姆侯爵路易·约瑟夫支援弗朗索瓦-查尔斯·德·布拉马克，从而削弱魁北克的防守兵力。要想实现这一计划，唯一方法是追击弗朗索瓦-查尔斯·德·布拉马克的部队。遗憾的是，杰弗里·阿默斯特没有这样做。他积极投身战场，却进展缓慢。1759年9月，法军在奥尼克斯岛的防线没有受到任何威胁。

因此，詹姆斯·沃尔夫必须依靠自己攻下魁北克。在此不再赘述1759年夏天的大量作战细节。攻占魁北克时，英军主要面临以下几个方面的困难：

魁北克位于圣夏尔河和圣劳伦斯河交汇的悬崖顶，悬崖高约两百英尺，向东俯瞰着圣劳伦斯河。从圣夏尔河下游沿圣劳伦斯河北侧，一直到蒙特莫伦西河，全长约六英里。这段河岸不高，但险峻陡峭，底部有低矮的河滩，河水不深。蒙特莫伦西河流出的地方有一条高两百五十英尺的瀑布。正对着瀑布的是圣劳伦斯河中央的奥尔良岛。奥尔良岛距魁北克上游河段约六英里，河面不窄于两英里。因此，这段水域被称为"河盆"。经过魁北克的时候，河盆水面缩至一千两百码宽。因此,魁北克的意思是"狭窄之地"。当时,在圣劳伦斯河南岸的利维角架设大炮,炮弹可以直接落在魁北克上空,尽管法兰西人不愿意相信这一点。

1759年6月,詹姆斯·沃尔夫出现在圣劳伦斯河附近,率军驻扎在奥尔良岛和利维角之间的河岸上,然后开始观察法军的情况。在圣夏尔河距蒙特莫伦西瀑布六英里的低矮悬崖上,一万四千法军守在战壕中。崖边隔不远就有哨兵守卫,但哨兵人数不多。在圣劳伦斯河上游八英里,蒙特卡姆侯爵路易·约瑟夫的副官布干维尔伯爵路易·安托万率两千三百名士兵把守胭脂帽。布干维尔伯爵

路易·安托万

路易·安托万的任务是侦察杰弗里·阿默斯特在圣劳伦斯河上游的行动，一旦发现英军进攻，就及时发出警报。此时，詹姆斯·沃尔夫清醒地意识到，集中兵力攻打蒙特卡姆侯爵路易·约瑟夫的军队比攻占魁北克更有价值。除非他将法军一网打尽，否则魁北克对他没有太大作用。一旦法军被歼灭，魁北克就会像长熟的苹果一样落到自己手上。接下来，如何攻打法军成了难题。英军根本无法接近圣夏尔河和蒙特莫伦西河之间的法军阵地，也无法在奥尔良岛上炮轰法军。如果从法军左侧包抄，那么英军很可能人舰分离，孤立无援，陷入危险境地。1759年7月，詹姆斯·沃尔夫一直在观察蒙特莫伦西河东岸，试图在蒙特莫伦西河东岸找一条进攻路线，但没有找到。当时，詹姆斯·沃尔夫绝不会做无谓的牺牲。此外，如果双方在蒙特莫伦西河东岸交战，那么法军能轻易撤退，因为英军的援军都在蒙特莫伦西河西岸。如果从法军西面的圣夏尔河防线进行侧攻，那么法军势必会全力应战，因为法军一旦失败，就意味着全军覆没。但英军根本无法从圣夏尔河登陆。1759年7月31日，为了采取一些行动，詹姆斯·沃尔夫在蒙特莫伦西河上游的低地驻扎了一定数量的兵力。几支英军部队心血来潮，在没有接到任何命令的情况下擅自行动，结果遭到法兰西步兵的阻击撤退回来，显然，詹姆斯·沃尔夫的计划不是突袭。1759年8月，詹姆斯·沃尔夫一直躺在病榻上与疾病作斗争。当时，他只希望活着打一场胜仗，完成威廉·皮特交给自己的任务。他冲医生大喊道："噢，医生，让我服完药能打仗就行，别无他求！"在病榻上辗转反侧的时候，他一直没有停止思考。不久，他决定，英军如果不能在圣夏尔河登陆，就直接攻占魁北克，因为魁北克只有为数不多的哨兵把守。随后，詹姆斯·沃尔夫乘船而上，亲自侦察圣夏尔河附近的情况。魁北克上游两英里有一个叫安西多弗隆的地方。詹姆斯·沃尔夫发现那里有一条羊肠小道，断定沿着小道能爬到悬崖顶端。魁北克附近的悬崖非常陡峭，小道两旁长满灌木。在悬崖顶部，临近魁北克的地方有一片开阔的高地。最初的定居者将这片高地命名为"亚伯拉罕高地"。英军如果能爬上亚伯拉罕高地，就能逼迫蒙特卡姆侯爵路易·约瑟夫出来应战，同时切断魁北克的粮草供应。因此，詹姆斯·沃尔夫命各部队加强火力。连续几个星期，利维角的英军一直在炮轰魁北克。魁北克城内的大部

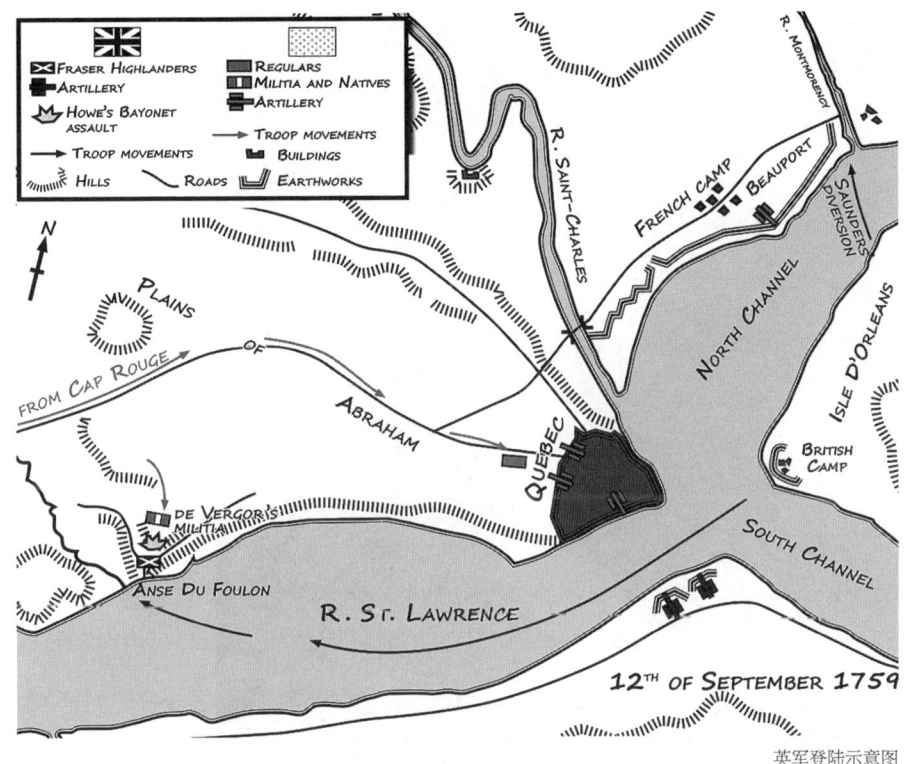

英军登陆示意图

分建筑已经成为废墟。此刻,英军的轰炸越来越猛烈。蒙特卡姆侯爵路易·约瑟夫坐立不安,不知道英军的作战计划到底是什么。越来越多的英军战舰沿圣劳伦斯河抵达胭脂帽,发动了袭击,完全牵制住了法军。蒙特卡姆侯爵路易·约瑟夫一直认为,这是英军在退出圣劳伦斯河之前的最后一搏,因为他想不出詹姆斯·沃尔夫除了放弃进攻还能做什么。对詹姆斯·沃尔夫来说,虽然他的决心异常坚定,但此次行动似乎毫无获胜的希望。攻打魁北克只是权宜之计,有可能成功,总比承认失败好。当时,詹姆斯·沃尔夫看到了一丝获胜的希望。在魁北克所处的悬崖下,不时有黑色船影经过,偷偷给下游法军运送物资。1759年9月12日,一切准备就绪后,英军舰队兵临城下。一开始,蒙特卡姆侯爵路易·约瑟夫认为英军要在圣夏尔河河口登陆,因此,他觉得这是上帝的安排,让英军自投罗网。与此同时,攻击布干维尔伯爵路易·安托万的英军兵力不断增加。英军

约翰·杰维斯

战舰不停地穿梭在各个进攻点上。法军不知所措,只能绷紧神经密切监视。詹姆斯·沃尔夫叫来了自己的朋友约翰·杰维斯。约翰·杰维斯后来荣升为英格兰海军上将。在与约翰·杰维斯的交谈中,詹姆斯·沃尔夫说自己闻到了死亡的气息。他从脖子上摘下一串项链,项链上挂有他未婚妻的头像。他将项链交给了约翰·杰维斯,希望物归原主,因为在即将打响的战斗中,他可能无法活着回去。午夜来临,胭脂帽一带归于平静,但魁北克附近的英军正在准备进攻。蒙特卡姆侯爵路易·约瑟夫一整晚都骑在马背上,担心英军在圣夏尔河附近发动袭击。这时,一艘英军战舰桅杆顶端的灯笼闪烁着微光,一千六百名英格兰士兵跳上小

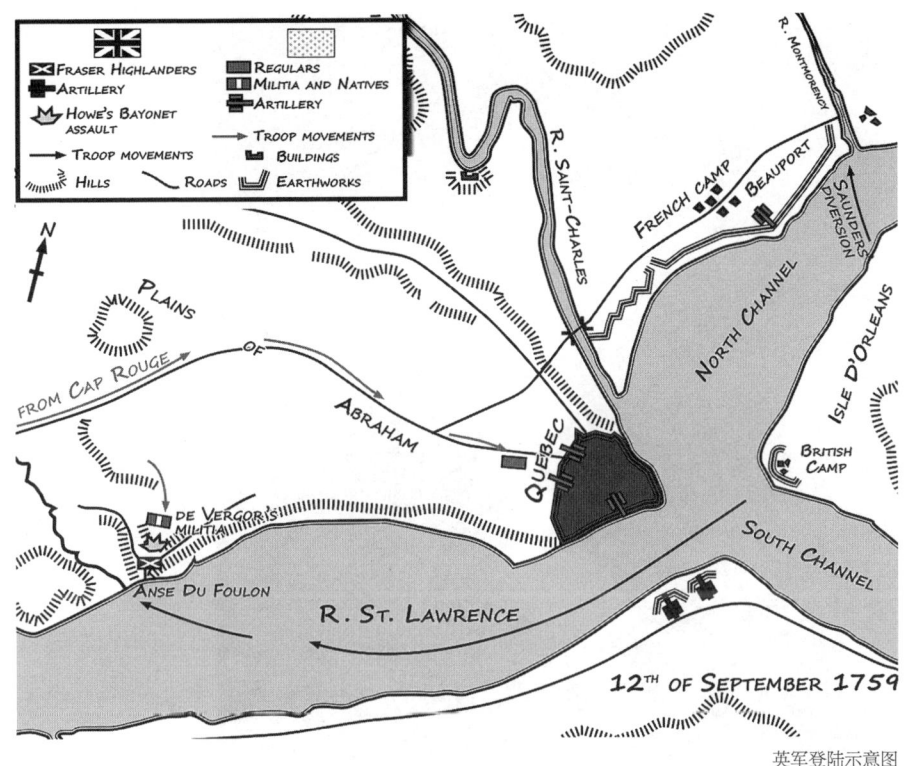

英军登陆示意图

分建筑已经成为废墟。此刻，英军的轰炸越来越猛烈。蒙特卡姆侯爵路易·约瑟夫坐立不安，不知道英军的作战计划到底是什么。越来越多的英军战舰沿圣劳伦斯河抵达胭脂帽，发动了袭击，完全牵制住了法军。蒙特卡姆侯爵路易·约瑟夫一直认为，这是英军在退出圣劳伦斯河之前的最后一搏，因为他想不出詹姆斯·沃尔夫除了放弃进攻还能做什么。对詹姆斯·沃尔夫来说，虽然他的决心异常坚定，但此次行动似乎毫无获胜的希望。攻打魁北克只是权宜之计，有可能成功，总比承认失败好。当时，詹姆斯·沃尔夫看到了一丝获胜的希望。在魁北克所处的悬崖下，不时有黑色船影经过，偷偷给下游法军运送物资。1759年9月12日，一切准备就绪后，英军舰队兵临城下。一开始，蒙特卡姆侯爵路易·约瑟夫认为英军要在圣夏尔河河口登陆，因此，他觉得这是上帝的安排，让英军自投罗网。与此同时，攻击布干维尔伯爵路易·安托万的英军兵力不断增加。英军

约翰·杰维斯

战舰不停地穿梭在各个进攻点上。法军不知所措,只能绷紧神经密切监视。詹姆斯·沃尔夫叫来了自己的朋友约翰·杰维斯。约翰·杰维斯后来荣升为英格兰海军上将。在与约翰·杰维斯的交谈中,詹姆斯·沃尔夫说自己闻到了死亡的气息。他从脖子上摘下一串项链,项链上挂有他未婚妻的头像。他将项链交给了约翰·杰维斯,希望物归原主,因为在即将打响的战斗中,他可能无法活着回去。午夜来临,胭脂帽一带归于平静,但魁北克附近的英军正在准备进攻。蒙特卡姆侯爵路易·约瑟夫一整晚都骑在马背上,担心英军在圣夏尔河附近发动袭击。这时,一艘英军战舰桅杆顶端的灯笼闪烁着微光,一千六百名英格兰士兵跳上小船,等待着河水退潮。紧接着,出现了另一盏闪烁的灯笼。不一会儿,所有小船开始沿魁北克悬崖下的河顺流而下。悬崖上的法兰西哨兵曾两次发现了英军的小船,但一位会说法语的英格兰军官回答道,他们是给蒙特卡姆侯爵路易·约瑟夫运送物资的。

詹姆斯·沃尔夫坐在船上,陷入了沉思,偶尔会大声重复几句托马斯·格雷在《墓园挽歌》中的诗句。《墓园挽歌》是托马斯·格雷几年前发表的一首诗,其中一句写道:"荣耀之路只通向坟墓"

这句诗表露了詹姆斯·沃尔夫当时的心境。他对手下的军官说:"伙计们,我想当一位诗人,而不是去占领魁北克。"英军到达登陆点后,先头部队在威廉·豪的带领下登上了岸。威廉·豪是泰孔德罗加战役中阵亡的乔治·豪子爵的弟弟。当一千六百名英格兰士兵登陆后,羊肠小道变得拥挤不堪。陡峭的悬崖上灌木丛生,有大量可以攀爬的树干枝条。英军需要攀爬的悬崖约两百多英尺高,与邦克山纪念碑的高度差不多。最终,英军全部爬上了悬崖。当东方的地平线上升起第一缕曙光的时候,威廉·豪率军爬上了悬崖顶部,赶跑了惊慌失措的

英军登陆

英格兰士兵爬上悬崖

法兰西哨兵。天还没有亮,在亚伯拉罕高地,一千六百名英格兰士兵停了下来。其他英军小船紧随其后。1759年9月13日早上6时,另外三千名英格兰士兵爬上了悬崖。此时,法军从多个方向发出了警报,但为时已晚,因为任何一支想要赶到亚伯拉罕高地的法军都要经过长途跋涉。蒙特卡姆侯爵路易·约瑟夫得知消息后,脸色立刻变得阴沉,说道:"事情严重了!"他立即下令,所有法军出城迎战。情况十分紧急,因为詹姆斯·沃尔夫站在亚伯拉罕高地上切断了法军的补给线。除了出城迎战,蒙特卡姆侯爵路易·约瑟夫别无选择。然而,法军一旦失败,就意味着灭亡。1759年9月13日早上9时,蒙特卡姆侯爵路易·约瑟夫向亚伯拉罕高地派兵约五千人。詹姆斯·沃尔夫按兵不动,一直等待着法军靠近,然后痛击法军。此刻,詹姆斯·沃尔夫完全可以信心满满地期待胜利。法军只有两千名正规军,其他都是加拿大民兵。在丛林作战中,加拿大民兵无人能敌。但面对英军掷弹兵的攻击,加拿大民兵毫无抵抗力。法军发起了进攻。詹姆斯·沃尔夫依然命英军不要开枪,正如邦克山战役后期威廉·普雷斯科特下达的命令那样,因为法军离得还不够近。英军严格执行命令。当英军开始发动攻击的时候,法军已经离得很近了。结果,法军死伤惨重,血流成河。随后,英军发起了刺刀冲锋。法军战线完全崩溃。在战场上的一些地方,双方还在激烈交火。穿过一片开阔地时,詹姆斯·沃尔夫手腕中弹。他用手绢绑紧伤口,继续前行。不久,第二发子弹击中了詹姆斯·沃尔夫的腹股沟。但詹姆斯·沃尔夫没有倒下。紧接着,第三发子弹击穿了詹姆斯·沃尔夫的肺。詹姆斯·沃尔夫刚要摔倒的时候,旁边的四个人扶住了他,并将他抬到了战场后方。詹姆斯·沃尔夫躺在地上,已经陷入昏迷。突

詹姆斯·沃尔夫受伤

然，一名军官大喊："天哪！看他们怎么逃的！"詹姆斯·沃尔夫惊醒过来大声问道："谁在逃？"军官回答道："法军！他们逃散了。"听完，詹姆斯·沃尔夫的眼睛再次闪出光芒，急切地喊着："伙计，你们当中谁去找拉尔夫·伯顿，告诉他带兵前往圣夏尔河桥，切断法军的退路。"说完，他的身体侧向一边，喃喃道："现在，我要赞美上帝，请让我安息。"

与此同时，蒙特卡姆侯爵路易·约瑟夫的厄运如期而至。他没能再次看到自己魂牵梦绕的地方——普罗旺斯美丽的家园。当他骑着自己的黑马快要走到一座城门的时候，胸膛不幸中弹。由于情绪激动，他似乎没有感觉到自己受了伤。当他骑马进入城内，一群妇女看到他的背上鲜血直流，不禁失声喊道："他中枪了！蒙特卡姆侯爵路易·约瑟夫中枪了！"蒙特卡姆侯爵路易·约瑟夫说："不要为我哭泣，孩子们，一点事都没有。"但他还没有说完话就从马背上跌落下来。幸好他身边的军官抱住了他。当医生告诉他无药可治的时候，他说道："那更好。这样我就不必活着看魁北克投降了。"

就这样，人类历史上最伟大的一场战役落幕了。这场战役的结局是北美洲落到了英格兰人手中，法兰西人从此撤出北美洲。在历史上，可能没有人像蒙特卡姆侯爵路易·约瑟夫和詹姆斯·沃尔夫那样崇高。毫无疑问，魁北克沦陷后，加拿大的命运就此改变。1760年夏，杰弗里·阿默斯特攻陷了蒙特利尔。但蒙特利尔战役只是上述故事的一条附录。

专有名词英汉对照

Normandy	诺曼底
Brittany	布列塔尼
Armorica	阿莫里凯
Cornwall	康沃尔郡
Julianus	尤利安
Seine	塞纳河
Saxon	撒克逊
Anglo-Saxon	盎格鲁-撒克逊语
Vikings	维京人
Fjord Norway	挪威峡湾
Jean de Béthencourt	让·德贝当古
Canary Islands	加那利群岛
Kingdom of Castile	卡斯提尔王国
Sierra Leone	塞拉利昂
Cape Palmas	帕尔马斯角
Grain Coast	谷物海岸
Dieppe	迪耶普
Prince Henry	亨利王子
Guinea	几内亚
Armagnacs	阿马尼亚克人
Burgundians	勃艮第人
Henry V	亨利五世
Ghana	加纳
Elmina	埃尔米纳镇

Kumassi	库马西
Columbus	哥伦布
Culbert Family	卡伯特家族
John Cabot	约翰·卡伯特
Cod fishing in Newfoundland	纽芬兰渔场
Sea of Darkness	黑暗之海
Labrador Island	拉布拉多岛
Cape Breton	布雷顿角
Honfleur	翁弗勒尔镇
Jean Denys	让·德尼斯
Gulf of St.Lawrence	圣劳伦斯湾
Thomas Aubert	托马斯·奥伯特
Rouen	鲁昂
Firenze	佛罗伦萨
Giovanni da Verrazano	乔瓦尼·达·韦拉扎诺
Desmarquets	德马克茨
Bernardus Sylvanus	伯纳都斯·塞万努斯
Ptolemy	托勒密
Ottawa	渥太华
Giovanni Battista Ramusio	乔瓦尼·巴蒂斯塔·赖麦锡
Louis XII	路易十二
François I	弗朗茨一世
Vervins	韦尔万
Marc Lescarbot	马克·莱斯卡波特
Baron de Léry	德·莱里男爵
Sable Island	塞布尔岛
Pedro Álvares Cabral	佩德罗·阿尔瓦雷斯·卡布拉尔
Papal meridian	教皇子午线
Gaspar Cortereal	加斯帕·科特莱尔
Biscay	比斯开
Alvarez Fagundes	阿尔瓦雷斯·法贡德斯
Lazaro Luiz	拉扎罗·路易
Mexico	墨西哥

Hernán Cortés	埃尔南·科尔特斯
Alonso de Avila	阿朗索·德·阿维拉
San Domingo	圣多明戈
Bernal Díaz del Castillo	贝纳尔·迪亚斯·德尔·卡斯蒂略
Charles V	查理五世
Lombardy	伦巴第
Adam	亚当
North Carolina	北卡罗来纳
Penobscot River	培诺伯斯科特河
Venezuela	委内瑞拉
Florida	佛罗里达
Northwest Passage	北美洲西北航道
Isthmus of Panama	巴拿马地峡
Strait of Malacca	马六甲海峡
Patagonia	巴塔哥尼亚
Ferdinand Magellan	斐迪南·麦哲伦
Quakers	教友会
Maine	缅因
Hudson River	哈得孙河
Narragansett Bay	纳拉甘西特湾
White Mountains	怀特山
Accomac Peninsula	阿科马克半岛
Chesapeake Bay	切萨皮克湾
Girolamo Verrazano	吉罗拉莫·韦拉扎诺
Vesconte Maggiolo	维斯康特·马乔洛
Battle of Pavia	帕维亚战役
Madrid	马德里
Pyrenees	比利牛斯山脉
Jean Ango	让·安戈
Jacques Cartier	雅克·卡蒂埃
St.Malo	圣马洛
Philippe de Chabot	菲利普·德·沙博
Straits of Belle Isle	贝尔岛海峡

Cape Ray	光芒角
Prince Edward Island	爱德华王子岛
Bay of Chaleur	沙勒尔湾
Gaspe	加斯佩
Anticosti	安蒂科斯蒂岛
Saguenay River	萨格奈河
Amazon	亚马逊河
Orinoco River	奥里诺科河
Mississippi River	密西西比河
Mohawk	莫霍克语
Quebec	魁北克
Stadacona	斯塔达科纳
Donnacona	唐纳科纳
Hochelaga	奥雪来嘉
Saint Charles River	圣夏尔河
Delle Navigationi et Viaggi	《航海和旅行记》
Mont Royal	王室山
Montreal	蒙特利尔
Kessing	凯辛
Vasco da Gama	瓦斯科·达迦马
Jean-François Roberval	让-弗朗索瓦·罗贝瓦勒
Picardy	皮卡第
Lord of Norumbega	诺伦贝加总督
Jean Alfonse	让·阿方斯
Saintonge	圣东日
Sixte le Tac	西施德·勒·塔克
Justin Winsor	贾斯廷·温莎
Richard Hakluyt	理查德·哈克路特
Paulin de Secalart	保兰·德·塞卡拉特
Poitiers	普瓦捷
Maugis Vumenot	玛吉斯·范梅诺
Massachusetts Bay	马萨诸塞湾
Long Island Sound	长岛海峡

Gate of Hell	地狱门
Gerardus Mercator	赫拉尔杜斯·墨卡托
Manhattan Island	曼哈顿岛
Giacomo Gastaldi	贾科莫·加斯塔尔迪
Mohawk River	莫霍克河
Albany	奥尔巴尼
André Thevet	安德烈·泰韦
François Rabelais	弗朗索瓦·拉伯雷
Marguerite Roberval	玛格丽特·罗贝瓦勒
Perigord	佩里戈尔
Angoulême	昂古莱姆
Queen Margaret	玛格丽特王后
Rouge Island	胭脂岛
Henri II	亨利二世
Metz	梅茨
Toul	图勒
Verdun	凡尔登
St.Quentin	圣昆廷
Gravelines	格拉弗林
Guises	吉斯家族
Nicolas Durand de Villegaignon	尼古拉·迪朗·德·维盖尼翁
Jean Ribaut	让·里博
Gaspard de Coligny	加斯帕尔·德·科利尼
Walter Raleigh	沃尔特·雷利
Pierre Desceliers	皮埃尔·德塞利耶
Philip II	腓力二世
Henri IV	亨利四世
Edict of Nantes	《南特敕令》
Marquis de La Roche-Mesgouez	拉罗什－梅斯古埃兹侯爵
Duke of Mercœur	梅尔克公爵
Philippe Emmanuel	菲利普·伊曼纽尔
Francois Gravé	弗朗索瓦·格拉维
Pontgravé	庞格拉维

Three Rivers	三河
Pierre Chauvin	皮埃尔·肖万
Pierre Dugua de Mons	皮埃尔·杜加·德蒙斯
La Rochelle	拉罗歇尔
Tadousac	塔杜萨克
Aymar Chaste	艾马·沙斯特
Arques	阿尔科
Catholic League	天主教联盟
Charles Duke of Mayenne	马耶讷公爵查尔斯
Saint-Antoine	圣安托万
Samuel de Champlain	塞缪尔·德·尚普兰
Brouage	埠湖瓦日
Basque	巴斯克
Louis XIII	路易十三
Seville	塞维利亚
Francisco Colombo	弗朗西斯科·科伦坡
Algonquin	阿尔冈昆人
Adirondacks	阿迪朗达克人
Marne River	马恩河
Visigoths	西哥特人
Cordova	科尔多瓦
Lucknow	勒克瑙
Sioux	苏人
Catawba	卡托巴人
Cherokees	切罗基人
Iroquois	易洛魁人
Rocky Mountains	落基山脉
Blackfeet	黑脚族人
Hudson Bay	哈德森湾
Crees	克里人
Powhatans	波瓦坦人
Minnesota	明尼苏达州
Ojibways	奥吉布瓦人

John Eliot	约翰·艾略特
Appalachian	阿巴拉契亚
Shawnees	萧尼人
Ohio River	俄亥俄河
Delawares	德拉瓦人
Tuscaroras	塔斯卡洛拉人
Haudenosaunee	易洛魁联盟
Lake Ontario	安大略湖
Oswego River	奥斯威戈河
Canandaigua Lake	卡南代瓜湖
Senecas	塞尼卡人
Cayugas	卡尤加人
Skaneateles Lake	斯卡尼阿特勒斯湖
Onondagas	奥内达加人
Oncidas	奥奈达人
Caniengas	卡尼恩加人
Hiawatha	海华沙
Dagonoweda	德卡纳维达
Schenectady	斯克内克塔迪
Huron Lake	休伦湖
Georgian Bay	乔治亚湾
Hurons	休伦人
Niagara	尼亚加拉河
Simcoe Lake	闪高湖
Erie Lake	伊利湖
Attiwendaronks	阿迪文达朗克人
Susquehanna Rive	萨斯奎汉纳河
Andastes	安达斯特人
Conestogas	康尼斯多加人
Havre	阿弗尔
Passamaquoddy	帕萨马阔迪
La Sorbonne	索邦神学院
Jean de Biencourt	让·德·比恩古

Marc Lescarbot	马克·莱斯卡博
New France	新法兰西
Ste. Croix River	圣克罗伊河
Annapolis	安纳波利斯
Port Royal	皇家港
Kennebec River	肯纳贝克河
Chaudiére River	肖迪耶河谷
Benedict Arnold	本尼迪克特·阿诺德
Casco Bay	卡斯科湾
Etetchemins	埃特埃奇曼人
Charles River	查尔斯河
Henry Hudson	亨利·哈得孙
Plymouth	普利茅斯
Cape Cod	科德角
Nauset Harbour	瑙塞特港
Fundy Bay	芬迪湾
Cape Malabar	马拉巴尔角
Bartholomew Gosnold	巴塞洛缪·戈斯诺德
Chatham Harbour	查塔姆港
Hyannis	海恩尼斯
Martha's Vineyard	马萨葡萄园岛
Nantucket	楠塔基特岛
Neptune	海神涅普顿
Aenea	埃涅阿斯
Ulysses	尤利西斯
Duke of Sully	叙利公爵
Maximilien de Béthune	马克西米利安·德·贝蒂讷
Tadoussac	塔都萨克
Orleans Island	奥尔良岛
Point Levi	利维角
Hernando de Soto	埃尔南多·德·索托
Francisco de Coronado	弗朗西斯科·德·科罗纳多
Montagnais	蒙塔格奈人

Richelieu River	黎塞留河
Chambly River	尚布利河
Lake Champlain	尚普兰湖
Ticonderoga	泰孔德罗加
Lake George	乔治湖
Marquis de Saint-Veran	圣维兰侯爵
Louis-Joseph de Montcalm	路易－约瑟夫·德·蒙特卡姆
Micmacs	密克马克人
Charles de Biencourt	查尔斯·德·比恩古
Francois Ravaillac	弗朗索瓦·拉瓦亚克
James Howell	詹姆斯·豪厄尔
Society of the Jesuits	耶稣会
States-General	三级会议
St. Francis Xavier	圣方济·沙勿略
Claudio Aquaviva	克劳迪奥·阿夸维瓦
Paraguay	巴拉圭
Marie de Medicis	玛丽·德·美第奇
Marquis de Gulcheville	居尔切维尔侯爵夫人
Antoinette	安托瓦内特
Johannes	乔纳斯
James I	詹姆斯一世
Jamestown	詹姆斯敦
La Saussaye	拉索赛埃
Somes Sound	萨姆斯峡湾
Fernald Cove	弗纳尔德湾
Flying Mountain	飞山
Samuel Argall	塞缪尔·阿盖尔
James River	詹姆斯河
Thomas Dale	托马斯·戴尔
Contrecaeur	孔特勒克
Helen Boullé	海伦·布尔
Earl of Stirling	斯特灵伯爵
William Alexander	威廉·亚历山大

Ursuline convent	乌尔苏拉修道院
Place Royale	皇家广场
Gray Nuns	灰色修女会
Pons	庞斯
Count of Soissons	苏瓦松伯爵
Charles de Bourbon	查尔斯·德·波旁
Henri de Bourbon Prince of Condé	亨利二世·德·波旁
Nicolas de Vignau	尼古拉·德·维古诺
Moose River	穆斯河
Abbittibi River	阿伯蒂比河
Hudson Bay	哈德森湾
Allumette Island	火柴岛
Nipissings	尼皮辛人
Tessouat	泰索特
Franciscan	方济各会
Joseph Le Caron	约瑟夫·勒卡伦
Cahiagué	卡亚格
Trent River	特伦特河
Louis Hébert	路易·赫伯特
Caen	卡昂
Henri II de Montmorency	蒙莫朗西公爵亨利二世
duc de Ventadour	旺塔杜尔公爵
Henri de Lévis	亨利·德·莱维
Charles Lallemant	查尔斯·拉勒芒
Énemond Massé	埃蒙德·马赛
Jean de Brébeuf	让·德·布雷伯夫
Armand Jean du Plessis	阿尔芒·让·迪普莱西
One Hundred Associates	百人合股公司
Claude Roquemont de Brison	克劳德·罗奎蒙特·德·布里松
Gervase Kirke	杰维斯·喀尔克
treaty of St.Germain-en-Laye	《圣日耳曼昂莱条约》
William Bradford	威廉·布莱德福
John Winthrop	约翰·温斯罗普

Scottish Privy Council	新英格兰议会
Nova Scotia	新苏格兰
Charles de la Tour	查尔斯·德拉图尔
Claude de la Tour	克劳德·德拉图尔
D'Aunay Charnisay	德奥内·沙尔尼塞
Claude de Razilly	克劳德·德拉希利
Fort St.Jean	圣让堡
Boston	波士顿
Louis XIV	路易十四
Robert Sedgwick	罗伯特·塞奇威克
Oliver Cromwell	奥利弗·克伦威尔
Thomas Temple	托马斯·坦普尔
William Crowne	威廉·克劳
Charles II	查理二世
Jean Nicollct	让·尼科莱
Sault Ste. Marie	苏圣玛丽
Ojbways	奥吉布韦人
Superior Lake	苏必利尔湖
Michigan Lake	密歇根湖
Green Bay	格林湾
Winnebagoes	温尼贝戈人
Dacotah	达科塔族
Fox River	福克斯河
Mascoutins	玛斯库廷人
Wisconsin River	威斯康星河
Pottawattamies	波塔瓦塔米人
Isaac Jogues	艾萨克·饶格
Pierre-Esprit Radisson	皮埃尔－埃斯普里·拉迪森
Médard des Groseilliers	梅达尔·德斯·格罗塞利耶
Branch River	分岔河
Missouri River	密苏里河
René Ménard	勒内·梅纳尔
Claude-Jean Allouez	克劳德－让·阿卢埃

Sieur de Tracy	特雷西侯爵
Alexander de Prouville	亚历山大·德·普鲁维尔
Daniel de Rémy de Courcelle	达尼埃尔·德勒米·德·库尔塞勒
Jean Talon	让·塔隆
New Nederland	新尼德兰
Edmund Andros	埃德蒙·安德罗斯
Thomas Dongan	托马斯·唐根
Schuylers	舒伊勒
Deerfield	迪尔菲尔德
Hadley	哈德利
Pierre François Xavier de Charlevoix	皮埃尔·弗朗索瓦·泽维尔·的·沙勒瓦
Jacques Marquette	雅克·马凯特
Mackinac	麦基诺
Manitoulin Island	马尼图林岛
Simon-François Daumont	西蒙–弗朗索瓦·多蒙
Cavelier Family	卡弗利耶家族
Rene-Robert Cavelier	勒内–罗贝尔·卡弗利耶
Jean Cavelier	让·卡弗利耶
St. Sulpice	圣叙尔皮斯
La Chine	拉钦
Allegheny River	阿勒格尼河
Irondequoit Bay	艾洛德阔伊特湾
Hamilton	哈密尔顿
Louis Joliet	路易·乔利埃特
Balaklava	巴拉克拉瓦
Chautauqua Lake	肖陶扩湖
Kentucky	肯塔基
Louisville	路易维尔
Detroit River	底特律河
Chicago River	芝加哥河
Illinois River	伊利诺伊河
Louis de Buade	路易·德·布德
Laon	拉昂

Lake Winnebago	温纳贝戈湖
Prairie du Chien	普雷里德钦
Peoria	皮奥里亚
Alton	奥尔顿
Arkansas	阿肯色人
Appalachian Mountains	阿巴拉契亚山脉
Frontenac Fort	弗兰特纳克堡
Henri de Tonty	亨利·德·通蒂
Tonty Pension	通蒂养老金
Louis Hennepin	路易·亨内平
Utrecht	乌得勒支
Crèvecoeur Fort	克雷沃克尔堡
Mohicans	莫西干人
Louisiana	路易斯安那
Beaujeu	博热
James Wolfe	詹姆斯·沃尔夫
Heights of Abraham	亚伯拉罕高地
Newton	牛顿
Descartes	笛卡尔
Suffolk	萨福克
Bury St.Edmunds	伯里圣埃德蒙兹镇
Matthew Hale	马修·黑尔
Amy Duny	艾米·达尼
Rose Cullender	罗丝·卡伦德尔
Sadducees	撒都该派
Baron Cornwallis	康沃利斯勋爵
Charles Cornwallis	查尔斯·康沃利斯勋爵
Sir Edmund Bacon	埃德蒙·培根爵士
Cambridge	剑桥
Pope Innocent VIII	教皇英诺森八世
Sulphurous Age	地狱时代
Hammer of Witches	《女巫之锤》
Martin Del Rio	马丁·德里奥

Geneva	日内瓦
Remigio	雷米希奥
Edinburgh	爱丁堡
James VI	詹姆斯六世
George II	乔治二世
Charles I	查理一世
Long Parliament	长期议会
John Locke	约翰·洛克
Maria Renata	玛丽亚·雷娜塔
Goethe	歌德
Independents	独立派
Margaret Jones	玛格丽特·琼斯
Thomas Hutchinson	托马斯·哈钦森
Dorchester	多切斯特
Esquire	候补骑士
Ann Hibbins	安·西宾斯
William Hibbins	威廉·西宾斯
Assistant council	助理参事会
Richard Bellingham	理查德·贝灵翰姆
John Endicott	约翰·恩迪科特
Edward Hutchinson	爱德华·哈钦森
John Norton	约翰·诺顿
Quakers	贵格会教徒
John Bradstreet	约翰·布拉德斯特里特
Goodwin	古德温家
Ann Glover	安·格洛弗
John Goodwin	约翰·古德温
Martha Goodwin	玛莎·古德温
Cotton Mather	科顿·马瑟
Increase Mather	英克里斯·马瑟
Harvard College	哈佛学院
Robert Calef	罗伯特·卡列夫
Witch Hunt	猎巫

Salem witch trials	《塞勒姆审巫案》
Charles Wentworth Upham	查尔斯·温特沃斯·阿珀姆
George Bancroft	乔治·班克罗夫特
Henry Longfellow	亨利·朗费罗
New England Tragedies	《新英格兰的悲剧》
William Frederick Poole	威廉·弗雷德里克·普尔
Schenectady	斯克内克塔迪
Salmon Falls	萨尔蒙福尔斯
Fort Royal	皇家堡
Samuel Parris	塞缪尔·帕里斯
Danvers	丹弗斯镇
Barbados	巴巴多斯岛
John Indian	约翰·印第安
Tituba	提图芭
Elizabeth Parris	伊丽莎白·帕里斯
Abigail Williams	阿比盖尔·威廉姆斯
Mary Walcott	玛丽·沃尔科特
Elizabeth Hubbard	伊丽莎白·哈伯德
Elizabeth Booth	伊丽莎白·布斯
Susannah Sheldon	苏珊娜·谢尔顿
Mary Warren	玛丽·沃伦
Sarah Churchill	莎拉·丘吉尔
Thomas Putnam	托马斯·帕特南
Ann Putnam	安·帕特南
Mercy Lewis	默茜·路易
Narragansett Fight	纳拉甘西特战役
Israel Putnam	以色列·帕特南
Sarah Vibber	莎拉·维伯
Pope	蒲柏
Sarah Good	莎拉·古德
Sarah Osburn	莎拉·奥斯本
Martha Corey	玛莎·科里
Rebecca Nurse	丽贝卡·纳斯

Giles Corey	贾尔斯·科里
Cape Ann	安角
Yarmouth	雅茅斯镇
William Towne	威廉·汤
Mary Easty	玛丽·伊斯蒂
Sarah Cloyse	莎拉·克洛伊塞
Topsfield	托普斯菲尔德
John Hawthorne	约翰·霍桑
Deodat Lawson	德奥达·劳森
John Procte	约翰·普罗克特
George Jacobs	乔治·雅各布斯
Sarah Wildes	莎拉·怀尔兹
Elizabeth How	伊丽莎白·豪
Susannah Martin	苏珊娜·马丁
Mabel Martin	梅布尔·马丁
John Whittier	约翰·惠蒂尔
John Willard	约翰·威拉德
George Burroughs	乔治·巴勒斯
Wells	威尔斯
William Phips	威廉·菲普斯
Oyer and Terminer	听审裁判法庭
William Stoughton	威廉·斯托顿
Samuel Sewall	塞缪尔·休厄尔
Nathaniel Hawthorne	纳撒尼尔·霍桑
Perkins	珀金斯
Barnard	伯纳德
John Fisk	约翰·菲斯克
Wenham	韦纳姆
Thomas Fisk	托马斯·菲斯克
Hobbs	霍布斯
John Paternan	约翰·帕特南
Samuel Abbey	塞缪尔·阿比
Jonathan Walcott	乔纳森·沃尔科特

Lake Winnebago	温纳贝戈湖
Prairie du Chien	普雷里德钦
Peoria	皮奥里亚
Alton	奥尔顿
Arkansas	阿肯色人
Appalachian Mountains	阿巴拉契亚山脉
Frontenac Fort	弗兰特纳克堡
Henri de Tonty	亨利·德·通蒂
Tonty Pension	通蒂养老金
Louis Hennepin	路易·亨内平
Utrecht	乌得勒支
Crèvecoeur Fort	克雷沃克尔堡
Mohicans	莫西干人
Louisiana	路易斯安那
Beaujeu	博热
James Wolfe	詹姆斯·沃尔夫
Heights of Abraham	亚伯拉罕高地
Newton	牛顿
Descartes	笛卡尔
Suffolk	萨福克
Bury St.Edmunds	伯里圣埃德蒙兹镇
Matthew Hale	马修·黑尔
Amy Duny	艾米·达尼
Rose Cullender	罗丝·卡伦德尔
Sadducees	撒都该派
Baron Cornwallis	康沃利斯勋爵
Charles Cornwallis	查尔斯·康沃利斯勋爵
Sir Edmund Bacon	埃德蒙·培根爵士
Cambridge	剑桥
Pope Innocent VIII	教皇英诺森八世
Sulphurous Age	地狱时代
Hammer of Witches	《女巫之锤》
Martin Del Rio	马丁·德里奥

William Griggs	威廉·格里格斯
Isaac Eastie	艾萨克·伊斯蒂
Nicolas Noyce	尼古拉·诺伊斯
Maximilien Robespierre	马克西米利安·罗伯斯庇尔
Old South Church	旧南区教堂
Andover	安多弗
Salisbury	索尔兹伯里
Carrs	卡尔斯
Congregational Church	公理会
Halfway Covenant	《妥协契约》
First Church	第一教堂
John Davenport	约翰·达文波特
South Church	南教堂
Toryism	托利主义
Joseph Dudley	约瑟夫·达德利
Episcopal Church	英格兰圣公会
James II	詹姆斯二世
William III	威廉三世
William Brattle	威廉·布拉特尔
John Leverett	约翰·莱弗里特
Benjamin Colman	本杰明·科尔曼
Thomas Brattle	托马斯·布拉特尔
Westminster Creed	威斯敏斯特信条
Cambridge Platform	《剑桥纲领》
William Vassall	威廉·瓦萨尔
Robert Child	罗伯特·蔡尔德
Earl of Bellomont	贝洛蒙特伯爵
Richard Coote	理查德·库特
Samuel Willard	塞缪尔·威拉德
Mr. Wilkins	威尔金先生
Watertown	沃特敦
New Haven	纽黑文
Unitarianism	一神论

Saybrook	塞布鲁克
Saybrook Platform	《塞布鲁克纲领》
Congregational System	公理会制度
Presbyterian system	长老会制度
Caliph	哈里发
Branford	布兰福德
Killingworth	基林沃斯
Abraham Pierson	亚伯拉罕·皮尔逊
Elihu Yale	伊莱休·耶鲁
Supernaturalism	超自然主义
East Windsor	东温莎
Jonathan Edwards	乔纳森·爱德华兹
Timothy Edwards	蒂莫西·爱德华兹
Esther Stoddard	埃丝特·斯托达德
Blaise Pascal	布莱兹·帕斯卡
Notes on Nature	《自然笔记》
Free Will Theory	《自由意志论》
George Berkeley	乔治·贝克莱
Baruch de Spinoza	巴鲁赫·斯宾诺莎
St. Augustine	圣·奥古斯丁
Thomas Aquinas	托马斯·阿奎纳
John Calvin	约翰·加尔文
William Penn	威廉·佩恩
Novalis	诺瓦利斯
Calvinism	加尔文主义
Rivivals	奋兴会
George Whitefield	乔治·怀特菲尔德
Gilbert Tennent	吉尔伯特·坦南特
Southold	绍斯霍尔德
James Davenport	詹姆斯·达文波特
John Davenport	约翰·达文波特
Copp's Hill	科珀山
Anne Marbury Hutchinson	安妮·马尔伯里·哈钦森

Antinomianism	唯信仰论
Thomas Prince	托马斯·普林斯
Edward Holyoke	爱德华·霍利约克
Stratford	斯特拉特福德
Benjamin Pomeroy	本杰明·波墨罗伊
Great Awakening	大觉醒运动
Berkshire	伯克希尔
Stockbridge	斯托克布里奇
Wesley Brothers	韦斯利兄弟
John Wesley	约翰·韦斯利
William H.Seward	威廉·H.苏厄德
Norridgewock	诺里奇沃克
Treaty of Utrecht	《乌得勒支条约》
War of Spanish Succession	西班牙王位继承战争
Kingdom of Great Britain	大不列颠王国
Seven Year's War	七年战争
Chaudière River	肖迪埃尔河
Abenakis	阿布纳基人
Sebastian Rale	塞巴斯蒂安·拉莱
Franche-Comté	布朗什-孔泰大区
Piscataqua River	皮斯卡塔夸河
King Philip's War	腓力国王战争
King William's War	威廉国王战争
Queen Anne's War	安妮女王战争
Marquis de Vaudreuil	沃德勒伊侯爵
Philippe de Rigaud	菲利普·德·里戈
Arrowsick Island	阿若锡克岛
Samuel Shute	塞缪尔·舒特
Joseph Baxter	约瑟夫·巴克斯特
Medfield	梅德菲尔德
Caughnawagas	卡纳瓦加人
William Dummer	威廉·达默
Thomas Westbrook	托马斯·韦斯特布鲁克

Bangor	班戈
Kroner	克朗
John Lovewell	约翰·洛威尔
Merrimac River	梅里马克河
Dunstable	邓斯特布尔
Fryeburg	弗赖堡
Dover	多弗尔
Lovewell's Pond	洛威尔湖
Pequawket	皮阔凯特人
Seth Wyman	赛斯·怀曼
Andover	安多弗
Jonathan Frye	乔纳森·弗赖伊
Lancaster	兰开斯特
Petersham	彼得沙姆
Susanna Rogers	苏珊娜·罗杰斯
Boxfield	博克斯菲尔德
War of Austrian Succession	奥地利王位继承战争
Friedrich II	腓特烈二世
Silesia	西里西亚
Peace of Aix-la-Chapelle	《亚琛和约》
Louisburg	路易斯堡
Canseau	坎索
William Shirley	威廉·雪利
William Waughan	威廉·沃恩
Damariscotta River	达马里斯科塔河
Francis Parkman	弗朗西斯·帕克曼
William Pepperell	威廉·佩珀雷尔
Kittery	基特里
Roger Wolcott	罗杰·沃尔科特
Peter Warren	彼得·沃伦
Duke of Newcastle	纽卡斯尔公爵
Thomas Pelham-Holles	托马斯·佩勒姆-霍利斯
Seth Pomeroy	赛斯·波墨罗伊

Kaskaskia	卡斯卡斯基亚
Cahokia	卡霍基亚
Chartres Fort	沙特尔堡
Daniel Boone	丹尼尔·布恩
James Robertson	詹姆斯·罗伯逊
John Sevier	约翰·塞维尔
Monongahela River	莫农格希拉河
Caughnawaga	考福纳瓦格
William Burnet	威廉·伯纳特
William Johnson	威廉·约翰逊
Wyandottes	怀恩多特人
Mingos	明戈斯人
Miamis	迈阿密人
Marquis de la Galissoniere	拉加利索涅尔侯爵
Roland-Michel Barrin	罗兰-米歇尔·巴林
Celoron de Bienville	塞洛隆·德·比安维尔
Treaty of Ryswick	《里斯威克条约》
Great Miami river	大迈阿密河
Maumee River	莫米河
Fort Wayne	韦恩堡
Pickawillany	匹克维勒尼
Charles de Langlade	查尔斯·德·朗格拉德
Marquis Du Quesne	迪凯纳侯爵
Michel-Ange de Menneville	米开朗基罗·德·梅内维尔
Paul Marin de la Malgue	保罗·马林·德拉马尔格
Presque Isle	普雷斯克岛
French Creek	弗伦奇克里克河
Fort Le Baeuf	勒鲍夫堡
Legardeur de Saint-Pierre	勒加德尔·德·圣皮埃尔
Pickwick	匹克威克
Venango	韦南戈
Chabert de Joncaire	夏贝尔·德·琼凯尔
Christopher Gist	克里斯托弗·吉斯特

Davison	戴维森
George Washington	乔治·华盛顿
Robert Dinwiddie	罗伯特·丁威迪
Williamsburg	威廉斯堡
Lord Fairfax	费尔法克斯勋爵
Thomas Fairfax	托马斯·费尔法克斯
Fort Duquesne	迪凯纳堡
Pontiac's War	庞蒂亚克战役
Joshua Fry	约书亚·弗赖伊
Will's Creek	威尔斯河
Great Meadow	大草原
Sieur de Jumonville	朱蒙维尔爵士
Joseph Coulon de Villiers	约瑟夫·库伦·维利耶
Fort Necessity	特尼斯蒂堡
Coulon de Villiers	库隆·德·维利耶
Benjamin Franklin	本杰明·富兰克林
Edward Braddock	爱德华·布拉多克
Baron Dieskau	迪斯考男爵
Jean Erdman	让·埃德曼
Marquis de Vaudreuil	沃德勒伊侯爵
Pierre de Rigaud	皮埃尔·德·里戈
Brest	布雷斯特
Cape Race	开普雷斯
Arshid	"阿尔希德"号
Richard Howe	理查德·豪
Pequots	佩科特人
Stamford	斯坦福德
Narragansetts	纳拉干西特人
Alexandre	亚历山卓
Potomac River	波托马克河
Fort Cumberland	坎伯兰堡
Scarroyaddy	斯卡罗亚迪
Black Jack	布莱克·杰克

Turtle Creek	特特尔河
sieur de Contrecœur	孔特勒克爵士
Claude-Pierre Pécaudy	克劳德-皮埃尔·佩科迪
Daniel Liénard de Beaujeu	达尼埃尔·利纳德·德·博热
Thomas Gage	托马斯·盖奇
Horatio Gates	霍雷肖·盖茨
Charles Lee	查尔斯·李
John St.Clair	约翰·圣克莱尔
Thomas Dunbar	托马斯·邓巴
Crown Point	克朗波因特
Phineas Lyman	菲尼亚斯·莱曼
John Stark	约翰·斯塔克
Fort Lyman	莱曼堡
Fort Edward	爱德华堡
Wood Creek	伍德溪
Sacrement Lake	圣体湖
South Bay	南湾
Hendrick Theyanoguin	亨德里克·西亚诺金
Maria Theresa	玛丽亚·特雷莎
Elizabeth Petrovna	伊丽莎白·彼得罗芙娜
Marquis de Montcalm	蒙特卡姆侯爵
Louis Joseph	路易·约瑟夫
Nimes	法兰西尼姆
Candiac	坎迪亚克
Earl of Loudoun	劳登伯爵
John Campbell	约翰·坎贝尔
James Abercrombie	詹姆斯·阿伯克龙比
Daniel Webb	丹尼尔·韦布
Fort Stanwix	斯坦威克斯堡
Fort William Henry	威廉·亨利堡
George Monro	乔治·门罗
William Pitt	威廉·皮特
Jeffrey Amherst	杰弗里·阿默斯特

精品推荐

华文全球史 001

编辑推荐

维多利亚女王点赞的印度史佳作
牛津大学出版社出版的学术上品
《泰晤士报》推荐的大师名著

内容简介

《莫卧儿帝国:从奥朗则布大帝时代到莱克勋爵占领德里》从社会、政治、宗教、种族、历史、地理、气候、环境、习俗等方面追溯了莫卧儿帝国由盛而衰的轨迹,详细描述了18世纪末期英国殖民印度前莫卧儿帝国的大乱局,客观地呈现了自1759年阿拉姆吉尔二世被谋杀到1803年莱克勋爵占领德里的大变局,以翔实的史料揭示了莫卧儿帝国如何在内忧外患——皇帝昏庸无能、国土四分五裂、宗教迫害严重、马拉塔人的崛起、阿富汗人入侵、英法等国殖民者的进攻——中走向衰亡的。

| 精品推荐 | 华文全球史 002 |

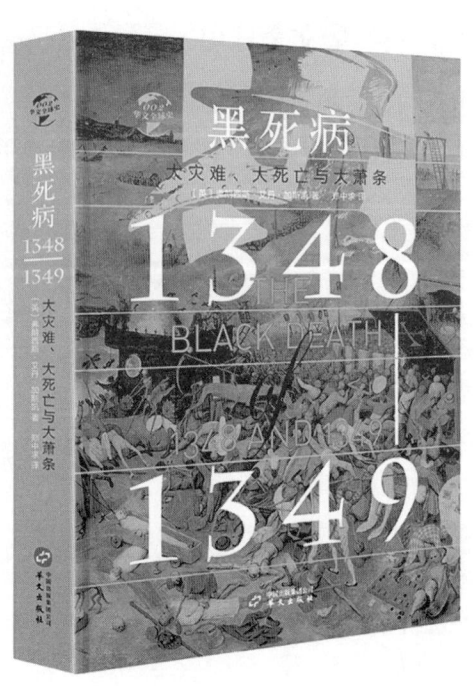

编辑推荐

英国近二十家知名高校图书馆、美国八十余家知名高校图书馆珍藏

《美国历史评论》《英国医学杂志》《都柏林评论》《演讲者》《东盎葛利亚人》等媒体给予好评

内容简介

《黑死病：大灾难、大死亡与大萧条（1348—1349）》一书详实记录了1348年到1349年的黑死病在欧洲起源、传播和扩展的过程，对黑死病在英格兰传播过程的叙述尤其详尽。作者以黑死病为主题，参阅大量资料，尤其是选用了英格兰的主教登记簿、庄园档案等原始资料，阐述了黑死病给英格兰带来的影响。

| 精品推荐 | 华文全球史 003 |

编辑推荐

古代亚欧两大文明之间的大决战

波斯帝国君主专制与希腊城邦民主政治的巅峰对决

内容简介

公元前6世纪,当波斯文明与希腊文明相遇,征服与反征服进行了长达近七十年的较量。两种文明究竟为何会产生冲突?文明冲突为什么会导致战争爆发?文明交融真的必须通过战争形式实现吗?波斯文明内部属性如何催生出专制的基因?专制与武力扩张存在怎样的必然联系?希腊文明的内部属性如何催生出民主的基因?民主与捍卫自由存在怎样的必然联系?波斯帝国的世界霸权是如何在地缘战争中终结的?《希波战争:文明冲突与波斯帝国世界霸权的终结》进行了深刻剖析。

精品推荐

华文全球史 005

编辑推荐

普利策历史奖得主代表作品
研究美国崛起战略思想的史学名著
《华盛顿邮报》点赞的畅销经典

内容简介

《新美国：从门罗主义、泛美主义到西奥多·罗斯福新国家主义的蜕变》讲述了从亚伯拉罕·林肯到伍德罗·威尔逊期间美国发生的重大事件和历史变革，梳理了西进运动、南方重建、反托拉斯运动、格兰其运动、自由铸银币运动、反改革运动、黑幕揭发运动的始末；讲述了平民主义及人民党的发迹、兴盛与衰落；通过描述巴拿马运河的修建、美英关系的平衡和美西战争的爆发等，揭示了美国从门罗主义、泛美主义到西奥多·罗斯福新国家主义的蜕变，展现了美国成长为世界强国的艰难与曲折。

精品推荐 | 华文全球史 007

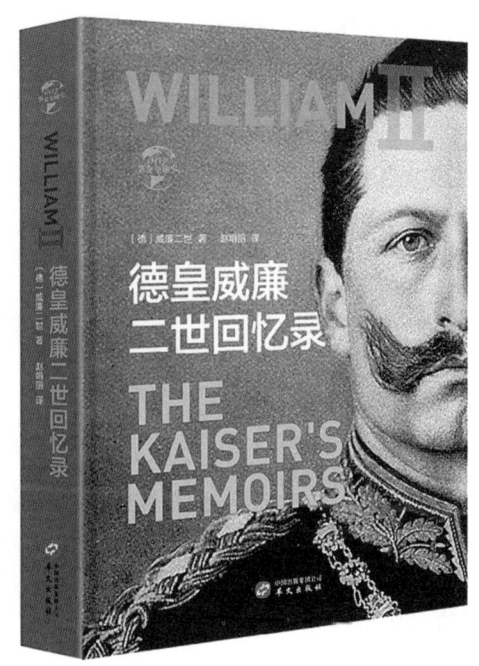

编辑推荐

研究德意志第二帝国历史

无法回避的史源性文献

内容简介

《德皇威廉二世回忆录》是德意志第二帝国末代君主威廉二世流亡荷兰期间，对德意志统一、德意志第一帝国崛起、第一次世界大战、德意志革命、德意志第一帝国灭亡等重大历史事件的回忆。威廉二世是怎样对待和评价德意志统一和崛起的功臣俾斯麦的？德意志第一帝国的外交斗争在他的领导下为什么如此跌宕起伏、交锋激烈？第一次世界大战为什么会爆发？德意志革命发生的根源是什么？德意志第二帝国覆亡阶段发生了哪些不可思议或令人唏嘘的事情？本书都给予翔实、充分的解答。

精品推荐

华文全球史 009

编辑推荐

牛津大学与剑桥大学欧洲近代史专业学生必读书目

《波士顿周六晚报》《圣公会报》联袂推荐

内容简介

神圣罗马帝国内战是如何从波希米亚革命阶段（1618—1624）一步步发展到丹麦参战阶段（1625—1629）、瑞典参战阶段（1630—1635）与全欧混战阶段（1636—1648）的？这场几乎囊括整个欧洲的大战是如何从宗教战争蜕变成争霸战争的？"修昔底德陷阱"是如何在波旁王室与哈布斯堡王室厮杀中应验的？杰出的军事家到底是如何影响历史进程的？"威斯特伐利亚体系"下的战后格局为什么不能长久维系和平而只是更大战争爆发的休养生息期？

| 精品推荐 | 华文全球史 010 |

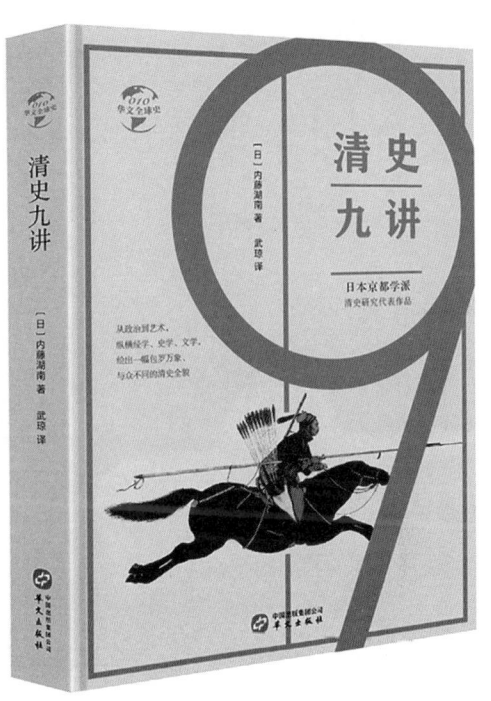

编辑推荐

一代汉学宗师、"京都实证学派"创始人内藤湖南研究清史的重要作品

作者被誉为"东洋史的巨擘",其作品与钱穆先生的《国史大纲》媲美

内容简介

《清史九讲》内藤湖南在京都大学任教期间,于1911年和1915年所做两次演讲的内容。他从兵力、财政、思想三个方面,对清朝何以走上末路做出了精辟深刻的分析,并对中国此后的命运进行了大胆而理性的预测。1915年,中国已进入民国时期,作者再度梳理清朝历史,从政治谈到艺术,纵横经学、史学、文学,详人之所略,略人之所详,绘出一幅包罗万象、与众不同的清史全貌。听内藤湖南讲历史,听一段尘封的往事,得一种崭新的领悟,展卷始知历史竟还有这般读法,研究原还有那般做法。

精品推荐

华文全球史 011

编辑推荐

"澳大利亚史学之父"欧内斯特·斯科特权威作品

牛津大学图书馆等世界名校图书馆珍藏。《泰晤士报》给予好评。

内容简介

《澳大利亚史》是"澳大利亚史学之父"欧内斯特·斯科特的代表作品。大航海时代的探险与澳大利亚的发现存在怎样的关系？澳大利亚为什么一开始成为流放犯人的地方？西方文明的生硬植入是如何改变澳大利亚历史进程的？澳大利亚淘金热是如何形成的？民主化是如何推进现代澳大利亚形成的？在第一次世界大战中，澳新军团是如何鏖战欧罗巴的？澳大利亚与英联邦是什么关系？

精品推荐 | **华文全球史**

014

编辑推荐

剑桥大学图书馆珍藏、《民族报》《泰晤士报》推荐的史学名著

剑桥大学道德科学协会奠基人、伦敦国王学院院长的代表作品

内容简介

《大英殖民帝国》讲述了大英殖民帝国萌芽、兴起、扩张、形成、繁荣与衰落的历史。技术进步、大航海时代到来、地理大发现与葡萄牙、西班牙等殖民帝国的兴起存在怎样的联系？作为后起之秀的英国如何调整国家战略迅速崛起？欧洲争霸战争与大英殖民帝国的形成存在怎样的历史逻辑？繁荣的大英殖民帝国是如何维系的？大英殖民帝国如何因地制宜统治文化差异巨大的殖民地的？面对民族独立运动的兴起，大英殖民帝国不回避衰落的现实，并进行自我改革，加速向英联邦过渡的？本书将一一解答。

精品推荐

华文全球史

016

编辑推荐

普利策历史奖作品

《纽约时报》《华盛顿邮报》联袂推荐的佳作

内容简介

《美国内战史：1861—1865》引用大量官方记录、日记、传记、回忆录、书信等资料，讲述了北方联邦军和南方邦联军之间长达五年的战争，揭示了美国南北方矛盾的本质以及北方获胜、南方战败的深层原因。林肯上台为什么会引发内战？战争初期，北方联邦军因何节节败退？被邦联军多次包围的首都华盛顿如何一次次化险为夷？保持中立的英国对美国内战产生了哪些影响？势如破竹的南方邦联军缘何一步步走向失败？内战给美国南北方人民造成了哪些伤害？本书将一一解答。

精品推荐 | 华文全球史 017

编辑推荐

圣约翰学院印度研究所所长
"印度帝国勋章"得主
牛津大学出版社首版
文森特·亚瑟·史密斯作品

内容简介

《阿育王：一部孔雀王国史》以阿育王的一生为主线，援引在印度各处发现的阿育王时期的大量石柱法敕、碑文与洞穴石刻，以法显和玄奘等中国求佛者的游记为佐证，讲述了公元前323年到公元前232年孔雀王国的重大历史事件，理清了孔雀王国转变为佛国的历史脉络，对阿育王的转变、阿育王时期佛教的发展及阿育王时期孔雀王国的疆域、军事和行政机构等做了详细的描述和合理的分析。

精品推荐

华文全球史

018

编辑推荐

皇家历史协会主席

牛津大学"奇切历"现代史教授

皇家钱币学协会奖章得主

查尔斯·欧曼经典作品

内容简介

查尔斯·奥曼,英国著名军事史学家,皇家历史协会主席,牛津大学"奇切历"现代史教授,皇家考古研究所所长,皇家钱币学协会奖章得主。他的著作改变了人们对中世纪战争的理解,完善并改正了中世纪史料中碎片化的军事史及其种种谬误。一般认为,他通过中世纪残破的文献,重新构建起了中世纪战场的蓝图。其研究成果在欧洲军事史上有着重要的地位。

精品推荐

华文全球史 019

编辑推荐

普利策历史奖作品

哥伦比亚大学欧洲史教授

"古根海姆学者奖"获得者

牛津大学客座教授

加勒特·马丁利经典作品

内容简介

加勒特·马丁利,普利策历史奖得主,哥伦比亚大学教授,牛津大学客座教授,主攻欧洲史,尤擅16世纪欧洲外交史。他毕业于哈佛大学,先后获得哈佛大学学士、硕士和博士学位。他深受西班牙历史学家罗杰·梅里曼的影响,开始主攻16世纪欧洲史。先后四次获得"古根海姆学者奖"。